Richter

Regionalisierung und interkommunale Zusammenarbeit

GABLER EDITION WISSENSCHAFT

Michael Richter

Regionalisierung und interkommunale Zusammenarbeit

Wirtschaftsregionen als Instrumente kommunaler Wirtschaftsförderung

Mit einem Geleitwort
von Prof. Dr. Siegfried Hauser

DeutscherUniversitätsVerlag

Die Deutsche Bibliothek - CIP-Einheitsaufnahme

Richter, Michael:
Regionalisierung und interkommunale Zusammenarbeit :
Wirtschaftsregionen als Instrumente kommunaler Wirtschaftsförderung
/ Michael Richter. Mit einem Geleitw. von Siegfried Hauser.
- Wiesbaden : Dt. Univ.-Verl. ; Wiesbaden : Gabler, 1997
(Gabler Edition Wissenschaft)
Zugl.: Freiburg, Univ., Diss., 1997
ISBN 3-8244-6580-9

Der Deutsche Universitäts-Verlag und der Gabler Verlag sind Unternehmen der Bertelsmann Fachinformation.

Gabler Verlag, Deutscher Universitäts-Verlag, Wiesbaden

Lektorat: Claudia Splittgerber / Annette Werther

http://www.gabler-online.de

Druck und Buchbinder: Rosch-Buch, Scheßlitz
Printed in Germany

ISBN 3-8244-6580-9

Geleitwort

Kommunale Wirtschaftsförderung zählt seit vielen Jahren zu den wichtigsten Aufgaben im Rahmen des kommunalen Aufgabenkatalogs. Die Organisation dieses ressortübergreifenden Aufgabenbereiches ist heutzutage von einer Vielfalt gekennzeichnet wie sie wohl in keinem anderen kommunalen Verwaltungsbereich anzutreffen ist. Bereits seit Anfang dieses Jahrhunderts wird die Wirtschaftsförderung in Städten, Gemeinden und Landkreisen organisatorisch in Form von eigenständigen Ämtern und Dienststellen, später - seit Ende der 40er Jahre - zunehmend auch in Form eigenständiger kommunaler Wirtschaftsförderungsgesellschaften betrieben. Aber erst aus der Erkenntnis heraus, daß kommunale Wirtschaftsförderung angesichts der grundlegend veränderten Rahmenbedingungen in Zukunft nicht mehr nur allein und isoliert von einer einzelnen Stadt, Gemeinde oder einem Kreis effizient und effektiv durchgeführt werden kann, hat in der Praxis ein Umdenken stattgefunden: Die Region rückte verstärkt in den Mittelpunkt kommunaler Betrachtungen.

Als Folge einer mehr oder weniger konsequenten Ausrichtung der einzelnen kommunalen Wirtschaftsförderungsstrategien auf die gesamte Region hin kam es seit ungefähr Mitte der 80er Jahre zunehmend zur Gründung von kreisgrenzenübergreifenden Wirtschaftsförderungsinstitutionen und -gesellschaften in den sich dazu anbietenden öffentlich- und privatrechtlichen Organisationsformen. Derartige institutionalisierte „Wirtschaftsregionen" sind Gegenstand der vorliegenden Untersuchung. Ausgehend von einer grundlegenden Darstellung der beiden Komponenten "Kommunale Wirtschaftsförderung" und "Interkommunale Zusammenarbeit" als Ausgangsbasis der Untersuchung beschäftigt sich der Verfasser zunächst mit der unter dem Schlagwort "Regionalisierung" geführten Diskussion im Rahmen der kommunalen Wirtschaftsförderung, bevor er im Anschluß daran die Ergebnisse seiner bundesweiten Umfrage vorstellt. Gerade das Fehlen einer aktuellen Dokumentation und vergleichenden Darstellung von institutionalisierten „Wirtschaftsregionen" für das gesamte Bundesgebiet unterstreicht die Wichtigkeit der vorliegenden Arbeit für Theorie und Praxis gleichermaßen. Das rege Interesse an den Umfrageergebnissen und die bereitwillige Unterstützung der Arbeit durch die befragten Einrichtungen bestätigen diese Einschätzung in hohem Maße.

Prof. Dr. Siegfried Hauser

Vorwort

Die vorliegende Arbeit zur Regionalisierung und interkommunalen Zusammenarbeit im Rahmen der kommunalen Wirtschaftsförderung ist nicht allein das Ergebnis der Leistung eines einzelnen, sondern konnte in dieser Form nur durch die Offenheit und das entgegengebrachte Vertrauen vieler realisiert werden, die sich als Gesprächspartner Zeit nahmen oder schriftliche Unterlagen zur Verfügung stellten.

Mein großer Dank gilt meinem Doktorvater Herrn Professor Dr. Siegfried Hauser vom Institut für Allgemeine Wirtschaftsforschung, Abteilung für Empirische Wirtschafts- und Sozialforschung, für die wissenschaftliche Betreuung, die vorbildliche Unterstützung und den großzügigen Freiraum, den er mir bei der Auswahl und Bearbeitung des Themas zugestanden hat. Herrn Professor Dr. Gerold Blümle danke ich für die Übernahme des Zweitgutachtens.

Für die Möglichkeit, vor und während des Promotionsstudiums bei der Freiburg Wirtschaft und Touristik GmbH & Co. KG sowie der Wirtschaftsregion Freiburg e.V. an interessanten Projekten mitarbeiten zu können, möchte ich dem Ersten Geschäftsführer Herrn Dr. Bernd Dallmann und seinen Mitarbeitern danken. Besonderer Dank gilt dabei Frau Dr. Thea Siegenführ für die unzähligen Gespräche und Anregungen sowie die Hilfe beim Korrekturlesen des Manuskriptes. Danken möchte ich aber auch Herrn Geschäftsführer Dipl.-Ing. Joachim Lutum von der LUTUM + TAPPERT DV-Beratung GmbH in Bonn für die Überlassung des Software-Programms EASYMAP zur Anfertigung der kartographischen Abbildungen sowie den Herren Dipl.-Ing. Dipl.-Wirtsch.-Ing. Burkhard Peters und Dipl-Ing. (FH) Klaus Heuberger, beide vom Software-Forum Oberrhein, für die Möglichkeit zur Benutzung der modernen Hardware. Für die großzügige finanzielle Unterstützung des gesamten Promotionsvorhabens und den Druckkostenzuschuß bin ich der Graduiertenförderung des Landes Baden-Württemberg zu großem Dank verpflichtet.

Meiner Freundin Dott.ssa Michela Munari möchte ich für ihre Geduld, ihren Zuspruch und das Verständnis für meine unzähligen Nachtschichten am Schreibtisch danken. Last but not least bin ich meiner Familie sehr zu Dank verpflichtet, insbesondere meinen Großeltern August und Herta Richter, bei denen ich den Großteil meines Lebens verbringen durfte. Ihnen sei diese Arbeit gewidmet.

Michael Richter

Inhaltsverzeichnis

Geleitwort V

Vorwort VII

Abbildungsverzeichnis XIV

Tabellenverzeichnis XV

Teil I: Allgemeine Grundlagen

A. Einführung 3

I. Problemstellung: Kommunalpolitische Rahmenbedingungen im Wandel 3
II. Abgrenzung des Untersuchungsgegenstandes 5
III. Aufbau der Arbeit 5

B. Grundlagen kommunaler Wirtschaftsförderung 8

I. Zum Begriff „kommunale Wirtschaftsförderung" 8
II. Historische Entwicklung 11
  1. Vom Mittelalter bis zum ausgehenden 19. Jahrhundert 11
  2. Entwicklung im 20. Jahrhundert 13
III. Rechtliche Grundlagen 17
  1. Rechtliche Zulässigkeit 17
  2. Rechtliche Grenzen 18
IV. Ziele und Strategien 22
  1. Ziele 22
  2. Strategien 24
V. Instrumente 28
  1. Zur Systematisierung des Instrumentariums 28
  2. Einzelne Instrumente 29
    2.1 Bauleitplanung 29
    2.2 Liegenschaftspolitik 30
    2.3 Infrastrukturpolitik 32
    2.4 Bau- und ordnungsrechtliche Instrumente 33
    2.5 Finanz-, Steuer- und Tarifpolitik 34
    2.6 Information, Beratung und Betreuung 35
    2.7 Standortwerbung und -marketing 35

VI. Organisation ... 38
1. Organisatorische und personelle Rahmenbedingungen ... 38
2. Verwaltungsinterne Organisation ... 41
3. Verwaltungsexterne Organisation ... 42

C. Grundlagen interkommunaler Zusammenarbeit ... 45

I. Zum Begriff „interkommunale Zusammenarbeit" ... 45
II. Historische Entwicklung ... 47
III. Rechtliche Grundlagen ... 49
1. Rechtliche Zulässigkeit ... 49
2. Rechtliche Grenzen ... 50
IV. Vor- und Nachteile ... 52
V. Organisationsformen interkommunaler Zusammenarbeit ... 54
1. Wahlfreiheit der Kommunen ... 54
2. Öffentlich-rechtliche Organisationsformen ... 57
2.1 Kommunale Arbeitsgemeinschaft ... 57
2.2 Öffentlich-rechtliche Vereinbarung ... 58
2.3 Zweckverband ... 60
3. Privatrechtliche Formen interkommunaler Zusammenarbeit ... 62
3.1 Aktiengesellschaft (AG) ... 62
3.2 Gesellschaft mit beschränkter Haftung (GmbH) ... 63
3.3 Gesellschaft bürgerlichen Rechts (GdbR) ... 64
3.4 Eingetragener Verein (e.V.) ... 65
3.5 Stiftung ... 66
VI. Beurteilung der vorgestellten Organisationsformen ... 70
1. Vorbemerkungen ... 70
2. Öffentlich-rechtliche Organisationsformen ... 70
3. Privatrechtliche Organisationsformen ... 72

D. Regionalisierung und interkommunale Zusammenarbeit in der kommunalen Wirtschaftsförderung ... 77

I. Begriffsklärung: Region und Regionalisierung ... 77
II. Interkommunale Konkurrenz und Zusammenarbeit ... 79
1. Ausgangssituation: Wettbewerb der Standorte ... 79
2. Ursachen der Verschärfung interkommunaler Konkurrenz ... 80
3. Notwendigkeit der interkommunalen Zusammenarbeit ... 81

4. Ergebnisse empirischer Untersuchungen 83
4.1 Ergebnisse bei Wrobel (1978) 83
4.2 Ergebnisse bei Heuer (1985) 84
4.3 Ergebnisse bei Kühn und Floeting (1995) 85
4.4 Ergebnisse bei Hollbach-Grömig (1996) 86
III. Anreize und Hindernisse 87
IV. Kooperationsbedarf, Kooperationsgegenstände und Implementierungsprobleme regionaler Kooperation 90
1. Ermittlung des Kooperationsbedarfs 90
2. Mögliche Kooperationsgegenstände 91
3. Implementierungsprobleme regionaler Kooperation 91
3.1 Wahl der Kooperationspartner 91
3.2 Wahl der Organisationsform 94
3.3 Aufteilung der Kosten und Nutzen 94
V. Kooperationsgegenstände in der Praxis 95
1. Interkommunale Industrie- und Gewerbegebiete 95
2. Trägerschaft von Standortgemeinschaften 99
3. Standortmarketing, Akquisition und Bestandspflege 103

Teil II: Empirischer Teil

E. Einführung 111
I. Datengrundlagen: Datenerfassung und Datenerhebung 111
II. Inhalt und Ablauf der schriftlichen Erhebung 113
III. Rücklauf der Umfrage 115

F. Institutionalisierte kreisübergreifende „Wirtschaftsregionen" in Deutschland - ein Überblick 117
I. Struktur und räumliche Lage 117
II. Darstellung der empirischen Ergebnisse 119
1. Gründungsmotive, Ziele und Aufgaben 119
1.1 Gründungszeitpunkte 119
1.2 Gründungsmotive 120
1.3 Vertraglich festgelegter Zweck 122
1.4 Aufgabenfelder 123
1.5 Gründungs- und Startschwierigkeiten 124

2. Rechtsform, Gesellschafterstruktur und Organe . . . 125
2.1 Rechtsform . . . 125
2.2 Aspekte der Rechtsformwahl . . . 126
2.3 Initiatoren . . . 128
2.4 Gesellschafterstruktur . . . 128
2.5 Steuerungs-, Kontroll- und Beratungsorgane . . . 130
3. Personalstruktur, Kapitalstruktur und Finanzierung . . . 131
3.1 Personalstruktur . . . 131
3.2 Kapitalstruktur . . . 132
3.3 Budgetierung . . . 133
3.4 Finanzierungsarten . . . 134

G. Institutionalisierte kreisübergreifende und -bezogene „Wirtschaftsregionen" in Baden-Württemberg - ein Vergleich . . . 136
I. Struktur und räumliche Lage . . . 136
II. Darstellung der empirischen Ergebnisse . . . 138
1. Gründung, Ziele und Aufgaben . . . 138
1.1 Gründungszeitpunkte . . . 138
1.2 Gründungsmotive . . . 139
1.3 Vertraglich festgelegter Zweck . . . 141
1.4 Aufgabenfelder . . . 141
1.5 Gründungs- und Startschwierigkeiten . . . 143
2. Rechtsform, Gesellschafterstruktur und Organe . . . 145
2.1 Rechtsform . . . 145
2.2 Aspekte der Rechtsformwahl . . . 146
2.3 Initiatoren . . . 148
2.4 Gesellschafterstruktur . . . 148
2.5 Steuerungs-, Kontroll- und Beratungsgremien . . . 150
3. Personalstruktur, Kapitalstruktur und Finanzierung . . . 151
3.1 Personalstruktur . . . 151
3.2 Kapitalstruktur . . . 153
3.3 Budgetierung . . . 154
3.4 Finanzierungsarten . . . 155

H. Ausgewählte in- und ausländische Fallbeispiele aus der trinationalen Region am Oberrhein ... 158

I. Die Region am Oberrhein - ein trinationaler Wirtschaftsraum ... 158

1. Räumliche Abgrenzung ... 158

2. Interregionale Konkurrenz und Zusammenarbeit ... 158

II. Frankreich ... 161

1. Lokale und regionale Gebietskörperschaften in Frankreich - ein Überblick 161

2. Fallbeispiele ... 165

2.1 Agence de développement économique de Haute-Alsace (C.A.H.R.) 165

2.2 Association de développement du Bas-Rhin (A.D.I.R.A.) ... 167

2.3 Agence de développement de l'Alsace (A.D.A.) ... 168

III. Schweiz ... 169

1. Lokale und regionale Gebietskörperschaften in der Schweiz - ein Überblick 169

2. Fallbeispiel: Verein Wirtschaftsförderung Basel-Stadt und Basel-Landschaft 172

IV. Deutschland ... 175

1. Fallbeispiel: Wirtschaftsregion Freiburg e.V. ... 175

2. Fallbeispiel: Wirtschaftsregion Dreiländereck GmbH ... 176

3. Fallbeispiel: Wirtschaftsregion Offenburg/Mittelbaden GbdR ... 177

I. Fazit ... 179

Anhang ... 181

Literaturverzeichnis ... 195

Abbildungsverzeichnis

Abb. 1:	Aufbau der Arbeit	7
Abb. 2:	Pull-Faktoren bei der Neuansiedlung	25
Abb. 3:	Push-Faktoren in der Bestandssicherung	27
Abb. 4:	Koordinierungsstelle für Maßnahmen des Stadtmarketings	37
Abb. 5:	Anzahl der IIG nach Länder im Jahr 1996	97
Abb. 6:	Kooperationsbeginn der IIG im Zeitraum von 1987 bis 1995	98
Abb. 7:	Errichtung von TGZ im Zeitraum von 1983 bis 1998	100
Abb. 8:	Gesellschafter und Träger von TGZ	101
Abb. 9:	Regionale Verteilung der TGZ im Jahr 1997	103
Abb. 10:	Institutionalisierte kreisübergreifende „Wirtschaftsregionen" in Deutschland	118
Abb. 11:	Gründungen im Zeitraum von 1990 bis 1996	120
Abb. 12:	Gründungsmotive	122
Abb. 13:	Aufgabenfelder	123
Abb. 14:	Probleme während der Gründungs- und Startphase	125
Abb. 15:	Rechtsformen	126
Abb. 16:	Aspekte der Rechtsformwahl	127
Abb. 17:	Gesellschafter, Träger und Mitglieder	130
Abb. 18:	Kapitalstruktur	133
Abb. 19:	Jahresbudget	134
Abb. 20:	Institutionalisierte kreisübergreifende und kreisbezogene „Wirtschaftsregionen" in Baden-Württemberg	137
Abb. 21:	Gründungsmotive der kreisübergreifenden Einrichtungen	140
Abb. 22:	Gründungsmotive der kreisbezogenen Einrichtungen	140
Abb. 23:	Aufgabenfelder der kreisübergreifenden Einrichtungen	142
Abb. 24:	Aufgabenfelder der kreisbezogenen Einrichtungen	143
Abb. 25:	Probleme während der Gründungs- und Startphase bei den kreisübergreifenden Einrichtungen	144
Abb. 26:	Probleme während der Gründungs- und Startphase bei den kreisbezogenen Einrichtungen	145
Abb. 27:	Rechtsformen	146
Abb. 28:	Aspekte der Rechtsformwahl bei den kreisübergreifenden Einrichtungen	147
Abb. 29:	Aspekte der Rechtsformwahl bei den kreisbezogenen Einrichtungen	147
Abb. 30:	Gesellschafter, Mitglieder und Träger	149

Tabellenverzeichnis

Tab. 1: Stärken und Schwächen ausgewählter Organisationsmodelle in der Wirtschaftsförderung ... 44
Tab. 2: Öffentlich-rechtliche Organisationsformen interkommunaler Zusammenarbeit ... 68
Tab. 3: Privatrechtliche Organisationsformen interkommunaler Zusammenarbeit ... 69
Tab. 4: Anzahl der Zentren, Unternehmen und Mitarbeiter im Jahr 1996 ... 102
Tab. 5: Teilnahme an der schriftlichen Befragung nach Bundesländern ... 116
Tab. 6: Gründungszeitpunkte ... 119
Tab. 7: Gründungsmotive ... 121
Tab. 8: Probleme in der Gründungs- und Startphase ... 124
Tab. 9: Aspekte der Rechtsformwahl ... 127
Tab. 10: Gesellschafter, Mitglieder und Träger ... 130
Tab. 11: Anzahl der Mitarbeiter nach Organisationsformen ... 131
Tab. 12: Kapitalstruktur ... 132
Tab. 13: Finanzierungsarten ... 135
Tab. 14: Strukturdaten der kreisbezogenen Einrichtungen ... 136
Tab. 15: Strukturdaten der kreisübergreifenden Einrichtungen ... 136
Tab. 16: Gründungszeitpunkte ... 138
Tab. 17: Gründungsmotive der kreisübergreifenden Einrichtungen ... 139
Tab. 18: Gründungsmotive der kreisbezogenen Einrichtungen ... 140
Tab. 19: Probleme während der Gründungs- und Startphase bei den kreisübergreifenden Einrichtungen ... 144
Tab. 20: Probleme während der Gründungs- und Startphase bei den kreisbezogenen Einrichtungen ... 144
Tab. 21: Rechtsformen ... 146
Tab. 22: Gesellschafter, Mitglieder und Träger ... 149
Tab. 23: Steuerungs-, Kontroll- und Beratungsgremien ... 150
Tab. 24: Positionen der Mitarbeiter ... 152
Tab. 25: Mitarbeiter nach Art des Beschäftigungsverhältnisses ... 153
Tab. 26: Kapitalstruktur ... 154
Tab. 27: Jahresbudget ... 155
Tab. 28: Finanzierungsarten ... 156

Teil I:

Allgemeine Grundlagen

A. Einführung

I. Problemstellung: Kommunalpolitische Rahmenbedingungen im Wandel

Im Vergleich zu den vorangegangenen Jahrzehnten haben sich in den 90er Jahren die allgemeinen Rahmenbedingungen für die Kommunen auf verschiedenen Ebenen entscheidend verändert. Der allgemeine gesellschaftliche Wandel führte in der Vergangenheit zu einem Wandel kommunaler Probleme. Dabei hat dieser gesellschaftliche Wandel vielerlei Ursachen. Als maßgeblich sind die Veränderungen der demographischen, kulturellen, ökonomischen, ökologischen, sozialen und technologischen Rahmenbedingungen anzusehen. Hinzu treten einerseits die Umorientierung in den Leitbildern der Kommunalpolitik und andererseits ein Bewußtseinswandel bzw. Paradigmenwechsel bei den Entscheidungsträgern in Staat und Wirtschaft. Auf diese Veränderung der kommunalpolitischen Rahmenbedingungen, die gleichzeitig auch mittelbare und unmittelbare Auswirkungen auf die kommunale Wirtschaftsförderung haben, wird im folgenden kurz und überblickartig eingegangen, um die generellen Tendenzen zu veranschaulichen.[1]

Von entscheidender Bedeutung für die kommunale Wirtschaftsförderung sind zunächst die ökonomischen Rahmenbedingungen. Der tiefgreifende Strukturwandel in der Wirtschaft und auf dem Arbeitsmarkt hinterläßt deutliche Spuren in den Kommunen und Regionen Deutschlands wie zum Beispiel die Tertiärisierung oder die zunehmende Arbeitslosigkeit. Auch die technologischen Rahmenbedingungen haben sich vor allem durch die revolutionären Informations- und Kommunikationstechnologien, durch die Entwicklung und Produktion neuer Technologien, die Verbreitung neuer Produktionstechniken und Logistikkonzepten sowie die Beschleunigung der Transporttechniken verändert. Neue politische Rahmenbedingungen wurden insbesondere durch die Vollendung des Europäischen Binnenmarktes, die Deutsche Wiedervereinigung sowie die Öffnung Mittel- und Osteuropas geschaffen. Damit stehen zwar für die Unternehmen in kurzer Zeit große, interessante Absatzmärkte und im internationalen Vergleich kostengünstige Produktionsstandorte zur Verfügung; unter den Kommunen und Regionen wird sich aber damit gleichzeitig der ohnehin seit Jahrzehnten herrschende, scharfe Standortwettbewerb auf nationaler wie europäischer Ebene spürbar verschärfen. Insbesondere die Grenzen der ökologischen Belastbarkeit, die Erschöpfung natürlicher Ressourcen und - damit eng verbunden - die voranschreitende Zerstörung bislang intakter ökologischer Kreisläufe und Systeme sind Ausdruck veränderter ökologischer Rahmenbedingungen. Das Verhältnis von Ökonomie und Ökologie gewinnt

---

1 Vgl. dazu und zum folgenden *Grabow, Busso/ Henckel, Dietrich* (1994), S. 425 f.; *Schuster, Franz/ Dill, Günter* (Hrsg.) (1994), S. 1 ff.; *Hartmann, Petra* (1994), S. 75 ff. sowie *Kistenmacher, Hans* et al. (1994), S. 5 ff.

dadurch einen immer höheren Stellenwert. Obwohl eine an sich dringend gebotene Umorientierung bzw. stärkere Berücksichtigung ökologischer Aspekte im Rahmen der kommunalen Wirtschaftsförderung in der Literatur[2] seit Jahren gefordert wird, findet dies in der Praxis erst seit geraumer Zeit statt. Unter der Bezeichnung „ökologische Wirtschaftsförderung“ wird verstärkt der Forderung nachgekommen, auch ökologische Ziele explizit in die kommunalen Wirtschaftsförderungsstrategien und Handlungskonzepte aufzunehmen.

Schließlich haben sich auch die Einstellungen von Bevölkerung, Politik und Verwaltung in den letzten Jahren maßgeblich verändert. Der Übergang von der Industriegesellschaft zur Informations- und Dienstleistungsgesellschaft ist durch einen gesellschaftlichen Wertewandel gekennzeichnet.[3] In allen Lebensbereichen hat die Möglichkeit zur freien Selbstentfaltung des einzelnen anstelle eines tradierten und einseitigen Pflichtbewußtseins an Bedeutung gewonnen. Der Bürger von heute ist im Gegensatz zu früher mündiger, selbständiger und selbstbewußter geworden, erhebt Anspruch auf eine verbesserte Informationsbasis und verlangt mehr Mitsprache und Mitwirkung an politischen Entscheidungsprozessen. Insofern hat auch bei den kommunalen Entscheidungsträgern in Politik und Verwaltung zumindest ansatzweise ein Bewußtseinswandel stattgefunden. Ausdruck des neuen Verwaltungs- bzw. Politikbewußtseins ist beispielsweise die verstärkte Einbindung von kooperativen und partizipativen Elementen in die Entscheidungsfindung und -durchführung.

Trotz einer infolge der Deutschen Wiedervereinigung und der Schaffung eine Europäischen Binnenmarktes wieder verstärkt zu Tage tretenden, fast überholt geglaubten einseitig orientierten Wachstumspolitik auf kommunaler und regionaler Ebene,[4] wird sich der beschriebene Bewußtseinswandel mittel- und langfristig auf breiter Basis durchsetzen können.[5] Zudem hat die internationale Konkurrenz der Unternehmen im Zuge der Globalisierung und Internationalisierung der Märkte gerade in den letzten Jahren eine neue Qualität erlangt.[6] Nationale Grenzen verlieren immer mehr an Bedeutung. Ausdruck dieser Entwicklung sind supranationale Wirtschaftsräume wie der gemeinsame Europäische Binnenmarkt oder die nordamerikanische Freihandelzone (NAFTA). Der Abbau der Handelshemmnisse fördert den Transfer von Gütern und Dienstleistungen und erhöht allgemein die Mobilität von Unternehmen, Arbeitskräften und des Kapitals.

---

2 So beispielsweise von *Heuer, Hans* (1977), S. 552

3 Vgl. *Hartmann, Petra* (1993), S. 80 f.

4 Vgl. zur kommunalen Wachstumspolitik ausführlich *Klüber, Hans* (1971), S. 291 ff. (insb. S. 293), der in der Steigerung der Steuerkraft und damit der Leistungsfähigkeit einer Gemeinde eine wesentliche Voraussetzung für eine effiziente Wachstumspolitik sieht. Für ihn steht - solange die Gewerbesteuer die wesentlichste Einnahmequelle der Kommunen bildet - insofern die Förderung von Industrie und Gewerbe eindeutig im Mittelpunkt der kommunalen Wachstumspolitik.

5 Vgl. *Grabow, Busso/ Henckel, Dietrich* (1994), S. 426.

6 Vgl. zum folgenden *Kruse, Heinz* (1990), S. 47.

Gleichzeitig mit dem Bedeutungsrückgang der nationalen Grenzen gewinnen die Wirtschaftsregionen immer mehr an Bedeutung.

II. Abgrenzung des Untersuchungsgegenstandes

Durch die geschilderte Entwicklung steht im Rahmen der unternehmerischen Standortwahl der *regionale* Standort stärker als früher im Vordergrund. Nicht mehr so sehr das Angebot der einzelnen Gemeinde ist von entscheidender Bedeutung, sondern die Infrastruktur der gesamten Wirtschaftsregion. Damit wird der Konkurrenzdruck der Unternehmen auch auf die Region übertragen und der Wettbewerb der Unternehmen wird zunehmend ergänzt durch einen „Wettbewerb der Regionen". Dieser allgemeine wirtschaftliche Trend in die Region hat gravierende politische Konsequenzen. Insofern wird die Region aus wirtschaftlichen Gründen auch zur relevanten politischen Bezugsgröße.[7] Diesen veränderten kommunalpolitischen Rahmenbedingungen muß sich auch die kommunale Wirtschaftsförderung stellen. Die Einbeziehung der Region in kommunale Strategien zur Wirtschaftsförderung in Form von regionalen Lösungen, kooperativen regionalen Netzwerken und strategischen Allianzen mit öffentlichen und privaten Akteuren aus der Region zur Verbesserung der regionalen Wettbewerbsfähigkeit wird in Zukunft notwendiger Bestandteil kommunaler Wirtschaftsförderung sein müssen, will die einzelne Kommune eine effektive und zeitgemäße Aufgabenerledigung auf diesem Gebiet gewährleisten. In diesem Zusammenhang wird immer wieder auch von einer „neuen Qualität"[8] der Wirtschaftsförderung etwa in Form von regionalen Existenzgründungsoffensiven oder aber einer „Wirtschaftsförderung neuen Zuschnitts"[9] gesprochen, bei der die Kommunen auch ihre Region einbeziehen sollen. Aber was noch zu Beginn der 90er Jahre als „zukünftige Organisationsmodelle"[10] in der kommunalen Wirtschaftsförderung bezeichnet wurde, ist heute bereits mehr und mehr zur Realität geworden. Gemeint sind die institutionalisierten „Wirtschaftsregionen" als Instrument kommunaler Wirtschaftsförderung.

III. Aufbau der Arbeit

Die vorliegende Arbeit gliedert sich inhaltlich in zwei Teile: Einen ersten Teil, der die allgemeinen Grundlagen vermittelt und einen zweiten Teil, der mit Hilfe der empirischen Ergebnisse einer bundes- und landesweiten Erhebung einen Einblick in den Untersuchungsgegenstand der vorliegenden Arbeit, den institutionalisierten „Wirtschaftsregionen" gibt.

---

7 Vgl. *Kruse, Heinz* (1990), S. 47.
8 Vgl. *Freiburg Wirtschaft und Touristik GmbH & Co. KG* (1996), S. 31 ff.
9 *Dill, Günter/ Kanitz, Horst* (Hrsg.) (1995), S. 9.
10 *Schiefer, Bernd* (1989), S. 92.

Im **allgemeinen Teil** der Arbeit (Teil I) werden in einem ersten Schritt die kommunalpolitischen Aufgabenkomplexe kommunale Wirtschaftsförderung und interkommunale Zusammenarbeit analysiert - soweit dies bei pragmatischen Ansätzen überhaupt möglich ist. In Kapitel B werden zunächst die allgemeinen Grundlagen kommunaler Wirtschaftsförderung vorgestellt. Kommunale Wirtschaftsförderung zeichnet sich nach wie vor durch ihr fehlendes Theoriegerüst aus;[11] eine Tatsache, die bereits Köttgen (1963) zu folgender Feststellung veranlaßte:[12] „Kommunale Wirtschaftsförderung ist bislang ihrem Wesen nach das 'zersplitterte' Werk einer bewußt und gewollt lokal höchst unterschiedlichen Verwaltungspraxis (...)." Mittlerweile liegen aber über die Praxis kommunaler Wirtschaftsförderung allgemeinere empirische Untersuchungen vor, die im Rahmen dieses Kapitels zum besseren Verständnis an geeigneter Stelle eingearbeitet sind. Die Darstellung der allgemeinen Grundlagen interkommunaler Zusammenarbeit sind Diskussionsgegenstand in Kapitel C. Im Rahmen dieses Kapitels werden im Anschluß an die Begriffsklärung, einer knappen Schilderung der historischen Entwicklung sowie der Darstellung der zu beachtenden rechtlichen Grundlagen schwerpunktmäßig die den Kommunen zur Zusammenarbeit untereinander aber auch mit anderen, privaten Akteuren zur Verfügung stehenden Organisationsformen vorgestellt. Eine kurze Bewertung der hier vorgestellten Organisationsformen schließt das Kapitel ab.

Die Synthese der aus den beiden vorangegangenen Kapiteln gewonnenen Erkenntnisse ist in Kapitel D vorgesehen. Hier werden zunächst die Grundlagen der Regionalisierung und interkommunalen Zusammenarbeit im Rahmen der kommunalen Wirtschaftsförderung anhand der Darstellung allgemeiner empirischer Ergebnisse zur interkommunalen Konkurrenz und Zusammenarbeit aufgezeigt, mögliche Kooperationsanreize und -hindernisse sowie ein grobes Ablaufschema zur Institutionalisierung und Implementierung regionaler Kooperationen vorgestellt. Daran anschließend wird auf die in der kommunalen Praxis anzutreffenden Kooperationsgegenstände anhand diesbezüglicher empirischer Erhebungen näher eingegangen.

Der **empirische Teil** der Arbeit (Teil II) beginnt zunächst mit einer kurzen Darstellung der angewandten Methode der empirischen Erhebung in Kapitel E. In Kapitel F werden die Ergebnisse der bundesweiten Erhebung bei institutionalisierten kreis*übergreifenden* „Wirtschaftsregionen" überblickartig vorgestellt. Im Anschluß daran wird in Kapitel G ein landesweiter Vergleich zwischen institutionalisierten kreis*übergreifenden* und kreis*bezogenen* „Wirtschaftsregionen" am Beispiel Baden-Württemberg herangezogen und etwaige Unterschiede herausgearbeitet. Die Darstellung von institutionalisierten „Wirtschaftsregionen" anhand ausgewählter

---

11 In diesem Sinne auch *Imhoff-Daniel, Angela* (1994), S. 4.
12 *Köttgen, Arnold* (1963), S. 18.

Fallbeispiele aus der trinationalen Region am Oberrhein ist Gegenstand der Diskussion in Kapitel H. Mit dem Fazit schließt die vorliegende Arbeit ab. Der gesamte Aufbau der vorliegenden Arbeit hinsichtlich der einzelnen Kapitel ist in Abbildung 1 graphisch dargestellt.

Abbildung 1: Aufbau der Arbeit

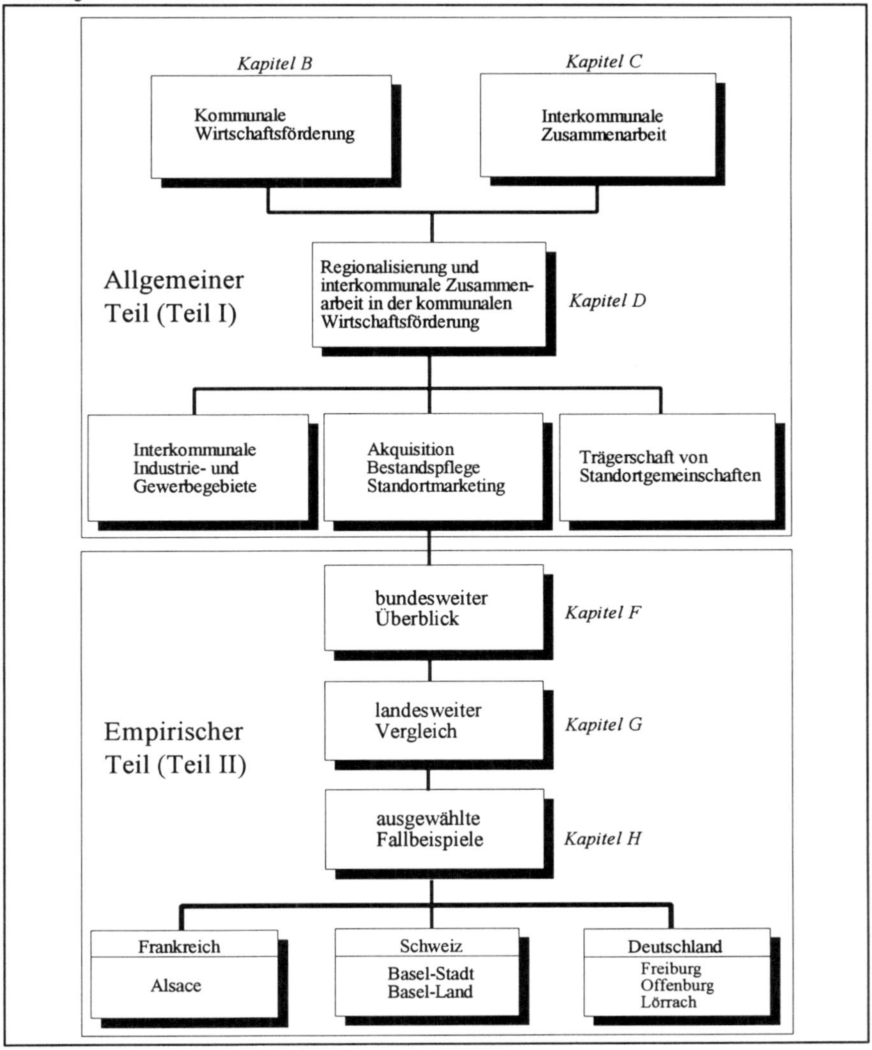

B. Grundlagen kommunaler Wirtschaftsförderung

I. Zum Begriff „kommunale Wirtschaftsförderung"

Wirtschaftsförderung ist ein schillerndes und in der Öffentlichkeit häufig gebrauchtes, politisches Schlagwort. Durch seinen diffusen Charakter ist eine begriffliche Abgrenzung und Inhaltbestimmung aber ausgesprochen problematisch.[13] Dabei ist der Begriff „Wirtschaftsförderung" selbst relativ jung.[14] Zwar wurde bereits spätestens seit dem 19. Jahrhundert auf staatlicher Ebene in den offiziellen Handbüchern der Verwaltung für das Königreich Preußen von Volkswirtschaftspflege[15], Wohlstands- oder Wirtschaftspflege[16] gesprochen; auf kommunaler Ebene ist dagegen aber erst seit Anfang des 20. Jahrhunderts abwechselnd von Mittelstandsförderung, Gewerbeförderung, Industrieförderung oder auch allgemein von Wirtschaftsförderung die Rede.[17]

Trotz dieser langen Tradition, die dem Begriff der kommunalen Wirtschaftsförderung eigen ist und trotz der Tatsache, daß er in der bisherigen Verwaltungspraxis durchaus seinen Niederschlag gefunden hat - so wurde der Begriff sowohl vom Gesetzgeber[18] als auch von der Rechtsprechung[19] bereits angesprochen -, existiert bis heute jedoch keine allgemein verbindliche Legaldefinition.[20] Aufgrund dieser Tatsache finden sich bei einer eingehenden Analyse des Schrifttums mittlerweile eine schier unüberschaubare Anzahl von Begriffsbestimmungen kommunaler Wirtschaftsförderung, denen aber je nach Zielsetzung und Fragestellung unterschiedliche Bedeutungen beigemessen werden. Die Begriffsbestimmung hängt demnach gerade bei der kommunalen Wirtschaftsförderung entscheidend von der Zweckmäßigkeit im Hinblick auf die zu klärende Frage ab.[21]

---

13 Vgl. *Schiefer, Bernd* (1990), S. 1.

14 Vgl. *Müller, Wolfgang-Hans* (1983), S. 626.

15 Vgl. *Stein, Lorenz von* (1870), S. 141.

16 Vgl. *Hue de Grais, Robert Graf* [Hrsg.] (1892), S. 377 und *derselbe* [Hrsg.] (1901), S. 406.

17 Vgl. *Wilden, Josef* (1919), S. 148-154.; *Wilden, Josef* (1922), S. 376-381; *Meyer* (1922), S. 554-557; *Weber, Max* (1924), S. 291-294; *Wilden, Josef* (1924), S. 311-313; *Nellessen* (1927), S. 1427-1432.

18 Bemerkenswert ist in diesem Zusammenhang aber die Tatsache, daß im Gesetz über die Selbstverwaltung der Gemeinden und Landkreise in der DDR vom 17. Mai 1990 (siehe GBl. DDR vom 25. Mai 1990, Teil U Nr. 28, S. 255 ff.) die Förderung von Wirtschaft und Gewerbe ausdrücklich zu den Selbstverwaltungsaufgaben der Kommunen gehört, vgl. dazu *Faber, Angela* (1992), S. 3 FN 3.

19 Vgl. *Schiefer, Bernd* (1989), S. 176 ff; Faber interpretiert auch den Inhalt des BVerG-Urteils vom 15. Dezember 1989 - 7 D 6.88 - dann auch eher als „Klarstellung" denn als Definition, wenn darin von „(...) Mittel der standortbezogenen gewerblichen Investitionsförderung (kommunale Wirtschaftsförderung) (...)" die Rede ist , vgl. dazu *Faber, Angela* (1992), S. 3 FN 4.

20 Vgl. *Möller, Ferdinand* (1963), S. 32; *Faber, Angela* (1992), S. 3 FN 3 und 4.

21 Ettelbrück führt die Mannigfaltigkeit der Begriffsinhalte kommunaler Wirtschaftsförderung auf subjektive und objektive Gründe bei der Begriffsbestimmung zurück. Subjektiv deshalb, weil „die Wahl eines speziellen Wirtschaftsförderungsbegriffs die persönliche Einstellung des Definierenden zum Gegenstand verdeutlicht", und objektiv, weil bereits in der Definition eine „Verquickung mit den Aufgaben und Zielen" erfolgt, vgl.

In Ermangelung eines einheitlichen und allgemein gültigen Begriffsverständnisses wird nicht selten der Versuch unternommen, über Aufzählungen von Zielen, Aufgaben und Instrumenten gleichermaßen den Inhalt und das Wesen der kommunalen Wirtschaftsförderung näher zu umschreiben.[22] Derartige Aufzählungen erscheinen aber nicht sinnvoll, da sie zum einen nie abschließend sein können und zum anderen die kommunalpolitischen Rahmenbedingungen infolge wirtschaftlicher, gesellschaftlicher und technologischer Änderungen einem ständigen Wechsel unterliegen und damit auch die Prioritäten der kommunalen Wirtschaftsförderung. Für die praktische Anwendung führt dieses Vorgehen zu veralteten und unbrauchbaren Definitionen.[23] Da es im Rahmen der vorliegenden Untersuchung aber unmöglich ist, alle in der einschlägigen Literatur diskutierten Begriffsbestimmungen vorzustellen,[24] werden exemplarisch für das gesamte Spektrum nur die drei folgenden, häufig zitierten Definitionen kommunaler Wirtschaftsförderung angeführt, um einen Eindruck dessen, was im allgemeinen unter kommunaler Wirtschaftsförderung verstanden wird, zu geben.

Einer der ersten vielbeachteten Definitionsversuche stammt von Adenauer (1959), der zwischen Wirtschaftsförderung im engeren und im weiteren Sinne unterschieden hat.[25] Als Wirtschaftsförderung im weiteren Sinne verstand er „zusammenfassend alle Maßnahmen (..), die der Staat zur Verbesserung der nationalen Wirtschaft durch gesetzgeberische Maßnahmen ergreift unter Einbeziehung aller sozialpolitischen, steuer- und finanzpolitischen und betriebswirtschaftlichen Regelungen." Die Wirtschaftsförderung im engeren Sinne umfaßt seiner Meinung nach „jede Tätigkeit, die der Staat oder die Gemeinde unmittelbar zur Förderung wirtschaftlicher Einrichtungen ausübt, insbesondere die Hilfe, die sie in ihrem jeweiligen Einflußbereich wirtschaftlicher Organisationen oder Wirtschaftsbetrieben angedeihen lassen."

Kurze Zeit später wurde von Möller (1963) der wohl bis heute umfassendste Versuch einer Bestimmung des Begriffes der Wirtschaftsförderung unternommen. Für ihn ist kommunale Wirtschaftsförderung „derjenige Teil der öffentlichen Gemeindeaufgaben, der primär eine Begünstigung der örtlichen Wirtschaft durch Verbesserung ihrer Standortbedingungen und damit ihrer Produktivität und als sekundäre Folgewirkung die harmonische Gestaltung des Verhältnisses aller öffentlichen Gemeindeaufgaben zu den an ihnen bestehenden Interessen der Wirt-

---

Ettelbrück, Ursula (1984), S. 3,

22 Vgl. *Christ, Josef Sebastian* (1983), S. 14.

23 Vgl. *Faber, Angela* (1992), S. 5.

24 Ein Überblick über die wichtigsten Definitionsversuche in der Literatur gibt *Faber, Angela* (1992), S. 4 ff.

25 Vgl. zum folgenden *Adenauer, Max* (1959), S. 899 f. Allerdings wurde bereits von Bresky bereits rund 20 Jahre früher der Versuch einer noch differenzierteren Klarstellung des Ausdrucks „Wirtschaftsförderung" unternommen. Er unterschied gleich in dreifacher Weise zwischen Wirtschaftsförderung im weitesten Sinne, Wirtschaftsförderung im engeren und Wirtschaftsförderung im engsten Sinne, vgl. dazu *Bresky, Georg* (1937), S. 165 ff.

schaft mittels geeigneter Lenkungsmaßnahmen und -handlungen der Gemeinde zum Gegenstand hat."[26] Trotz vereinzelter Kritik[27] wird diese Definition von der Mehrheit weitgehend akzeptiert[28].

Einfacher und verständlicher dagegen ist die folgende Definition von Lange (1981): „Gemeindliche Wirtschaftsförderung ist die Förderung nichtgemeindlicher Wirtschaftstätigkeit durch Gemeinden."[29] Nach seinem Verständnis kann kommunale Wirtschaftsförderung nicht Selbstzweck sein, sondern muß vielmehr „als Mittel zur Förderung des Wohls der sie betreibenden Gemeinde verstanden werden."[30] Im folgenden wird in Anlehnung an Lange (1981) unter kommunaler Wirtschaftsförderung also diejenige Tätigkeit der Kommunen verstanden, die primär auf die Begünstigung der örtlichen Wirtschaft, d.h. sowohl der ortsansässigen als auch der ansiedlungswilligen Unternehmen mit dem Ziel der Steigerung des Gemeinwohls abzielt.[31] Im allgemeinen beinhaltet sie dabei alle Maßnahmen, „die im Rahmen der Gesetze ergriffen werden, um vielen ansässigen bzw. ansiedlungsbereiten Unternehmen und damit der örtlichen Wirtschaft den Weg für ein gesundes wirtschaftliches Wachstum zu ebnen und zur Wohlfahrtssteigerung im Gemeindebereich beizutragen."[32]

Heute wird die Wirtschaftsförderung in der kommunalen Praxis zunehmend als umfassende Dienstleistung der Kommune für die örtliche Wirtschaft verstanden. Aufgrund der wachsenden Bedeutung innerhalb des kommunalen Aufgabenkataloges und des von ihr ausgehenden wirtschaftlichen Entwicklungspotentials wird kommunale Wirtschaftsförderung als wesentlicher und integraler Bestandteil der Stadtentwicklungspolitik mehr als jeder andere kommunale Verwaltungsbereich als ressortübergreifende Querschnittsaufgabe verstanden.[33]

Und obwohl die Begriffe inhaltlich oftmals ohne Unterschied in der Sache verwendet werden, unterscheidet sich die kommunale Wirtschaftsförderung von der kommunalen Wirtschafts- bzw. Gewerbe*politik* insofern,[34] als letztere gerade auch solche Aspekte politischen Handelns beinhaltet, die die ansässigen Unternehmen *negativ* tangieren und damit die örtliche Wirtschaftsentwicklung *hemmen* können.

---

26 *Möller, Ferdinand* (1963), S. 42.

27 Vgl. für alle *Knemeyer, Franz-Ludwig/ Rost-Haigis, Barbara* (1981), S. 243; *Lange, Klaus* (1981), S. 5; *Faber, Angela* (1992), S. 7.

28 Vgl. *Christ, Josef Sebastian* (1983), S. 15.

29 *Lange, Klaus* (1981), S. 5.

30 Vgl. *Lange, Klaus* (1981), S. 5.

31 In diesem Sinne auch *Ehlers, Dirk* (1990), S. 103.

32 *Schmitz-Herscheidt, Friedhelm* (1979), S. 198.

33 Vgl. *Grätz, Christian* (1983), S. 8.

34 Den Begriff „Gewerbepolitik" verwenden zum Beispiel *Heuer, Hans* (1985) und *Naßmacher, Hiltrud* (1987).

II. Historische Entwicklung

1. Vom Mittelalter bis zum ausgehenden 19. Jahrhundert

Historisch betrachtet hat die Förderung der ansässigen Wirtschaft bzw. der Gewerbetreibenden durch die örtliche Gemeinschaft in Deutschland eine lange Tradition. Im Bewußtsein einer geradezu schicksalhaften Verbundenheit waren bereits die neugegründeten und aufstrebenden Städte des Mittelalters seit etwa Mitte des 12. Jahrhunderts auf die Förderung ihrer (städtischen) Wirtschaft und damit wiederum ihrer eigenen Wirtschaftskraft bedacht.[35] Überhaupt spiegelt sich in der Geschichte des deutschen Städtewesens gleichzeitig auch die gesamte deutsche Wirtschaftsgeschichte wider.[36]

Die deutsche Stadt im **Mittelalter** bildete „als politischer, sozialer und wirtschaftlicher Mikrokosmos, der in sich sein Genüge fand und sich nach außen abschloß, (..) in seinem autonomen Stadtrecht eine geschlossene Rechtsordnung, die sich zu einer staatsähnlichen Organisation steigerte."[37] Städtische Wirtschaftspolitik im Mittelalter bedeutete zunächst, Vorsorge bzw. Sicherung für die Ernährung und Verteidigung der Stadt zu treffen.[38] Die starken und selbstbewußten mittelalterlichen Stadtwirtschaften waren somit die eigentlichen Träger des wirtschaftlichen Lebens bis etwa zur Mitte des 14. Jahrhunderts. Damals erfolgte die Wirtschaftsförderung sowohl durch Realförderungen als auch durch Maßnahmen der hoheitlichen Eingriffsverwaltung. Gewährte etwa der Landesherr einer Stadt das Marktrecht, Niederschlags- oder Stapelrecht, so wollte er sich entweder für deren geleisteten Dienste erkenntlich zeigen oder ihre Gunst erwerben.[39] Aber auch das Bannmeilenrecht der mittelalterlichen Städte leistete einen wesentlichen Beitrag zur wirtschaftlichen Stadtentwicklung im Mittelalter und zur schnelleren Entfaltung des ansässigen städtischen Gewerbes.[40] „Deshalb strengten sich die alten Städte an, wirtschaftliche Betriebe innerhalb ihrer Bannmeile anzusiedeln. Mit allen möglichen Verspre-

---

35 Der Versuch Schiefers, erste Aktivitäten der örtlichen Gemeinschaft zur Förderung der Wirtschaft bereits für die Frühzeit festzustellen, scheiterte an der Tatsache, daß es zum einen in der germanischen Hauswirtschaft keine zu fördernde Wirtschaft gab und zum anderen daran, daß auch in der fränkischen Zeit mit den nach und nach entstehenden Kaufmannssiedlungen eine Wirtschaftsförderung als Aufgabe der örtlichen Gemeinschaft unbekannt geblieben war, vgl. dazu *Schiefer, Bernd* (1989), S. 21 ff. Zur Aufweichung der Hauswirtschaft als geschlossenes System kam es erst im Zuge der Städtegründungen, vgl. dazu *Brandt, Karl* (1992), S. 16.

36 Vgl. *Wilden, Josef* (1923), S. 126.

37 *Planitz, Hans* (1954), S. 342.

38 Vgl. *Kellenbenz, Hermann* (1977), S. 90.

39 Vgl. *Wilden, Josef* (1924), S. 311.

40 Das Rechtsinstitut der sog. Bannmeile bevorzugte das städtische Handwerk gegenüber dem innerhalb dieser Zone liegenden Dörfern, in denen die handwerkliche Produktion untersagt war. Dabei war die Bannmeile mitunter recht unterschiedlich dimensioniert; während sie zum Beispiel in Köln nur 7,5 km oder etwa in Leipzig 15 km betragen hatte, wies Augsburg eine Bannmeile von insgesamt 45 km aus, vgl. dazu *Henning, Friedrich-Wilhelm* (1991), S. 187 f.

chungen suchten die Stadtherren beim Aufkommen der Städte gewerbliche Unternehmer heranzuziehen, boten ihnen nahmhafte Vorteile, ja, gaben ihnen weitgehende Freiheiten."[41] Dennoch war die Wirtschaftspolitik der Städte - ähnlich wie die der fürstlichen Landesherren des Mittelalters - noch bis in das 16. Jahrhundert hinein im allgemeinen durch ein wenig systematisches, eher sporadisches und nicht selten in ihren einzelnen Elementen kaum abgestimmtes Vorgehen gekennzeichnet. Dies änderte sich erst in der zweiten Hälfte des 17. Jahrhunderts mit dem Westfälischen Frieden von 1648, der das Ende des Dreißigjährigen Krieges (1618-1648) und zugleich eine bedeutende Epochengrenze darstellte.[42]

Mit dem auch in Deutschland nach und nach aufkommenden **Absolutismus** und seines Wirtschaftssystems, dem Merkantilismus bzw. dem Kameralismus[43] als seiner spezifisch deutschen Ausprägung, endete zunächst die innere und wirtschaftliche Selbständigkeit der deutschen Städte. Im absolutistischen Fürstenstaat wurden die einstmals autonomen und wirtschaftlich potenten Städte zu bloßen Ausführungsorganen landesherrlicher Politik degradiert, die Verwaltung der Städte im allgemeinen von einem dem jeweiligen Landesherren alleinverantwortlichen Beamten wahrgenommen. Das ernüchternde Resultat war die Verkümmerung der sich bis dahin herausgebildeten städtischen Selbstverwaltung; das gesamte Verhalten und Wirtschaften in Stadt und Land wurden unter die Anordnungen der Obrigkeit gestellt.[44] Die „Wohlstandspflege"[45] oblag in dieser Zeit in Preußen - wie auch im übrigen Deutschland - als Teil der Polizei vollständig in der Hand des Staates.[46] Der (städtische) Wirtschaftsbürger hatte in erster Linie treuer Untertan zu sein - eine Mentalität, die sich im übrigen in Deutschland noch bis weit ins 19. Jahrundert hinein fast unverändert fortsetzte.[47] Bereits damals sei die „Förderung des allgemeinen Wohlstandes durch Unterstützung der Industrie und durch Antreiben zu derselben"[48] unter den Landesfürsten zu einer reinen „Modesache" geworden, wie ein zeitgenössischer Artikel kritisch mahnt.

---

41 *Wilden, Josef* (1923), S. 126.

42 Vgl. *Zeeden, Ernst Walter* (1981), S. 118.

43 Eine Übersicht über Merkantilismus und Kameralismus in Deutschland bietet *Brandt, Karl* (1992), S. 39 ff. bzw. 52 ff.

44 Vgl. *Kunisch, Johannes* (1986), S. 38.

45 Der Begriff „Wohlstandspflege" wird wie in einem bedeutenden Verwaltungshandbuch seiner Zeit folgt umschrieben: „Der Staat hat für das wirthschaftliche Wohlergehen seiner Angehörigen zu sorgen, insoweit die Bedingungen desselben für den einzelnen unerreichbar sind. Diese Fürsorge umfaßt sowohl die Hinwegräumung von Naturhindernissen, als die Einrichtung umfangreicher Förderungsmittel für die wirthschaftliche Thätigkeit. Die Hebung des Wohlstandes des einzelnen erhöht zugleich die Steuerkraft und kommt damit dem Staate auch unmittelbar zu gute", vgl. *Hue de Grais, Robert Graf* [Hrsg.] (1892), S. 377.

46 Vgl. *Hue de Grais, Robert Graf* [Hrsg.] (1892), S. 379.

47 Vgl. *Henning, Friedrich-Wilhelm* (1991), S. 754.

48 Vgl. *Kolb, F.G.* (1861).

Erst in der sich dem Absolutismus anschließenden Epoche des **Liberalismus** im 19. Jahrhundert gestand man den Städten und Gemeinden in den deutschen Territorien wieder das Recht einer selbständigen Verwaltung zu.[49] Diese war aber zunächst nur im Königreich Preußen und dort wiederum nur in den Städten gewährleistet, und zwar in Form der Städteordnung des Freiherrn vom Stein aus dem Jahr 1808. Mit ihr wurde den preußischen Städten erstmals die Erledigung der öffentlichen Aufgaben in eigener Verantwortung übertragen. Spätestens seit dieser Zeit fördern und unterstützen insbesondere die größeren und mittleren Städte in Deutschland wieder eigenständig ansässige oder fremde ansiedlungswillige Unternehmen durch lenkende Verwaltungsmaßnahmen, die noch immer frei von jeglicher Systematisierung waren, weshalb damals in der offiziellen Verwaltungssprache auch noch nicht von einer eigenständigen kommunalen Wirtschaftsförderung die Rede war.[50]

2. Entwicklung im 20. Jahrhundert

Die eigentliche Entwicklung der kommunalen Wirtschaftsförderung - zumindest aus organisatorischer Sicht - hat erst zu Beginn des 20. Jahrhunderts eingesetzt.[51] Es gibt zwar konkrete Hinweise darauf, daß bereits im Laufe des 19. Jahrhunderts in einigen größeren deutschen Städten einzelne Mitglieder des Rates speziell mit Fragen der allgemeinen Wirtschaftsförderung betraut wurden; ein Beispiel hierfür ist die ehemalige westfälische Haupt- und Residenzstadt Münster, in der im Jahr 1804 der Oberbürgermeister im Zuge der Neuverteilung der Verwaltungsgeschäfte seinem Stellvertreter im Magistrat im Wissen um deren besondere Wichtigkeit die Aufgaben für Fabriken- und Manufactursachen, Beförderung des Gewerbes und Ansiedlung fremder Unternehmer übertragen hatte.[52]

Aber angesichts der Tatsache, daß im allgemeinen die Ausdifferenzierung und Spezialisierung der Kommunalverwaltung noch während des gesamten 19. Jahrhunderts hindurch nicht sehr ausgeprägt war, kann vermutlich zu Recht davon ausgegangen werden, daß fachliche Aufgabenzuweisungen wie etwa die Wirtschaftsförderung an einzelne Mitglieder des Magistrats wie im Fall Münster nur rein informeller Art und eher die Ausnahme waren.[53]

---

49 Vgl. *Möller, Ferdinand* (1963), S. 52, der in diesem Zusammenhang vom einem „Wiederaufleben der gemeindlichen Selbstverwaltung" spricht.

50 Eine klare rechtliche Gemeindezuständigkeit zur Förderung der Wirtschaft war aber weiterhin nicht gegeben.

51 Vgl. *Schiefer, Bernd* (1991), S. 196.

52 Vgl. *Gimpel, Klaus* (1981), S. 66. Das städtische Amt für Wirtschaftsförderung wurde in Münster demgegenüber erst über 160 Jahre später im Jahr 1968 eingerichtet.

53 Vgl. hierzu das Antwortschreiben des Stadtarchivs Münster vom 19.11.1996 auf die schriftliche Anfrage des Verfassers hinsichtlich des Dezernenten für „Fabriken- und Manufactursachen, Beförderung des Gewerbes und Ansiedlung fremder Unternehmer".

Die eigentliche Institutionalisierung bzw. formale organisatorische Einbindung der kommunalen Wirtschaftsförderung in Form einer eigenen Dienststelle innerhalb der Kommunalverwaltung wurde erst rund 100 Jahre später in der badischen Stadt Mannheim vollzogen. Dort hatte die Stadtverwaltung bereits vor Beginn des Ersten Weltkrieges mit dem städtischen Hafen- und Betriebsamt das vermutlich erste Wirtschaftsförderungsamt aller deutscher Großstädte Deutschlands ins Leben gerufen.[54] Bereits unmittelbar nach Beendigung des Ersten Weltkrieges im Jahr 1918 war im Zuge der Aufhebung und des Umbaus der Kriegs- und Übergangswirtschaft erstmals zunehmend von „Mittelstandsfürsorge" die Rede.[55] Zur Effektivierung der kommunalen Wirtschaftsförderung wurde zu jener Zeit verstärkt die Errichtung von städtischen Wirtschaftsämtern propagiert, die alle der Gemeinde und Wirtschaft dienenden Kräfte wie beispielsweise Stadtverwaltung, Handelskammern und amtliche gewerbliche Körperschaften einheitlich zusammenfassen sollten.[56] Ein Beispiel dafür ist das im Jahr 1919 errichtete städtische Wirtschaftsamt der Stadt Frankfurt am Main, dem die Aufgabe übertragen wurde, zur allgemeinen Förderung des Wirtschaftslebens unter anderem „durch Heranziehung neuer Industrien, durch Anregung zu neuen Plänen und durch Vermittlung von Nachrichten über neuere technische Errungenschaften und andere wirtschaftliche Möglichkeiten" und damit zur Verbreiterung der wirtschaftlichen Basis beizutragen.[57]

Überhaupt wurde in der Zeit der **Weimarer Republik** der kommunalen Wirtschafts- und Gewerbeförderung wieder große Beachtung geschenkt. Auslöser der zumeist in verdeckter Form und nur in Ausnahmefällen gewährten Wirtschaftsförderungsmaßnahmen etwa über günstige Grundstückspreise war bis zum Ende dieser Epoche zum einen der in den großen Städten verstärkt zunehmende Industrialisierungsprozeß und zum anderen die in den Landkreisen zu verzeichnende Verschlechterung des Lebensstandards der Bevölkerung sowie deren Landflucht. Aber: „Die Grundauffassung des liberalen bürgerlichen Staates, daß sich die öffentliche Hand gegenüber der Wirtschaft nicht zu engagieren habe, zeigte sich bei der kommunalen Förderung der Industrie sehr viel deutlicher als bei der Stützung der sozial schwächeren Wirtschaftskreise."[58]

---

54 Vgl. dazu und im folgenden *Nellessen* (1927), S. 1427-1432 (1428).

55 Vgl. *Wilden, Josef* (1919), S. 148-154. Für ihn war es eine „dringliche Aufgabe, der Vernichtung des selbstständigen Mittelstandes entgegen zu wirken, indem man solchen kleinen Gewerbetreibenden, Handwerkern, Fabrikanten, Händlern, Bauern und Angehörigen der freien Berufe, die vor dem Kriege selbstständig waren, ihr Geschäft aber entweder ganz oder zum Teil wegen des Kriegsdienstes haben aufgeben müssen, den Schaden, den sie hierdurch erlitten haben, in etwa wieder gut zu machen" (S. 148).

56 Vgl. *Weber, M.* (1921), S. 175-178; *Wilden, Josef* (1923), S. 126-128 (128).

57 Vgl. *Nürnberg* (1920), Sp. 507-512.

58 Vgl. *Möller, Ferdinand* (1963), S. 54.

Eine völlige Abkehr von dieser auferlegten Zurückhaltung der Kommunen löste erst die **Weltwirtschaftskrise** und deren katastrophalen Folgen aus, was nicht selten zu drastischen Fehlschlägen in der kommunalen Wirtschaftsförderung führte.[59] Durch gezielte Stützungsaktionen finanzieller Art gegenüber notleidenden Unternehmen versuchten manche Gemeinden die drohenden Gefahren für den eigenen kommunalen Haushalt wie zum Beispiel Steuerausfälle oder Arbeitslosenfürsorge abwehren zu können.

Auch im **Nationalsozialismus** betrieben die deutschen Städte und Gemeinden eine mehr oder weniger eigenständige Wirtschaftsförderung.[60] Die Konkurrenz der Gemeinden um die Standorte militärischer Einheiten im Zuge der allgemeinen Aufrüstung oder die Ansiedlung von Industrieunternehmen im Zuge der Vierjahrespläne führte vereinzelt zu parteipolitisch motivierten Subventionen, die bevorzugt in verdeckter Form gewährt wurden.[61] Trotz der allgemeinen Unterordnung der gemeindlichen Maßnahmen unter die staatspolitischen Zielsetzungen im Zuge einer weitgehenden „Einheit von Partei und Staat“ wurde die generelle Allzuständigkeit des kommunalen Aufgabenkreises als traditioneller Grundsatz der kommunalen Selbstverwaltung unverändert in das neue nationalsozialistische Gemeinderecht übernommen, nie bestritten und in der Praxis auch nicht eingeengt.[62] Denn seit der Machtergreifung durch die Nationalsozialisten im Jahr 1933 hat selbst die straffe Führung der Wirtschaftspolitik durch das Reich und dessen wirtschaftsfördernde Maßnahmen zu keiner Verminderung der Bedeutung zwischen den Gemeinden und der Wirtschaft geführt - ganz im Gegenteil.[63] Neben der Durchführung der beiden Vierjahrespläne[64] und der kommunalen Auftragsvergabe leisteten die Gemeinden in der sonstigen Wirtschaftsförderung alljährlich Gewaltiges. Durch den Kriegsausbruch im Jahr 1939 wurden die Gemeinden auf allen Aufgabengebieten zur bloßen Vollzieherin der zentral gelenkten Kriegswirtschaft;[65] die bis dahin errichteten großstädtischen Wirtschaftsämter dienten später als organisatorische Grundlage der beiden Kriegswirtschaftsämter, dem Wirtschafts- und dem Ernährungsamt, die reine Auftragsangelegenheiten wahrzunehmen hatten.[66]

---

59 Vgl. zum folgenden *Blaich, Fritz* (1970), S. 92 ff.

60 Vgl. zum Verhältnis zwischen den Gemeinden und der Wirtschaft aus nationalsozialistischer Perspektive ausführlich *Renninger, Carl* (1938), S. 239 ff.; vgl. zur Bedeutung der kommunalen Wirtschaftsförderung im Nationalsozialismus ausführlich *Bresky, Georg* (1937), S. 165 ff.

61 Vgl. *Möller, Ferdinand* (1963), S. 54.

62 Vgl. *Gaertner, Erich* (1940), S. 4.

63 Vgl. im folgenden *Bitter, Walter* (1938), S. 282.

64 Die Aufgabe der sog. Vierjahrespläne waren die Regelung der Erzeugung, der Gestaltung der Arbeitsbedingungen und der Lenkung des Arbeitseinsatzes, die Lenkung des Kapitals sowie die Ordnung von Handel und Verkehr. Die Gemeinden haben an deren Erfüllung mittelbar und unmittelbar mitgewirkt, vgl. dazu ausführlich *Gaertner, Erich* (1940), S. 14 f.

65 Vgl. *Gaertner, Erich* (1940), S. 1.

66 Vgl. dazu ausführlich *Gaertner, Erich* (1940), S. 16 ff.

Der eigentliche Bruch der Wirtschaftsförderung mit dem 19. Jahrhundert vollzog sich aber erst nach der Gründung der **Bundesrepublik Deutschland** im Jahr 1949.[67] Seither hat sich die kommunale Wirtschaftsförderung in den alten Bundesländern inhaltlich und organisatorisch unter dem Einfluß sich ständig wechselnder wirtschaftlicher Rahmenbedingungen systematisch bis zu ihrer heutigen Form weiterentwickelt.[68]

In den neuen Bundesländern ist dagegen die Wirtschaftsförderung nach heutigem (westdeutschen) Verständnis ein vergleichsweise junges kommunales Aufgabengebiet. Im Zuge der **Deutschen Vereinigung** im Jahre 1990 kam es in Ostdeutschland zu einem tiefgreifenden Umbruch der bis dahin vorherrschenden institutionellen, rechtlichen, sozialen und wirtschaftlichen Strukturen.[69] Als einzige institutionelle Ebene überhaupt überlebten die ostdeutschen Kommunen die politische Wende. Sie waren zu Zeiten der DDR als örtliche Staatsorgane reine Ausführungsinstrumente und damit an die Weisungen des Zentralstaats gebunden. In bezug auf die Wirtschaft war ihnen die Aufgabe übertragen worden, insbesondere für die Sicherung der Standortbedingungen der zentral gelenkten Kombinate und volkseigenen Betriebe zu sorgen. Erst durch die Deutsche Vereinigung und deren tiefgreifenden ökonomischen Folgen sahen sich sowohl die Verwaltungen als auch die Politiker der Kommunen in den neuen Bundesländern einer zunehmenden Notwendigkeit zur aktiven und eigenständigen Wirtschaftsförderung gegenüber - einem für sie bis dahin weitgehend neuen Aufgabenbereich, der in den westdeutschen Kommunen bereits seit Jahrzehnten einen hohen Stellenwert besaß.[70] Mittlerweile hat sich die Wirtschaftsförderung auch in Ostdeutschland zu einer äußerst komplexen und wichtigen kommunalen Aufgabe herausgebildet. Aber anders als in den Westdeutschland, wo im vergangenen Jahrzehnt die Orientierung auf den eigenen Unternehmensbestand eindeutig Priorität hatte, müssen sich die ostdeutschen Kommunen in verstärktem Maße um eine gezielte Akquisition von Investoren bemühen, die von außerhalb der Region kommen.[71]

---

67 Vgl. *Köttgen, Arnold* (1963), S. 12 f. (13).

68 Vgl. zur Entwicklung kommunaler Wirtschaftsförderung nach dem Zweiten Weltkrieg ausführlich *Schiefer, Bernd* (1989), S. 43 ff., der dabei gleich vier Entwicklungsphasen (Aufbau-, Expansions-, Intensivierung- und Stagnationsphase) unterscheidet.

69 Vgl. zum folgenden *Kühn, Gerd/ Floeting, Holger* (1995), S. 19.

70 Vgl. *Kühn, Gerd/ Floeting, Holger* (1995), S. 9.

71 Vgl. *Kühn, Gerd/ Floeting, Holger* (1995), S. 139.

III. Rechtliche Grundlagen

1. Rechtliche Zulässigkeit

Da bislang keine Legaldefinition der kommunalen Wirtschaftsförderung erfolgt ist, spielt sie sich im gesetzesfreien Raum ab und zählt insofern zur gesetzesfreien Leistungsverwaltung der Kommunen.[72] Trotz dieses Umstandes wird ihre grundsätzliche rechtliche Zulässigkeit heute nicht mehr bezweifelt.[73]

Um dennoch eine rechtliche Grundlage für die kommunale Wirtschaftsförderung zu erhalten, muß direkt auf die Verfassung der Bundesrepublik Deutschland zurückgegriffen werden. Eine gesetzliche Rechtfertigung der Wirtschaftsförderung durch die deutschen Kommunen ergibt sich demnach allein aus Art. 28 Abs. 2 Grundgesetz (GG), dem sog. Grundsatz der Allzuständigkeit der Gemeinden.[74] Dort wird den Gemeinden und Gemeindeverbänden explizit das Recht gewährleistet, alle Angelegenheiten der örtlichen Gemeinschaft im Rahmen der Gesetze in eigener Verantwortung zu regeln. Die weitergehende rechtliche Ausgestaltung liegt im Zuständigkeitsbereich der Länder - in Baden-Württemberg entsprechend Art. 71 Abs. 1 der Landesverfassung. Dabei muß es sich aber grundsätzlich um solche Angelegenheiten der örtlichen Gemeinschaft handeln, die eindeutig im öffentlichen Interesse liegen.[75] Was ist aber eine örtliche Angelegenheit und welche dieser Angelegenheiten liegen im öffentlichen Interesse? Dieser Frage soll im folgenden nachgegangen werden.

Zunächst kann festgestellt werden, daß es sich bei der kommunalen Wirtschaftsförderung um eine öffentliche Aufgabe handelt, da sie primär auf die Wohlfahrtsteigerung der Einwohner einer Gemeinde abzielt[76] - und dies ist unbestreitbar im öffentlichen Interesse.[77] Nach den geltenden gesetzlichen Bestimmungen des Kommunalrechts haben die Kommunen - in den Grenzen ihrer Leistungsfähigkeit - unter anderem auch für das wirtschaftliche, soziale und kulturelle Wohl ihrer Einwohner Sorge zu tragen.[78] Daraus allein läßt sich kommunale Wirtschaftsförderung zwar

---

72 Vgl. *Köttgen, Arnold* (1963), S. 36; *Linden, Edmund* (1972); *Ettelbrück, Ursula* (1984), S. 57.

73 Vgl. *Lange, Klaus* (1981), S. 45.

74 Vgl. *Grätz, Christian* (1984), S. 9.

75 Vgl. *Sartowski, Roman* (1989), S. 13.

76 Eichhorn und Friedrich weisen in diesem Zusammenhang aber ausdrücklich darauf hin, daß „eine Gemeinde die Gesamtwohlfahrtsmaximierung nicht übersehen (darf, Anm. d. Verf.), wenn Projekte gefördert werden sollen, die interkommunale oder überregionale Auswirkungen zeitigen", vgl. dazu *Eichhorn, Peter/ Friedrich, Peter* (1970), S. 16.

77 Vgl. *Lange, Klaus* (1981), S. 26 ff. Demgegenüber kann es nicht im öffentlichen Interesse sein, daß durch kommunale Wirtschaftsförderung ausschließlich unternehmerische Einzelinteressen verfolgt werden, vgl. dazu *Ettelbrück, Ursula* (1984), S. 58 f.

78 Vgl. § 10 Abs. 2 der Gemeindeordnung (GemO) des Landes Baden-Württemberg.

nicht rechtlich begründen, wohl aber werden hier wichtige Hinweise auf den Umfang des kommunalen Aufgabenbereiches ersichtlich.

Eine weitere Begründung des kommunalen Aufgabenbereiches und damit auch der Wirtschaftsförderung wird in der allgemeinen Funktion der Kommunen gesehen, maßgeblich zur Realisierung des Sozialstaatsprinzips zum Wohl ihrer Einwohner beizutragen sowie der damit unmittelbar in Zusammenhang stehenden Aufgabe der Daseinsvorsorge[79]. Danach hat die Kommune die umfassende Aufgabe, die menschliche Lebensführung und die Umwelt in ihrem Verantwortungsbereich zu gestalten bzw. eine aktive Gemeindeentwicklung zu betreiben. Insofern ist Wirtschaftsförderung ein notwendiger Bestandteil des kommunalen Aufgabenkatalogs. Aber auch eine über die örtlichen Grenzen hinaus in das Umland ausstrahlende Maßnahme ändert nichts an der Tatsache, daß es sich bei der kommunalen Wirtschaftsförderung um eine örtliche Angelegenheit handelt.[80] Damit kann abschließend festgehalten werden, daß die Wirtschaftsförderung grundsätzlich zu den Selbstverwaltungsaufgaben der Kommunen zählt - zumindest solange und soweit sie den Interessen der örtlichen Wirtschaft dient.[81]

Schließlich findet sich eine rechtliche Bestätigung des kommunalen Auftrags zur Wirtschaftsförderung auch in § 2 Abs. 2 des Gesetzes über die Gemeinschaftsaufgabe „Verbesserung der regionalen Wirtschaftsstruktur" (GRW) vom 6. Oktober 1969.[82] Danach sind vorzugsweise die Gemeinden und Gemeindeverbände selbst die Träger der nach § 1 Abs. 1 Nr. 2 GRW vorgesehenen Maßnahmen zum Ausbau der Infrastruktur.[83]

2. Rechtliche Grenzen

Die grundsätzliche Zulässigkeit kommunaler Wirtschaftsförderung bedeutet aber nicht, daß die Kommunen als Träger der Wirtschaftsförderung einen uneingeschränkten Handlungs- bzw. Gestaltungsspielraum haben.[84] Durch den Zusatz „im Rahmen der Gesetze" in Artikel 28 Abs. 2 GG unterliegt auch die kommunale Wirtschaftsförderung nach dem Willen des Gesetzgebers

---

79 Der Begriff „Daseinsvorsorge" steht dabei für die Aufgabe der Kommunen, Sorge für die Grundbedingungen des wirtschaftlichen Wohls der Bevölkerung zu tragen.

80 Vgl. *Knemeyer, Franz-Ludwig/Rost-Haigis, Barbara* (1981), S. 245.

81 Vgl. *Lange, Klaus* (1981), S. 40 f.

82 Vgl. BGBl. Teil I vom 10. Oktober 1969, Nr. 108, S. 1861-1863.

83 Zur „Förderung des Ausbaus der Infrastruktur" nach § 1 Abs. 1 Nr. 2 GRW zählen (a) die Erschließung von Industriegelände, (b) der Ausbau von Verkehrsverbindungen, Energie- und Wasserversorgungsanlagen, Abwasser- und Abfallbeseitigungsanlagen sowie öffentliche Fremdenverkehrseinrichtungen und (c) die Errichtung oder der Ausbau von Ausbildungs-, Fortbildungs- und Umschulungsstätten, soweit ein unmittelbarer Zusammenhang mit dem Bedarf der regionalen Wirtschaft an geschulten Arbeitskräften besteht.

84 Vgl. kritisch zum Handlungsspielraum der kommunalen Wirtschaftsförderung bereits *Köttgen, Arnold* (1963).

bestimmten Grenzen. Im einzelnen kann die kommunale Wirtschaftsförderung Einschränkungen durch verschiedene Gesetze und Kompetenzen übergeordneter Stellen erfahren, auf die im folgenden näher einzugegangen wird.

Europarechtliche Grenzen können sich im Rahmen der kommunalen Wirtschaftsförderung gleich in zweifacher Hinsicht ergeben:[85] Zum einen dürfen regionale Wirtschaftsförderungsmaßnahmen der Europäischen Union (EU), die sie im Rahmen ihrer seit 1975 eigenständigen Regionalpolitik insbesondere mit Hilfe der Strukturfonds[86] ergreift, nicht durch die kommunalen Wirtschaftsförderungsmaßnahmen unterlaufen werden. Dieser Grenze wird in der Literatur[87] aber eine eher theoretische Bedeutung beigemessen. Der Grund für diese Einschätzung liegt in dem nicht allzu großen Störpotential der Kommunen, das sie kaum in die Lage versetzt, die EU-Regionalpolitik nachhaltig negativ zu beeinflussen.

Zum anderen schränkt das Wettbewerbsrecht der EU, dem mittlerweile in der Praxis eine herausragende Bedeutung hinsichtlich seiner Schrankenwirkung auf die kommunale Selbstverwaltung beigemessen wird,[88] die Wirtschaftsförderung der Kommunen in der Praxis mehr oder weniger ein. Insbesondere Art. 92-94 des Vertrages zur Gründung der Europäischen Wirtschaftsgemeinschaft (EG-Vertrag) setzen der kommunalen Wirtschaftsförderung Grenzen. Danach sind Beihilfen, die aus öffentlichen Mitteln gewährt werden und zu konkreten Wettbewerbsverzerrungen bzw. -verfälschungen führen oder auch nur führen könnten, generell verboten.[89] Die Ausnahme von dieser Regel sind lokale Infrastrukturmaßnahmen, die zur allgemeinen Attraktivitätssteigerung der Kommunen beitragen sollen. Obwohl gerade dieser zweiten europarechtlichen Grenze im allgemeinen eine weitaus größere praktische Bedeutung beigemessen wird als der zuerst genannten, wird in den meisten Fällen davon ausgegangen, daß kommunale Beihilfen im Rahmen der Wirtschaftsförderung zu keinen nennenswerten Beeinträchtigungen des Wettbewerbs innerhalb des gemeinsamen Binnenmarktes führen.[90]

---

85 Vgl. zur rechtlichen Stellung der kommunalen Wirtschaftsförderung im Hinblick auf die regionale Wirtschaftsförderung der Europäischen Union ausführlich *Rolfes, Karl-Heinrich* (1991).

86 Mit den sog. Strukturfonds fördert die Europäische Union (EU) das wirtschaftliche Wachstum und die Beschäftigung in den Mitgliedsstaaten wie es in Art. 130a des EG-Vertrages vorgesehen ist. Die Strukturfonds der EU umfassen den Europäischen Fonds für regionale Entwicklung (EFRE), den Europäischen Sozialfonds (ESF), den Europäischen Ausrichtungs- und Garantiefonds für die Landwirtschaft (EAGFL-A). Weitere Förderinstrumente sind das Finanzierungsinstrument für die Ausrichtung der Fischerei (FIAF), der Köhäsionsfonds sowie die Gemeinschaftsinitiativen.

87 Vgl. *Faber, Angela* (1992); *Kirchhoff, Ulrich/ Müller-Godeffroy, Heinrich* (1991), S. 22.

88 Vgl. *Maibaum, Thomas/ König, Eva–Maria* (1993), S. 239.

89 Vgl. Art. 92 des EG-Vertrages und die Rechtsprechung des EuGH zum Beihilfenverbot.

90 Dabei handelt es sich um die sog. Beihilfen von geringerer Bedeutung, die nicht der ansonsten zwingend vorgeschriebenen Anzeige- und Genehmigungspflicht i.S.v. Art. 93 EG-Vertrag unterliegen. Vgl. *Kirchhoff, Ulrich/ Müller-Godeffroy, Heinrich* (1991), S. 22.

Verfassungsrechtliche Grenzen ergeben sich aus der allgemeinen Grundrechtsbindung, der die gesamte kommunale Selbstverwaltung und somit auch die kommunale Wirtschaftsförderung unterliegt.[91] Dazu zählen insbesondere die Art. 20 GG (Vorbehalt des Gesetzes), Art. 3 GG (Gleichheitsgrundsatz) und Art. 37 GG (Grundsatz des bundestreuen Verhaltens). Die weitverbreitete Auffassung, derzufolge Wirtschaftsförderung im allgemeinen als nicht-marktkonforme wirtschaftspolitische Maßnahme zu gelten habe und allein aus diesem Grund bereits kategorisch abzulehnen sei, ist unbegründet. Das Grundgesetz spricht sich weder für eine reine Marktwirtschaft[92], in der staatliche Einflußnahme nur von untergeordneter Bedeutung ist, noch für irgend eine andere Wirtschaftsordnung explizit aus. Trotzdem ist die gegenwärtige Verfassungswirklichkeit in der Bundesrepublik Deutschland durch die Prinzipien der Marktwirtschaft dergestalt geprägt, daß zum einen zwar eine grundsätzliche Freiheit vor staatlichen Eingriffen besteht, zum anderen aber gleichzeitig auch die Möglichkeit zur staatlichen Steuerung durch Eingriffs- und Lenkungsmaßnahmen vorgesehen ist.[93] Damit ist aber eine unmittelbare Einflußnahme auf das Wirtschaftsgeschehen von seiten des Staates bzw. der öffentlichen Hand nicht per se auszuschließen; aus der marktwirtschaftlichen Ordnung kann insofern auch keine Folgerung für den zulässigen Umfang kommunaler Wirtschaftsförderungsmaßnahmen gezogen werden.[94]

Auch die **Kompetenzen anderer Verwaltungsträger** wie Bund, Länder und andere Kommunen bilden eine weitere rechtliche Grenze kommunaler Wirtschaftsförderung.[95] Dazu zählen insbesondere die Bundes- und Landesgesetze bzw. -planungen. So sind auch die Kommunen im Rahmen ihrer Bauleitplanung gesetzlich dazu verpflichtet, ihre Planungen und Maßnahmen untereinander sowie mit den anderen im Raumordnungsgesetz (ROG) genannten Stellen aufeinander abzustimmen.[96] Selbst wenn Zielkonflikte zwischen kommunaler und regionaler Wirtschaftsförderung bestehen, ist kommunale Wirtschaftsförderung entgegen einer Mindermeinung[97] nicht unzulässig, da zum einen - wie bereits erwähnt - das regionale Störpotential der Kommunen nicht allzu hoch eingeschätzt und zum anderen den Kommunen nicht das Recht auf wirtschaftsfördernde Tätigkeiten abgesprochen werden darf.[98]

---

91 Vgl. *Faber, Angela* (1992), S. 43 f.

92 Vgl. zu den verschiedenen Typen von Wirtschaftsordnungen *Streit, Manfred E.* (1991), S. 42 ff.

93 Vgl. *Eichert, Christof* (1994), S. 60. Aus iIdealtypischer Perspektive betrachtet stellt die Wirtschaftsordnung der Bundesrepublik Deutschland in ihrer heutigen Ausprägung die einer gelenkten Marktwirtschaft dar, vgl. dazu *Streit, Manfred E.* (1991), S. 49.

94 Vgl. *Konrad-Adenauer-Stiftung* (1984), S. 25 f.

95 Vgl. *Ehlers, Dirk* (1990), S.128.

96 Vgl. § 5 Abs. 4 i.V.m. § 4 Abs. 5 ROG.

97 So zum Beispiel vertreten in der Erklärung der Innenministerkonferenz vom 12.03.1981, abgedruckt bei *Ehlers, Dirk* (1990), S. 271 ff.

98 Vgl. *Ehlers, Dirk* (1990), S. 128 ff. (insb. S. 131); *Sartowski, Roman* (1989), S. 21 f.

Schließlich findet die kommunale Wirtschaftsförderung eine Einschränkung durch **einfachgesetzliche Grenzen.** Wie alle anderen Verwaltungsträger sind auch die Kommunen zur strikten Einhaltung aller bestehenden verfassungsmäßigen gesetzlichen Regelungen verpflichtet.[99] Darunter fallen sämtliche allgemeinen Bundes- und die jeweiligen Landesgesetze sowie die kommunalrechtlichen Bindungen. Eine besondere Bedeutung kommt den ausnahmslos in allen Gemeindeordnungen enthaltenen allgemeinen Grundsätzen der gemeindlichen Hauswirtschaft zu.[100] Danach hat die Gemeinde die Pflicht, ihre Hauswirtschaft sparsam und wirtschaftlich zu führen.[101] Dieser Grundsatz gilt jedoch nicht nur für die gesamte Haushaltswirtschaft einer Gemeinde, sondern hat vielmehr auch bei jeder einzelnen Maßnahme Beachtung zu finden - also auch bei den einzelnen Maßnahmen im Rahmen der kommunalen Wirtschaftsförderung.

Während das Gebot der „Sparsamkeit" angesichts der gegenwärtigen kommunalen Finanzlage in der Praxis nahezu obligatorisch ist, verlangt das Gebot der „Wirtschaftlichkeit", daß ein Kosten-Nutzen-Vergleich[102] für jede einzelne Wirtschaftsförderungsmaßnahme gestellt werden sollte.[103] Kommunale Wirtschaftsförderung hätte demnach im konkreten Einzelfall haushaltsrechtlich dann zu unterbleiben, wenn sich mit der Durchführung kein angemessener Nutzen für die Gemeinschaft erzielen läßt oder dies sogar die eigene Finanzkraft übersteigen würde.[104] Es ist jedoch zu beachten, daß die Durchführung einer kommunalen Wirtschaftsförderungsmaßnahme nicht ausschließlich von Kosten-Nutzen-Erwägungen abhängig gemacht werden sollte, sondern im Hinblick auf das öffentliche Wohl der Gemeinde beurteilt werden sollte.[105] Weitere kommunalrechtliche Grenzen sind darüber hinaus auch dem gemeindlichen Vermögenserwerb, der Nutzungsüberlassung gemeindlicher Vermögensgegenstände sowie deren Veräußerung gesetzt.[106] Von erheblicher Bedeutung sind diese Vorschriften insbesondere bei Grundstücksan- und -verkäufen durch die Kommunen. Trotz diesen rechtlichen Einschränkungen verbleibt der Kommunen zur Wirtschaftsförderung in der Praxis ein großer Handlungsspielraum. Da eine generelle Beschränkung kommunaler Wirtschaftsförderung nicht ersichtlich ist, kommt es im Hinblick auf mögliche Rechtskollisionen auf die Prüfung im konkreten Einzelfall an.

---

99 Vgl. *Ehlers, Dirk* (1990), S. 136.

100 In Baden-Württemberg in den §§ 77-101GemO geregelt.

101 Vgl. § 77 Abs. 2 GemO Baden-Württemberg.

102 Vgl. zum Einsatz der Kosten-Nutzen-Analyse im kommunalen Bereich allgemein etwa *Dallmann, Bernd* (1987); zum Einsatz der Kosten-Nutzen-Analyse in der kommunalen Wirtschaftsförderung insbesondere *Eichhorn, Peter/ Friedrich, Peter* (1970), S. 54 ff., *Kelm, Werner* (1973), S. 205-207 und *Zabel, Gerhard* (1979), S. 241-246.

103 Der Deutsche Städtetag hat in seinen Grundsätzen zur kommunalen Wirtschaftsförderung bereits im Jahr 1976 ausdrücklich darauf hingewiesen, „daß ein vertretbares Verhältnis zwischen öffentlichem Aufwand und Nutzen für die Gemeinschaft" als Maßstab in der Wirtschaftsförderung zu gelten habe, vgl. o.V. (1976), S. 196.

104 Vgl. § 10 Abs. 2 Satz 1 GemO Baden-Württemberg; vgl. *Schmitz-Herscheidt, Friedhelm* (1979), S. 200.

105 Vgl. *Lange, Klaus* (1981), S. 63 ff. (insb. S. 64).

106 Vgl. §§ 91 Abs. 1 und 92 Abs. 2 , § 92 Abs. 1 Satz 2 GemO Baden-Württemberg.

IV. Ziele und Strategien

1. Ziele

Als eigenverantwortliche Aufgabe im Rahmen des kommunalen Aufgabenkatalogs haben sich auch die Ziele der Wirtschaftsförderung grundsätzlich aus dem in der Gemeindeordnung festgelegten obersten Ziel, der „Steigerung des Gemeinwohls", herzuleiten.[107] Darüber hinaus müssen im Rahmen der kommunalen Wirtschaftsförderung die wesentlichen Anstöße zur Formulierung und Konkretisierung des Zielsystems von den Kommunen selbst kommen. Bei der Zielformulierung ist es insofern Aufgabe der Kommunen, die spezifischen örtlichen Gegebenheiten, die Bedürfnisse der örtlichen Gemeinschaft und die dieser kommunalpolitischen Aufgabe beigemessenen Bedeutung, d.h. den Stellenwert der Wirtschaftsförderung innerhalb des kommunalen Aufgabenkatalogs, angemessen zu berücksichtigen.[108] Kommunale Wirtschaftsförderung kann erfahrungsgemäß in der Praxis nur in Verbindung mit „gemeindespezifischen Zielen"[109] erfolgreich und effektiv betrieben werden. Bei der Formulierung der Ziele haben die Kommunen des weiteren auch der Tatsache Rechnung zu tragen, daß es sich bei der kommunalen Wirtschaftsförderung um einen integralen und wichtigen Bestandteil der Stadtentwicklungspolitik handelt, die nicht völlig losgelöst von den anderen kommunalpolitischen Aufgabenbereichen betrachtet werden darf, sondern die sich reibungslos in die gesamte Stadtentwicklungsplanung einpassen und mit den anderen Ressorts im Sinne einer „gemeindlichen Gesamtstrategie"[110] abgestimmt sein muß.

In der Literatur[111] werden im allgemeinen in weitgehender Übereinstimmung drei Hauptziele der kommunalen Wirtschaftsförderung genannt, deren Realisierung entscheidend zur Wohlfahrtssteigerung der Kommune und ihrer Bevölkerung beitragen sollen. Im einzelnen handelt es sich dabei - ohne jedoch durch die Reihenfolge der Aufzählung bereits eine Wertung zu implizieren - erstens um die „Sicherung bestehender und Schaffung neuer Arbeitsplätze", zweitens um die „Sicherung und Verbesserung der Wirtschafts- und Finanzkraft" und drittens um die „Verbesserung der Wirtschaftsstruktur".

Im allgemeinen besteht das gesamte wirtschaftspolitische Zielsystem einer Kommune aus ökonomischen und außerökonomischen Zielsetzungen. Letzere sind speziell auf die Bevölkerung

---

107 Vgl. § 1 Abs. 2 i.V.m. § 10 Abs. 2 GemO Baden-Württemberg.

108 Vgl. *Sartowski, Roman* (1989), S. 10.

109 *Ettelbrück, Ursula M.* (1984), S. 8.

110 *Milbradt, Georg* (1990), S. 5.

111 Vgl. für alle *Kelm, Werner* (1973), S. 53; *Grätz, Christian* (1984), S. 15 f.

bezogen, d.h. auf die Wohnbevölkerung in ihrer Funktion als Erwerbstätige und Konsumenten. Insofern können sie auch als bevölkerungsbezogene Ziele bezeichnet werden, [112] die im allgemeinen unter Sammelbezeichnungen wie beispielsweise „Verbesserung der Lebensqualität" zusammengefaßt werden.

In der Praxis sind im Bereich der kommunalen Wirtschaftsförderung aber nur selten ausgeprägte Zielsysteme mit klar abgegrenzten Differenzierungen zwischen Haupt- und Teilzielen einerseits und den dazugehörenden Maßnahmen andererseits vorzufinden. Nach Zill (1981) fehlt die operationale Ebene in der kommunalen Wirtschaftsförderung völlig. Ihrer Meinung nach trifft die Feststellung, wonach sich Maßnahmen ihre Ziele selbst suchen, in der kommunalen Realität eher zu als die an sich idealtypische Sequenz: Ziel → Operationalisierung → Handlung.[113]

Im Rahmen der kommunalen Wirtschaftsförderung kann es aber abgesehen von den übergeordneten Zielsetzungen von Bund und Ländern beispielsweise in der Raumordnung und Landesplanung auch zu Zielkonflikten innerhalb der Kommune mit den erklärten Zielen anderer als wichtig erachteter kommunaler Aufgabenbereiche geben. Zum einen wechseln sich in der kommunalen Praxis die Aufgaben Wirtschaftsförderung, Umweltschutz und Verkehrspolitik ohnehin regelmäßig an der Spitze der Prioritätenliste ab. War Anfang der 80er Jahre Wirtschaftsförderung noch ganz oben angesiedelt, wurde sie bereits Mitte der 80er Jahre durch den Umweltschutz vom ersten Rang abgelöst.[114] Aus Sicht der Stadtentwicklungsplanung stand im Jahr 1996 die Haushaltskonsolidierung an oberster Stelle, gefolgt vom Verkehrswesen und der Wirtschaftsförderung.[115]

Zum anderen ist die Wahrscheinlichkeit von Zielkonflikten umso höher, je weniger sich die Ziele der kommunalen Wirtschaftsförderung in die von Politik und Verwaltung vorgegebene Gesamtstrategie zur kommunalen Entwicklung einpassen lassen. So kommt es in der Praxis immer wieder zu Zielkonflikten zwischen Wirtschaftsförderung, Umweltschutz oder Verkehrspolitik. Hierbei gilt es gererell, die konträren Interessen gegeneinander abzuwägen und einen allgemeinen Konsens - eventuell auch über Kompromißlösungen - anzustreben.[116]

---

112 Vgl. *Konrad-Adenauer-Stiftung* (1984), S. 3.
113 Vgl. *Zill, Gerda* (1981), S. 73.
114 Vgl. *Schmidt-Eichstaedt, Gerd* (1989), S. 564.
115 Vgl. *Bretschneider, Michael* (1997), S. 4.
116 Vgl. *Große Siemer, Stefan* (1992), S. 15.

2. Strategien

Da sich die Strategien in der kommunalen Wirtschaftsförderung und die dafür verwendeten Begriffe in der Praxis weitgehend ähneln, d.h. es kann zunächst festgestellt werden, daß nur selten stadt-spezifische Ansätze vorhanden sind.[117] Bei einer eingehenden Betrachtung der entsprechenden Fachliteratur kristallisieren sich vielmehr zwei grundlegende Strategien heraus, die zu Recht als die beiden Grundstrategien kommunaler Wirtschaftsförderung bezeichnet werden können.[118] Dabei handelt es sich zum einen um die Neuansiedlungförderung und zum anderen um die Bestandspflege.

Die **Neuansiedlungsförderung** umfaßt die Gesamtheit aller Maßnahmen, die standortsuchende auswärtige Unternehmen zur Ansiedlung innerhalb einer Kommune bewegen sollen. Um überhaupt eine erfolgreiche Neuansiedlungsförderung betreiben zu können, ist von der Kommune ein ganzes Maßnahmenbündel durchzuführen. Zunächst sind die eigenen Standortvorteile gegenüber den anderen Kommunen hervorzuheben und den standortsuchenden Unternehmen bekannt zu machen. Zur Grundvoraussetzung aller Neuansiedlungsbestrebungen der Kommunen zählt jedoch seit jeher die Möglichkeit zur Bereitstellung von geeigneten, planungsrechtlich abgesicherten und jederzeit verfügbaren Industrie- und Gewerbeflächen.

Die Förderung von Neuansiedlungen wird einer empirischen Untersuchung[119] des Deutschen Instituts für Urbanistik (Difu) zufolge maßgeblich durch sog. Pull-Faktoren unterstützt, die im allgemeinen von Unternehmen bei konkreten Standortentscheidungen als positive Faktoren bzw. Vorteile des neuen Standorts benannt werden.[120] Abbildung 2 gibt einen Überblick über die Rangfolge der wichtigsten Pull-Faktoren bei der Neuansiedlung.[121] Danach ist für die Wahl eines neuen Standortes eine gute Verkehrsanbindung am wichtigsten (53 % der Nennungen), dicht gefolgt vom Angebot an Büro-, Gewerbe- und Industrieflächen (48 %). Das Image der Stadt bzw. Region sowie die Höhe der lokalen Abgaben und Steuern (5 %) bilden noch vor den Branchenkontakten (1 %) die Schlußlichter der Rangfolge.

---

117 Vgl. *Pohl, Martha* (1988), S. 103. Das ist ein Ergebnis ihrer vergleichenden Untersuchung der 16 größten Städte in der Bundesrepublik Deutschland. Zu einem weitgehend ähnlichen Ergebnis kommt auch *Zill, Gerda* (1981), S. 76, in ihrer international vergleichenden Studie von deutschen und britischen Städten und Gemeinden.

118 Vgl. *Müller, Thomas* (1988), S. 37.

119 *Grabow, Busso* et al. (1995), Weiche Standortfaktoren, Stuttgart u.a.

120 Vgl. *Grabow, Busso* et al. (1995), S. 231.

121 Eigene Darstellung in Anlehnung an *Grabow, Busso* et al. (1995), S. 232 f.

Abbildung 2: Pull-Faktoren bei der Neuansiedlung (in %)

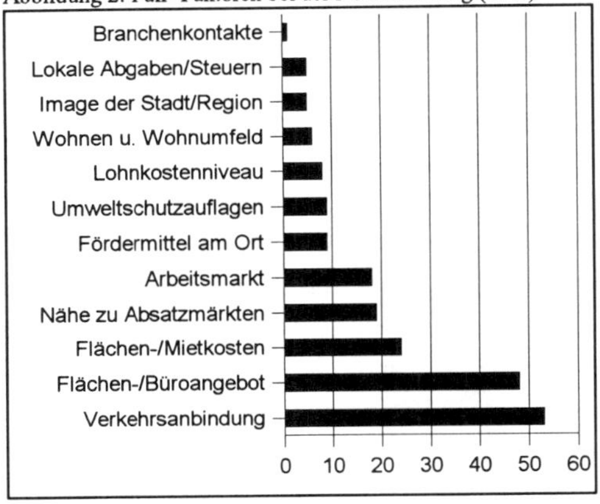

Mit dem Rückgang der Bedeutung der Neuansiedlungsförderung infolge des stark rückläufigen Ansiedlungspotentials seit etwa Mitte der 80er Jahre rückte die **Bestandspflege** immer mehr in den Vordergrund der kommunalen Wirtschaftsförderung.[122] Unter Bestandspflege wird im allgemeinen die Förderung der bereits am Ort ansässigen Betriebe verstanden.[123] Dabei kann inhaltlich grob zwischen Bestandssicherung und Bestandsentwicklung unterschieden werden.

Durch die sog. Bestandssicherung wird versucht, drohende Abwanderungen verlagerungs- oder expansionswilliger Betriebe zu verhindern und betriebliche Standortsicherung zu betreiben. Kann beispielsweise für die unter akuten „Verlagerungsdruck“ geratenen Betrieben ein geeigneter neuer Standort innerhalb der Kommune gefunden werden, so hat die Wirtschaftsförderungsstelle diese intrakommunale Standortverlagerung bzw. -umsiedlung organisatorisch und verwaltungstechnisch zu betreuen. Kröll (1981) bezeichnet dies deshalb auch als „Ansiedlungsförderung nach innen“[124]. Noch bis zur Mitte der 80er Jahre war eine eher reaktiv und einzelfallbezogene Praxis zu beobachten, bei der die kommunale Wirtschaftsförderung eine Art „Feuerwehrfunktion“[125] wahrgenommen hat und in der Regel nur auf konkrete Anfragen und Hilferufe ortsansässiger Betriebe reagierte, die von akuten Problemlagen betroffen waren. Mit dieser „antragsbezogenen Handlungsweise“[126] wurde nicht selten versucht, durch ad hoc getroffene Entscheidungen und

122 Vgl. *Cuny, Reinhard H.* (1987), S. 34-39 (insb. S. 37 ff.)
123 Vgl. *Heuer, Hans* (1985), S. 28.
124 *Kröll, Joachim* (1981), S. 376, zitiert bei *Müller, Thomas* (1988), S. 38 FN 2.
125 *Heuer, Hans* (1985), S. 151.
126 *Heuer, Hans* (1985), S. 153.

Maßnahmen den betroffenen Betrieben möglichst schnelle und einfache Problemlösungen anzubieten. Die Sicherung des vorhandenen Bestands darf aber nicht nur reaktiv und antragsorientiert durchgeführt werden, sondern hat vor allem den ansässigen Betrieben optimale Entwicklungsmöglichkeiten durch eine vorausschauende kommunalpolitische Rahmensetzung zu bieten. Planungsklarheit und Planungssicherheit werden insofern zur wesentlichen Voraussetzungen für die Standortsicherheit der Betriebe und deren Entwicklungsperspektiven. Grundsätzlich geht es aber bei der Standortsicherung aber nicht um eine Konservierung der vorhandenen Wirtschaftsstruktur, einer Sicherung des Bestandes im statischen Sinne, sondern vielmehr darum, die Situationen der ansässigen Betriebe, die einer „Pflege" bedürfen, rechtzeitig zu erkennen und zur Beseitigung der betrieblichen Engpaßsituation aktiv, vorausschauend und nicht nur „auf Antrag" beizutragen. Heuer (1985) bezeichnet dies auch als „prophylaktische Vorgehensweise"[127] der kommunalen Wirtschaftsförderung im Rahmen der Bestandspflege.

Neben den verschiedenen Maßnahmen zur Sicherung des Bestandes, die an dieser Stelle im einzelnen nicht aufgezählt werden brauchen, wird insbesondere der sog. Bestandsentwicklung im allgemeinen im Rahmen der Bestandspflege eine Schlüsselfunktion zugewiesen. Darunter wird vor allem die „Förderung der endogenen Entwicklungspotentiale" verstanden, d.h. eine Mobilisierung der am Ort und in der Region[128] vorhandenen, bislang aber nicht oder noch nicht ausreichend genutzten wirtschaftlichen Potentiale. Gerade durch das Entdecken und Fördern von Chancen in Form von Marktnischen und hochtalentierten Wissenschaftlern am eigenen Standort soll es ansässigen Unternehmen ermöglicht werden, zukunftssichere, innovative und qualitativ hochwertige Arbeitsplätze zu sichern bzw. zu schaffen. Diese Suche und Förderung von Ideen und Marktzugängen innovativer und in die Region passender Produkte und Dienste als Dienstleistung der Kommune verspricht zusätzlich positive Effekte für eine erfolgreiche und zeitgemäß betriebene kommunale Wirtschaftsförderung.[129]

Im allgemeinen sind insbesondere kleine und mittlere Unternehmen (KMU) die bevorzugten Zielgruppen im Rahmen der kommunalen Bestandspflege. Gerade die KMU operieren vorzugsweise in Marktnischen und stoßen durch betriebsnotwenige Kapazitätsausweitungen oftmals an die Grenzen ihrer finanziellen und räumlichen Möglichkeiten und sind insofern auf die Unterstützung der Kommunen in besonderem Maße angewiesen.[130] Aber auch Existenzgründer und junge

---

127 *Heuer, Hans* (1985), S. 153.

128 Der Begriff „Region" ist weder einheitlich noch abschließend definiert. Im Rahmen der Wirtschaftsförderung wird im allgemeinen die sozioökonomische Verflechtung innerhalb eines Teilgebiets als entscheidendes Abgrenzungsmerkmal herangezogen und insofern auch von einer „Wirtschaftsregion" gesprochen.

129 Vgl. o.V. (1993), Neue Wege in der kommunalen Wirtschaftspolitik. Anregungen des Wirtschaftsausschusses des DStGB, in: Stadt und Gemeinde, Heft 1 (1993), S. 7.

130 Vgl. *Clemens, Reinhard* (1981), S. 5.

Unternehmen haben in den ersten Jahren ihrer Existenz zahlreiche Probleme zu bewältigen und verdienen somit besondere Aufmerksamkeit im Rahmen der Bestandspflege.

Ähnlich wie die positiven Pull-Faktoren, die bei der Neuansiedlung von Unternehmen eine entscheidende Rolle spielen, gibt es auch im Rahmen der Bestandspflege eine ganze Reihe negativer Faktoren, die bei konkreten Standortentscheidungen für eine Verlagerung, Schrumpfung oder gar Schließung des Betriebes bzw. gegen den derzeitigen Standort ausschlaggebend sein können wie die bereits zitierte Untersuchung des Deutschen Instituts für Urbanistik (Difu) zeigen konnte. Diese sog. Push-Faktoren lassen sich insofern als Hemmnisse an alten Standorten interpretieren und sind entsprechend ihrer Wichtigkeit in der Praxis in Abbildung 3 graphisch dargestellt.[131] Danach spielt im Rahmen der Bestandspflege bei der Bestandssicherung vorhandener Betriebe insbesondere das Angebot an geeigneten Büro-, Gewerbe- und Industrieflächen (50 %) die mit Abstand entscheidenste Rolle bei der Bestandssicherung, gefolgt von der Verkehrsanbindung (29 %) und den bestehenden Umweltschutzauflagen (23 %). Auch hier stehen - wie bereits bei den Pull-Faktoren der Neuansiedlung - sowohl das Image der Stadt bzw. Region (3 %) als auch die am alten Standort vorhandenen Branchenkontakte (1 %) mit am Schluß der Rangfolge.

Abbildung 3: Push–Faktoren in der Bestandssicherung (in %)

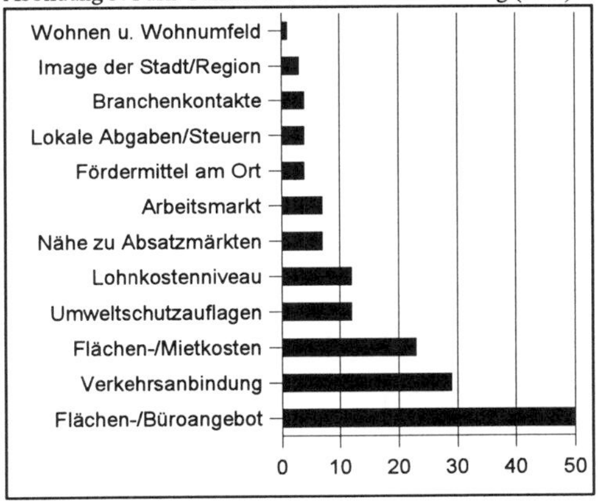

131 Eigene Darstellung in Anlehnung an *Grabow, Busso* et al. (1995), S. 232 f.

V. Instrumente

1. Zur Systematisierung des Instrumentariums

Den in den vorangegangenen Abschnitten aufgeführten Zielen und Strategien entsprechend umfaßt kommunale Wirtschaftsförderung die Gesamtheit aller Maßnahmen, die entweder direkt oder indirekt auf die Ansiedlung neuer Unternehmen und die Pflege bzw. Förderung bereits ansässiger Unternehmen ausgerichtet sind.[132] Dabei stehen den Kommunen als eigentliche Träger[133] der kommunalen Wirtschaftsförderung zur Zielerreichung zahlreiche Instrumente der staatlichen Wirtschaftspolitik wie etwa die Geld-, Steuer- und Außenwirtschaftspolitik nicht zur Verfügung. Dennoch verfügen sie über ein breites Spektrum wirksamer und volkswirtschaftlich durchaus nützlicher Instrumente.[134] Zur Systematisierung kommunaler Wirtschaftsförderungsinstrumente sind von verschiedenen Autoren Vorschläge in die Literatur eingebracht worden. Je nachdem, ob es sich dabei um kommunalwissenschaftliche, rechtswissenschaftliche oder wirtschaftswissenschaftliche Arbeiten handelt, werden für die Systematisierung unterschiedlich Abgrenzungsmerkmale herangezogen.

Die von Lange (1981) in seinem Rechtsgutachten vorgenommene Systematisierung in direkte und indirekte finanzpolitische Instrumente einerseits, rechtliche Erlaubnisse, Verbote und Gebote sowie Information, Beratung und Erleichterung des Kontakts mit den Verwaltungsstellen andererseits erweist sich für eine rechtswissenschaftliche Untersuchung hinsichtlich der rechtlichen Möglichkeiten und Grenzen kommunaler Wirtschaftsförderung zwar durchaus als geeignet; diese Einteilung des Instrumentariums nach den beiden Gliederungskriterien Verbindlichkeit und Unmittelbarkeit ist aber nicht überschneidungsfrei und fließende Übergänge sind unvermeidlich.[135] Diese Kritik greift insbesondere für das Kriterium der Unmittelbarkeit im Sinne von direkten bzw. indirekten Maßnahmen, d.h. Maßnahmen, die sich entweder unmittelbar oder aber nur mittelbar an eine bestimmte Zielgruppe richten. So ist beispielsweise die Festsetzung eines wirtschaftsfreundlichen Hebesatzes der Gewerbesteuer unbestritten eine indirekte Maßnahme zur Wirtschaftsförderung. Dagegen ist Gewährung einer Stundung oder gar der Erlaß der Gewerbesteuerschuld zugunsten eines bestimmten Unternehmens eine direkte Fördermaßnahme der Kommunen. Beide Maßnahmen gehören aber fachlich (Ressort) und sachlich (Wirtschaftsför-

---

132 Vgl. *Grätz, Christian* (1984), S. 19.

133 In Literatur und Praxis wird der Tatsache, daß nur Kommunen im eigentlichen Wortsinne *kommunale* Wirtschaftsförderung betreiben können, im allgemeinen nur wenig Beachtung geschenkt. Sind aber neben den Kommunen auch noch andere am Ort ansässige Wirtschaftsakteure beteiligt, müßte in diesem Fall korrekterweise von *lokaler* Wirtschaftsförderung gesprochen werden.

134 Vgl. *Lange, Klaus* (1981), S. 168.

135 Vgl. *Lange, Klaus* (1981), S. 9 ff.

derung) gesehen zusammen - nämlich zur kommunalen Steuerpolitik. Da die kommunale Wirtschaftsförderung als ressortübergreifende Querschnittsaufgabe verstanden werden muß und grundsätzliche jeder (kommunale) Politikbereich über ein in der Praxis direktes und indirektes Instrumentarium verfügt, wird in der vorliegenden Arbeit dem Vorschlag von Lange nicht gefolgt.

Auch die von Sternberg (1987) praktizierte Gliederung anhand einer funktionalen Zuordnung der einzelnen Instrumente nach Planung-, Gestaltungs- und Förderungsinstrumente läßt eine trennscharfe und weitgehend überschneidungsfreie Systematisierung des Instrumentariums nicht zu.[136] Beispielsweise handelt es sich bei einigen Maßnahmen der Bauleitplanung und der Liegenschaftspolitik einerseits um Planungs-, andererseits um Gestaltungsinstrumente.

Um die angesprochene Gefahr von Überschneidungen bei der Systematisierung des den Kommunen zur Verfügung stehenden Instrumentariums im Rahmen der Wirtschaftsförderung wenngleich zwar nicht vollständig auszuschließen, aber trotzdem auf ein vertretbares Maß reduzieren zu können, wird im folgenden auf eine Gliederung in Anlehnung an das Standardwerk von Heuer (1985) zurückgegriffen.[137] Damit kann zudem ausgeschlossen werden, daß wie zuvor beschrieben im Fall der Unmittelbarkeit fachlich zusammenhängende Instrumente als verschiedene deklariert werden.[138] Ein weiterer Vorteil dieser Vorgehensweise liegt in der Möglichkeit, die einzelnen von der Querschnittsaufgabe Wirtschaftsförderung tangierten Ressorts hervorzuheben.

2. Einzelne Instrumente

2.1 Bauleitplanung

Kommunale Wirtschaftsförderung ist ohne ein ausreichendes Angebot an planungsrechtlich abgesicherten Flächen für Gewerbe und Industrie für An- oder Umsiedlungen bzw. Verlagerungen mittel- und langfristig nicht vorstellbar. Insofern kommt im Rahmen der Standortvorsorge der planungsrechtlichen Ausweisung neuer und Sicherung alter Standorte bzw. Gewerbeflächen nach wie vor eine zentrale Bedeutung zu. Das nach wie vor klassische Instrument kommunaler Wirtschaftsförderung zur Erfüllung dieser wichtigen Voraussetzung ist die kommunale Bauleitplanung, auf die von seiten der mit Wirtschaftsförderung betrauten Stelle rechtzeitig und nachhaltig Einfluß genommen werden muß, will man die langfristigen wirtschaftlichen Entwicklungs-

136 Vgl. *Sternberg, Rolf* (1987), S. 12 f.
137 Vgl. *Heuer, Hans* (1985), S. 50 ff.
138 Vgl. *Müller, Thomas* (1988), S. 24.

chancen einer Kommune nicht aufs Spiel setzen.[139] Als Trägerin der Planungshoheit, die sich aus der grundgesetzlich gewährleisteten Allzuständigkeit der Gemeinden ergibt, können die Kommunen im Rahmen ihrer Bauleitplanung somit entscheidende Weichen für - aber auch gegen - eine prosperierende Wirtschaftsentwicklung stellen.[140] Die Ausweisung und sukzessive Erschließung neuer geeigneter Flächen stellt einen in der Praxis durch nichts zu substituierbaren Parameter dar. Fehleinschätzungen des künftigen Gewerbeflächenbedarfs sind kurzfristig nicht mehr korrigierbar und auch durch einen vorbildlichen Einsatz bei der Information und Beratung nicht wiedergutzumachen.[141]

Die kommunale Bauleitplanung ist im Baugesetzbuch (BauGB) bundeseinheitlich geregelt. Ihr obliegt es demnach, die baulichen und sonstigen Nutzungen der Grundstücke innerhalb des Gemarkungsgebietes vorzubereiten und - im Interesse der Sicherung und Schaffung von Arbeitsplätzen - unter anderem auch die „Belange der Wirtschaft" zu berücksichtigen.[142] Dabei ist die Bauleitplanung entsprechend dem Prinzipien der Bundes- und Landestreue den übergeordneten Zielsetzungen von Raumordnung und Landesplanung anzupassen sowie mit den benachbarten Gemeinden abzustimmen.[143] Bauleitpläne im Sinne dieses Gesetzes sind zum einen der Flächennutzungsplan als sog. vorbereitende Bauleitplanung und zum anderen der Bebauungsplan als sog. verbindliche Bauleitplanung.[144]

2.2 Liegenschaftspolitik

Eine vorausschauende planungsrechtliche Ausweisung neuer Gewerbeflächen ist im allgemeinen in der Praxis nicht ausreichend. Die ausgewiesenen Flächen sollten sich im Idealfall auch im Besitz der Kommune befinden, um jederzeit über geeignete Grundstücke für interessierte an- und umsiedlungswillige Unternehmen zu günstigen Konditionen verfügen zu können. Insofern gehören die verschiedenen liegenschaftspolitischen Maßnahmen seit jeher zu den klassischen Instrumenten einer angebotsorientierten kommunalen Wirtschaftsförderung - mit einem in der Praxis entsprechend hohen Stellenwert.[145]

---

139 Vgl. *Heuer, Hans* (1985), S. 60.
140 Vgl. *Kleinschneider, Heiner* (1992), S. 220.
141 Vgl. *Heuer, Hans* (1985), S. 60.
142 Vgl. § 1 Abs. 1 und § 1 Abs. 5 Nr. 8 BauGB.
143 Vgl. § 2 Abs. 2 und § 1 Abs. 3 BauGB.
144 Vgl. §§ 5-7 und §§ 8-13 BauGB.
145 Vgl. *Heuer, Hans* (1985), S. 60 ff.; *Ameln, Ralf von* (1990), S. 32.

Sowohl die Bereitstellung als auch die faktische Verfügbarkeit von gewerblich wie industriell nutzbaren Grundstücken in guter Qualität und Ausstattung sind nach wie vor ausschlaggebend für die unternehmerische Standortwahl wie entsprechende empirische Untersuchungen bestätigen. Die Flächen müssen zumindest rudimentär erschlossen sein, um die kurzfristige Verfügbarkeit sichern zu können; eine Ausstattung mit Kanalisation und Straßenanbindung ist dabei unerläßlich. Der heutige Anspruch an die kommunale Liegenschaftspolitik läßt sich mit Heuer (1985) auf die folgende, einfache Formel bringen: „Das Kunststück des Wirtschaftsförderers besteht darin, zum richtigen Zeitpunkt das richtige Grundstück für den richtigen Betrieb zur Verfügung zu haben."[146] Unabdingbare Voraussetzung hierfür ist deshalb eine vorausschauende, mittel- und langfristig angelegte und gezielte Liegenschaftspolitik der Kommune.

Die einzelnen liegenschaftspolitischen Maßnahmen erstrecken sich vom Ankauf oder Tausch bis hin zur Veräußerung oder Überlassung, d.h. Vermietung oder Verpachtung von Grundstücken. Dabei können den Unternehmen unter Beachtung der gesetzlichen Bestimmungen durchaus günstige Konditionen gewährt werden. Selbst eine Veräußerung von Wohnungsbaugrundstücken an Mitarbeiter von ansässigen oder neu angesiedelten Unternehmen wird seit jeher als liegenschaftspolitisches Instrument zur kommunalen Wirtschaftsförderung angesehen.[147]

Eine unkoordinierte Bodenbevorratung seitens der Kommune kann aber zu zwei mehr oder weniger schwerwiegenden Problemen führen: Zum einen besteht die Gefahr, daß es infolge von ungeplanten und maßlosen Bodenankäufen zu einem Überangebot an Gewerbeflächen in kommunalem Besitz kommt. Obwohl in der Praxis gerade dieses Risiko eines Fehleinkaufs häufig durch die Chance günstiger Einstandspreise mehr als kompensiert wird, läßt sich kritisch feststellen, daß die Kommunen erst dann mit ihren Grundstücksankäufen beginnen, wenn das Bauleitverfahren bereits eingeleitet und damit über die zukünftige Bodennutzung der Erwägung gezogenen Grundstücke kommunalpolitisch entschieden ist, d.h. die Gemeinden gehen kein Risiko einer anderen als der geplanten Nutzung mehr ein.[148] Zum anderen, und das ist eine unmittelbare Folge des zuvor Gesagten, kann ein Ankauf von planungsrechtlich gesicherten und ausgewiesenen Industrie- und Gewerbeflächen zu teilweisen erheblichen und ungewollten Steigerungen der Bodenpreise innerhalb der Kommune führen. Da der Wert eines Grundstückes - neben der Qualität seiner Lage - nicht zuletzt von den Festsetzungen im Bebauungsplan abhängt,[149] ist eine „äußerst geschickte Vorgehensweise"[150] im Rahmen der Liegenschaftspolitik notwendig, um die

---

146 *Heuer, Hans* (1985), S. 62.
147 Vgl. *Sternberg, Rolf* (1987), S. 13.
148 Vgl. *Heuer, Hans* (1985), S. 63.
149 Vgl. *Haasis, Hans-Arthur* (1987), S. 42.
150 *Bauer, Helfried* et al. (1990), S. 20.

Gefahr von übermäßigen Bodenpreissteigerungen im gewerblichen Bereich zumindest auf ein verträgliches Maß einzudämmen - gänzlich auszuschließen wird sie aber im allgemeinen nicht sein. Insofern wird ein Ankauf von privaten Grundstücken dann als vorteilhaft angesehen, wenn diese noch nicht offiziell als Industrie- bzw. Gewerbeflächen planungsrechtlich ausgewiesen sind. Sind nämlich die in Frage kommenden Grundstücke bereits im Flächennutzungs- oder Bebauungsplan ausgewiesen, orientieren sich die Preisvorstellungen der privaten Grundstückseigentümer an Beträgen, die eher den erzielbaren Preisen für Wohnbauland entsprechen.[151]

Gerade in den letzten Jahren hat die kommunale Liegenschaftspolitik eine nicht unerhebliche, qualitative Erweiterung erfahren. Heutzutage werden nicht mehr nur ausschließlich unbebaute kommunale Grundstücke für Zwecke der Wirtschaftsförderung im allgemeinen eingesetzt, sondern vielmehr zunehmend auch Gebäude, die auf die spezifischen Bedürfnisse der dort ansässigen Unternehmen zugeschnitten sind bzw. als Einzelprojekte geplant, errichtet und vergeben werden.[152] Zu den spezifischen Adressaten dieser Form von kommunaler Wirtschaftsförderung, der sog. kommunalen Innovations- und Technologiepolitik, zählen insbesondere junge innovations- und technologieorientierte Unternehmen sowie Existenzgründer. Auf derartige Projekte wie beispielsweise Technologie- und Gründerzentren für produktionsnahe Dienstleistungen, Gewerbe- und Industrieparks für produzierende Unternehmen oder aber Gewerbehöfe speziell für kleinere Handwerksbetriebe sei an dieser Stelle nur kurz hingewiesen; sie sind Bestandteil der im folgenden darzustellenden kommunalen Infrastrukturpolitik und zählen im allgemeinen zu den von den Kommunen vorgehaltenen öffentlichen Infrastruktureinrichtungen.

2.3 Infrastrukturpolitik

Die Vorhaltung öffentlicher Infrastruktureinrichtungen zählt trotz oder gerade wegen des vergleichsweise hohen Niveaus in Deutschland neben Bauleitplanung und Liegenschaftspolitik zu den klassischen Instrumenten bzw. Maßnahmen kommunaler Wirtschaftsförderung. Als zentraler Aufgabenbereich gehört die Sicherung und Verbesserung der öffentlichen Infrastruktur zu den entscheidenden Pull-Faktoren im Rahmen der unternehmerischen Standortwahl. Zu den klassischen sog. harten bzw. unternehmensnahen Infrastrukturleistungen der Kommunen zählen beispielsweise gut ausgebaute lokale und überregionale Straßen-, Bahn- und Luftverkehrsanbindungen sowie leistungsfähige Ver- und Entsorgungseinrichtungen.

---

151 Vgl. *Heuer, Hans* (1985), S. 62.

152 Vgl. *Bauer, Helfried* et al. (1990), S. 18 f.

In den letzten Jahren haben die sog. weichen bzw. personenbezogenen Standortfaktoren im Rahmen der unternehmerischen Standortwahl zunehmend an Bedeutung gewonnen. Dazu zählen die bevölkerungsnahen kommunalen Infrastruktureinrichtungen wie etwa ausreichende Wohn- und Einkaufsmöglichkeiten sowie interessante Bildungs-, Kultur-, Freitzeit- und Erholungseinrichtungen. Aber nicht nur der rein quantitative, sondern in erheblichen Maße auch der qualitative Aspekt spielt in diesem Zusammenhang eine entscheidende Rolle. Gerade in Ballungszentren bzw. Agglomerationsräumen partizipieren am reichen und vielfältigen Infrastrukturangebot der großen Städte insbesondere die kleineren Umlandgemeinden, die als Wohnstandorte in der subjektiven Beurteilung ihrer Bürger bevorzugt werden. Vermutlich nicht zuletzt deswegen ist in der Praxis zu beobachten, daß die Kommunen - vor allem um qualifizierte Arbeitskräfte und leitende Angestellte in ihrer Wohnstandortwahl zu beeinflussen- in jüngster Zeit verstärkt den Ausbau und die Verbesserung des Wohn- und Freizeitwerts forcieren.[153]

2.4 Bau- und ordnungsrechtliche Instrumente

Angesichts der Tatsache, daß die gewerblichen Flächennutzungen innerhalb der Gemarkungsgrenzen einer Kommune zahlreichen gesetzlichen Bestimmungen unterliegt, sind für die kommunale Wirtschaftsförderung insbesondere die bau- und planungsrechtlichen, gewerbe-, immissions-, verkehrs- und arbeitsrechtlichen Gesetze und Verordnungen von besonderer Bedeutung. Trotz ihres eingeschränkten Handlungsspielraumes hat die Kommunalverwaltung vielfältige Möglichkeiten, durch die entsprechende Auslegung und Handhabung der genannten gesetzlichen Normen die Entwicklung der ansässigen Unternehmen im allgemeinen und im besonderen mitunter erheblich zu fördern.[154]

In der Baugenehmigungspraxis spielen rechtsverbindliche Erlaubnisse, Gebote und Verbote eine entscheidende Rolle. Hier wird zum Beispiel im Zuge eines Bauantrages für betriebliche Erneuerungs-, Modernisierungs- oder Erweiterungsmaßnahmen von der zuständigen Baugenehmigungsbehörde entsprechende Baugenehmigungen als administrative Einzelakte erteilt oder auch nicht. In Anlehnung an Naßmacher (1988) kann bei privaten Investitionsvorhaben in beplanten Gebieten, d.h. in Gebieten mit rechtskräftigen Bebauungsplänen, der Bewilligung von Befreiungen und Ausnahmen von inzwischen veralteten Planungsgrundlagen eine bedeutende Rolle beigemessen werden. Sie findet die These, wonach die eigentliche Bestandspflege über Befreiungen im Baurechtsamt stattfindet, in ihren empirischen Untersuchungen bestätigt.[155]

---

153 Vgl. *Bauer, Helfried* et al. (1990), S. 24.
154 Vgl. *Sartowski, Roman* (1989), S. 109.
155 Vgl. *Naßmacher, Hiltrud* (1988), S. 35.

Gleiches gilt auch für Dispenserteilungen in Planungs-, Verkehrs- oder Umweltschutzangelegenheiten, die Erteilung von Sondergenehmigungen für Marktveranstaltungen oder besonderen Werbeaktionen.

2.5 Finanz-, Steuer- und Tarifpolitik

Sowohl das Recht der Kommunen zur Festsetzung der Hebesätze für die Grund- und Gewerbesteuer[156] als auch die Gestaltung der Tarife für kommunale Leistungen gleich welcher Art auch immer sind weitere in der Praxis gängige Instrumente bzw. Maßnahmen kommunaler Wirtschaftsförderung. Durch eine adäquate Handhabung dieser Instrumente können die Kommunen durchaus ihre spezifischen Standqualitäten im Standortwettbewerb in einem nicht unerheblichen Maße positiv beeinflussen. Es konnte zwar in empirischen Untersuchungen[157] nachgewiesen werden, daß im allgemeinen dem Niveau der Realsteuerhebesätze, allen voran der Gewerbesteuer, und den Strom-, Gas-, Wasser- und Abwassertarifen kommunaler Versorgungsunternehmen im Rahmen der unternehmerischen Standortwahl keine maßgebliche Rolle zukommt - es handelt sich hierbei vielmehr und das sprichwörtliche „Zünglein an der Waage". Dennoch besteht die Möglichkeit, daß bei ungünstigen überdurchschnittlichen Abweichungen der Hebesätze und/oder Tarife vom Niveau vergleichbarer Kommunen im konkreten Einzelfall sehr wohl ausschlaggebend für oder gegen eine Ansiedlung sein können.[158]

Im Rahmen der Finanzpolitik werden im allgemeinen solche kommunale Finanz- und Finanzierungshilfen verstanden, die von den Kommunen unter Beachtung der engen rechtlichen Vorschriften zur betriebsspezifischen Wirtschaftsförderung eingesetzt werden können. Dabei handelt es sich in erster Linie um Instrumente wie die Vergabe von (verlorenen) Zuschüssen, die Gewährung von zinslosen oder zinsgünstigen Darlehen sowie die Übernahme von Bürgschaften im Rahmen von sog. Gewährleistungsverträgen.[159] Aber auch neuere Arten finanzieller Förderhilfen der Kommunen für spezifische Zielgruppen fallen hierunter wie etwa Arbeitslose in Form von Ausbildungs- und Arbeitsplatzprämien oder aber eigene, von den Kommunen selbst aufgelegte finanzielle Förderprogramme und -fonds beispielsweise zur Existenzgründungsförderung.[160]

156 Unter Vernachlässigung von unbedeutenden örtlichen Aufwands- und Verbrauchsteuern.
157 Vgl. für alle *Ballestrem, Ferdinand Graf von* (1974).
158 Vgl. *Sartowski, Roman* (1989), S. 107.
159 Vgl. *Heuer, Hans* (1985), S. 55.
160 Vgl. *Bauer, Helfried* et al. (1990), S. 20 ff.

2.6 Information, Beratung und Betreuung

Schließlich hat die Beratung und Betreuung von Unternehmen im Rahmen der kommunalen Wirtschaftsförderung einen großen Stellenwert innerhalb des zur Verfügung stehenden Instrumentariums. In einer empirischen Untersuchung[161] des Deutschen Instituts für Urbanistik (Difu) zum Stand der kommunalen Wirtschaftsförderung in den 90er Jahren konnte nachgewiesen werden, daß dieses Instrument immerhin knapp ein Fünftel (18,7 %) der gesamten Arbeitszeit des kommunalen Wirtschaftsförderers beansprucht.[162] Insofern handelt es sich um ein eher zeit- als kostenintensives Instrument.[163]

Die Beratungsthemen im Rahmen der kommunalen Wirtschaftsförderung weisen in der kommunalen Praxis eine äußerst vielfältige Struktur auf.[164] Dabei nehmen die Unternehmen die von Kommunen angebotenen Beratungs- und Betreuungsleistungen besonders häufig bei der anstehenden Suche nach einem neuen Standort gern an. Auch bei Problemen am derzeit bestehenden Standort und hinsichtlich der verschiedenen Fördermöglichkeiten wird die Wirtschaftsförderungsstelle eher häufig konsultiert. Weniger häufig und eher gelegentlich wünschen die anfragenden Unternehmen eine Beratung über Existenzgründungshilfen und Kooperationsmöglichkeiten, noch weniger über die Möglichkeiten des Technologietransfers sowie betrieblichen Beschäftigungs- und Qualifizierungsmaßnahmen.

2.7 Standortwerbung und -marketing

Ein Überblick über das Instrumentarium der kommunalen Wirtschaftsförderung wäre unvollständig, würde man nicht auf das breite Spektrum der Maßnahmen eingehen, die im allgemeinen unter der Bezeichnung „Standortwerbung“ ergriffen werden. Dabei zählt die **Standortwerbung** schon traditionell zum Standardrepertoire der kommunalen Wirtschaftsförderung.[165] Inhaltlich kann dabei grundsätzlich zwischen der sog. allgemeinen Standortwerbung (Imagepflege) einerseits und der sog. direkten Standortwerbung (Akquisition) andererseits unterschieden werden.

---

161 *Hollbach-Grömig, Beate* (1996), Wirtschaftsförderung in den 90er Jahren, Berlin.

162 Vgl. *Hollbach-Grömig, Beate* (1996), S. 40 f.

163 Vgl. *Stark, Klaus-Dieter* (1978), S. 84..

164 Vgl. *Hollbach-Grömig, Beate* (1996), S. 56.

165 Früher wurde die „Werbetätigkeit“ in manchen Städten auch von Verkehrs-, Handels- oder Gewerbevereinen betrieben und Interessenten an den Magistrat bzw. die zuständigen städtischen Dienststellen verwiesen, vgl. dazu *Weber, M.* (1921), S. 177.

Beiden Maßnahmen ist zunächst gemeinsam, daß sie lediglich außenorientiert sind und sich im allgemeinen an auswärtige Unternehmen wenden mit dem Ziel, auf die werbende Kommune sowie ihren spezifischen Standortqualitäten aufmerksam zu machen.[166]

Die allgemeine Standortwerbung bzw. Imagepflege richtet sich zwar nicht direkt an einzelne Unternehmen, kann aber im Rahmen eines integrierten und umfassend verstandenen Standortmarketings[167] durchaus an ausgewählte Zielgruppen wie etwa bevorzugte Branchen gerichtet sein. Dazu gehören Maßnahmen wie die Bereitstellung allgemeiner Standortinformationen in Form von sog. Standortbroschüren, die sich in der Praxis zwar nach wie vor der großer Bedeutung erfreuen;[168] aufgrund ihrer geringen Werbewirksamkeit infolge ihrer unspezifischen Art stehen sie aber immer wieder im Mittelpunkt der Kritik.[169]

Die direkte Standortwerbung oder Akquisition richtet sich demgegenüber direkt und ganz gezielt an einzelne Unternehmen im In- und Ausland. Bei dieser direkten Form der Standortwerbung wird häufig versucht, durch Direct Mailing mit persönlich gehaltenen Anschreiben an die Verantwortlichen den eigenen Wirtschaftsstandort vorzustellen verbunden mit der Bitte um ein Gespräch oder der Ankündigung eines Betriebsbesuches mit den im Vorfeld im Rahmen einer Zielgruppenanalyse sorgfältig ausgewählten Unternehmen einen ersten Kontakt aufzunehmen. Die Durchführung verschiedener außenorientierter Werbeaktivitäten im Rahmen der kommunalen Wirtschaftsförderung durch Städte und Gemeinden ist aber oft nur der erste Schritt im Rahmen eines umfassenden Marketing-Konzeptes und einer bewußten Positionierung des Standorts.[170]

Spätestens seit Mitte der 80er Jahren wird in der kommunalen Praxis immer mehr die Bedeutung dessen hervorgehoben, was im allgemeinen unter der Bezeichnung „Standortmarketing“ verstanden wird. **Standortmarketing** ist im Grunde nicht anderes als der Versuch, das in der Betriebswirtschaft bewährte Marketinginstrumentarium auf den kommunalen Bereich im allgemeinen zu übertragen und insbesondere im Rahmen der kommunalen Wirtschaftsförderung diese Idee zum Tragen zu bringen.[171] Dabei ist der Gedanke, der diesem Versuch zugrunde liegt -

---

166 Vgl. *Heuer, Hans* (1985), S. 80.

167 Standortmarketing wird oftmals fälschlicherweise mit Standortwerbung gleichgesetzt. Tatsächlich aber setzt Standortmarketing bereits bei der Gestaltung der gesamten Infrastruktur, sonstiger Fördermaßnahmen und der Auswahl der relevanten Zielgruppen für die Standortwerbung an, vgl. dazu *Bauer, Helfried* et al. (1990), S. 27 f.

168 Vgl. *Hollbach-Grömig, Beate* (1996), S. 55.

169 Vgl. insbesondere *Heuer, Hans* (1985), S. 79 ff. (insb. S. 81 ff.); *Steinröx, Manfred* (1994), S. 33-44 (40); *Steinröx, Manfred* (1994), S. 279.

170 Vgl. *Töpfer, Armin* (1993), S. 81 ff.

171 Vgl. *Grätz, Christian* (1983).

zumindest in der kommunalwissenschaftlichen Literatur - aber keineswegs neu. Dort finden sich bereits seit Ende der 60er Jahre entsprechende Beiträge, die die Wirtschaftsförderung selbst als eine umfaßende kommunale Marketingaufgabe verstehen.[172] Neu ist vielmehr der ganzheitliche Ansatz und die konsequente Ausrichtung der damit verbundenen Aktivitäten auf dem Markt und weniger die altbekannten Marketinginstrumente an sich wie Manschwetus (1995) zu Recht feststellt.[173]

In die kommunale Praxis aber hat dieses insofern keineswegs neue Konzept aber erst seit ungefähr Mitte der 80er Jahre seinen berechtigten Einzug gehalten. Umgesetzt wurde es zunächst in einzelnen deutschen Städten unter dem Schlagwort „Stadtmarketing".[174] Wenn eine kommunale Stelle mit der Koordination von Maßnahmen des Stadtmarketings betraut wird, so ist es der im Bundesgebiet durchgeführten empirischen Untersuchung[175] von Töpfer (1993) zum kommunalen Standortmarketing zufolge in den weitaus meisten Fällen die für Wirtschaftsförderung zuständige Stelle wie Abbildung 4 zeigt.[176]

Abbildung 4: Koordinationsstelle für Maßnahmen des Stadtmarketings (Anteile in %)

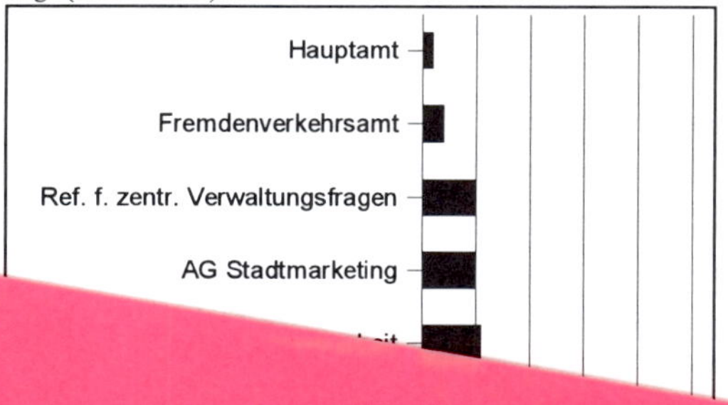

Abschließend sei am Rande noch kurz auf die Ergebnisse einer neueren empirischen Umfrage[177] von Töpfer und Mann (1995) zur Kommunikationspolitik im Rahmen des kommunalen Standortmarketing hingewiesen: Danach führten zum Befragungszeitpunkt rund drei Viertel (75 %) aller antwortenden 361 west- und ostdeutschen Städte über 20.000 Einwohner eigene Kommunikationsaktivitäten durch, während knapp ein Zehntel (9 %) der Städte dies lediglich geplant hatten. Für den Fall einer Ablehnung (16 %) wurden vor allem finanzielle Gründe genannt.[178] Als entscheidender Auslöser für die Entwicklung eines Stadtmarketing-Konzeptes wird im allgemeinen der sich verschärfende Wettbewerbsdruck der Kommunen untereinander - insbesondere der Oberzentren - eingeschätzt. Von den 321 antwortenden Städten wurden daher als wichtigste Ziele kommunaler Kommunikationsaktivitäten die Erhöhung der Bekanntheit der Stadt/Region (55,1 %) genannt, gefolgt von der Verbesserung des Images (49,5 %), der Attraktivitätssteigerung als Wirtschaftsstandort (47,4 %), die Ansiedlung von Unternehmen (46,8 %) und die Förderung des Tourismus (39,6 %).[179] Zur Erinnerung: Das Image einer Stadt bzw. Region spielt aber ausweislich einer anderen bereits zitierten empirischen Untersuchung nur eine äußerst geringe Rolle in Rahmen der Wirtschaftsförderung.

VI. Organisation

1. Organisatorische und personelle Rahmenbedingungen

Im Anschluß an die Darstellung der allgemeinen Ziele und Strategien kommunaler Wirtschaftsförderung sowie dem zur Verfügung stehenden Instrumentarium der Kommunen stellt sich notwendigerweise die Frage nach der geeigneten Organisation dieser wichtigen, ressortübergreifenden und prozeßorientierten Querschnittsaufgabe. Obwohl sich die Wurzeln der kommunalen Wirtschaftsförderung bis ins hohe Mittelalter zurückverfolgen lassen, ist deren institutionelle Organisation ein vergleichsweises junges Gebiet. So wurde von Schiefer (1989) zu Recht festgestellt, daß die eigentliche Entwicklung der Organisation der kommunalen Wirtschaftsförderung erst zu Beginn des 20. Jahrhunderts eingesetzt habe.[180] Seither nutzen die Kommunen zur Erfüllung ihrer Wirtschaftsförderungsaufgaben die ihnen durch die Organisationshoheit gegebene Wahlfreiheit unter den vielfältigen institutionellen Möglichkeiten des öffentlichen Rechts und des Privatrechts.

---

177 Vgl. ausführlich *Töpfer, Armin/ Mann, Andreas* (1995), S. 59 ff., vgl. ferner überblickartig *Töpfer, Armin/ Mann, Andreas* (1996), S. 9 ff.

178 Vgl. *Töpfer, Armin/ Mann, Andreas* (1996), S. 12.

179 Vgl. *Töpfer, Armin/ Mann, Andreas* (1995), S. 74.

180 Vgl. zur Entwicklung der Wirtschaftsförderungsinstitutionen in Deutschland ausführlich *Schiefer, Bernd* (1989), S. 20 ff.

Infolgedessen ist die Organisation der kommunalen Wirtschaftsförderung heute durch eine derartige Vielfalt der Institutionen gekennzeichnet, wie sie wohl in keinem anderen kommunalen Verwaltungsbereich anzutreffen ist.[181] Bei der Organisation der Wirtschaftsförderung haben die Kommunen grundsätzliche Rahmenbedingungen sowohl in organisatorischer als auch in personeller Hinsicht zu beachten, die organisationsformunabhängig sind, d.h. für sämtliche Organisationsformen Geltung haben. Da der Kooperation zwischen mehreren Kommunen im allgemeinen und in der Wirtschaftsförderung im besonderen im Rahmen der vorliegenden Untersuchung jeweils ein eigenes Kapitel gewidmet ist, können die nachfolgenden Ausführungen auf die organisatorischen Gestaltungsmöglichkeiten kommunaler Wirtschaftsförderung einer Gemeinde bzw. Stadt beschränkt bleiben.

Wie bei der Darstellung des Instrumentariums kommunaler Wirtschaftsförderung ersichtlich wurde, nehmen innerhalb der Verwaltung die verschiedensten Ressorts wie etwa Finanzverwaltung, Stadtplanung oder Liegenschaftsverwaltung Wirtschaftsförderungsaufgaben wahr. Angesichts dieser ressortübergreifenden, querschnittsorientierten Aufgabenwahrnehmung bedarf es im Rahmen der Wirtschaftsförderung wie bei keiner anderen kommunalen Aufgabe eines gegenseitigen, häufig informellen Informationsaustauschs und einer vorbehaltlosen Beteiligung der Wirtschaftsförderungsstelle an sämtlichen wirtschaftsrelevanten Entscheidungen innerhalb der Verwaltung. Information, Koordination und Kooperation aller beteiligten Ämter und Behörden bilden insofern die entscheidenden **organisatorischen Rahmenbedingungen**, die erfüllt sein müssen, wenn kommunale Wirtschaftsförderung erfolgreich betrieben werden soll. Die Überwindung des typischen Ressortegoismus ist also eine unabdingbare Voraussetzung für eine effektive und zeitgemäße kommunale Wirtschaftsförderung.[182]

Die **personellen Rahmenbedingungen** sind ebenfalls von nicht zu unterschätzender Bedeutung für die kommunale Wirtschaftsförderung und bilden insofern eine weitere unabdingbare Voraussetzung für ihren Erfolg.[183] So weist Meyer (1922) bereits früh darauf hin, daß im Rahmen der kommunalen Wirtschaftsförderung eine „einheitliche, fachkundige und geschickte Bearbeitung des Gebietes“[184] unbedingt gewährleistet sein müsse. Die mit der kommunalen Wirtschaftsförderung im allgemeinen verbundenen hohen Anforderungen an die Qualifikation des Wirtschaftsförderers hinsichtlich seiner Persönlichkeit und Ausbildung werden in der Praxis bestätigt. In einer wohl bislang einzigartigen empirischen Studie[185] aus dem Jahr 1988 wurden bundesweit

181 Vgl. *Steinmetz, Hans-Peter* (1983), S. 4.

182 Vgl. *Ettelbrück, Ursula M.* (1984), S. 20 f.

183 Vgl. *Ettelbrück, Ursula M.* (1984), S. 22 f.

184 Vgl. *Meyer* (1922), S. 556.

185 *Boos, Margarete* et al. (1988), Neue Anforderungen im öffentlichen Dienst. Fach- und Führungskräfte für die Wirtschaftsförderung, in: DÖV, Heft 3 (1988), S. 114-119.

ausgeschriebene Stellenanzeigen für den Bereich der Wirtschaftsförderung untersucht und mittels einer Inhaltsanalyse das spezifische Tätigkeits- und Anforderungsprofil von Wirtschaftsförderern für Gebietskörperschaften, andere Körperschaften des öffentlichen Rechts und privatrechtliche Vereinigungen detailliert herausgearbeitet.[186] Hinsichtlich der Anforderungen an die Person des Bewerbers konnte festgestellt werden, daß Kandidaten mit einer rein wirtschaftswissenschaftlichen Ausbildung oder einer Kombination von wirtschaftswissenschaftlicher mit technischer bzw. naturwissenschaftlicher Ausbildung (Wirtschaftsingenieure) bevorzugt werden und dabei besonderer Wert auf die soziale Kompetenz der Bewerber insbesondere hinsichtlich ihrer Kommunikations-, Kooperations-, Führungs- und Managementqualifikationen gelegt wird.[187] Als wesentliche Anforderungsmerkmale hinsichtlich des Arbeits- und Leistungsverhaltens gelten hierbei Leistungsbereitschaft und Initiative, Kommunikationsfähigkeit und -bereitschaft, Verhandlungsgeschick und Überzeugungskraft, Kooperationsfähigkeit und -bereitschaft, Führungs- und Managementqualitäten, Flexibilität sowie Koordinations- und Organisationsfähigkeit.[188]

Auch die Personalausstattung kommunaler Wirtschaftsförderungstellen zeigt tendenziell eine gewisse Kontinuität im Zeitablauf. So hat sich beispielsweise an der Feststellung von Müller (1978), derzufolge Aufgaben und Personalausstattung der mit kommunalen Wirtschaftsförderung beauftragten Dienststellen umgekehrt proportional zueinander sind,[189] auch rund 20 Jahre später nichts wesentliches verändert: Damals konnte für 116 befragte Städte über 50.000 Einwohner in den Jahren 1977/78 eine durchschnittliche Mitarbeiterzahl von 2,6 je Wirtschaftsförderungsdienststelle registriert werden.[190] Eine aktuelle Untersuchung[191] des Deutschen Instituts für Urbanistik (Difu) aus dem Jahr 1996 bestätigt diesen Wert; bei den insgesamt 171 erfaßten Städten über 50.000 Einwohner wurde hier eine durchschnittliche Zahl von knapp 0,5 Mitarbeitern pro 10.000 Einwohner ermittelt. Die personelle Ausstattung einer kommunalen Wirtschaftsförderungsstelle fällt grundsätzlich sehr unterschiedlich aus, so daß allgemeinverbindliche Aussagen diesbezüglich nicht getroffen werden können.

---

186 Insgesamt wurden 130 Wochenendausgaben der Frankfurter Allgemeinen Zeitung im Zeitraum von Januar 1985 bis einschließlich Juni 1987 berücksichtigt, wovon allerdings nur 123 Stellenanzeigen für die Auswertung herangezogen werden konnten. Nicht berücksichtigt wurden dabei Stellenanzeigen, die im Bereich der Wirtschaftsförderung dem Bereich der freiberuflichen Tätigkeiten wie zum Beispiel Unternehmensberatern oder der Industrie zugerechnet werden können, vgl. dazu *Boos, Margarete* et al. (1988), S. 115.

187 Vgl. *Boos, Margarete* et al. (1988), S. 119.

188 Vgl. *Boos, Margarete* et al. (1988), S. 118. Bei der Aufzählung wurden nur diejenigen Merkmale berücksichtigt, die 20 und mehr Nennungen in den ausgewerteten Annoncen auf sich vereinigen konnten, wobei Mehrfachnennungen möglich waren.

189 Vgl. *Müller, Wolfgang-Hans* (1977), S. 3.

190 Vgl. *Müller, Wolfgang-Hans* (1982), S. 625.

191 *Hollbach-Grömig, Beate* (1996), Kommunale Wirtschaftsförderung in den 90er Jahren, Berlin.

Sie hängt von den unterschiedlichsten Kriterien ab wie etwa der Größe der Stadt, der Anzahl der zu betreuenden Betriebe, der Situation auf dem Arbeitsmarkt, der Haushaltslage und nicht zuletzt vom Stellenwert, welcher der Wirtschaftsförderung innerhalb der Verwaltung beigemessen wird.[192]

2. Verwaltungsinterne Organisation

Zur Einbindung der öffentlichen Aufgabe der kommunalen Wirtschaftsförderung in die Verwaltung bzw. zur verwaltungsinternen Organisation können sich die Kommunen der Vielfalt öffentlich-rechtlicher Dienststellen bedienen, beispielsweise in Form von Ämtern, Abteilungen, Referaten oder Stabsstellen. Empirischen Untersuchungen[193] zufolge wird die kommunale Wirtschaftsförderung nach wie vor in allen Bundesländern gleichermaßen überwiegend in der öffentlich-rechtlichen Organisationsform wahrgenommen. Die Diskussion, ob eine öffentlich-rechtliche Organisationsform von Vor- oder Nachteil bei der Aufgabenerfüllung ist und wie diese konkret zu organisieren sei, ist alt und kann bis in die 20er Jahre dieses Jahrhunderts zurückverfolgt werden: „Das Amt ist die *Zentralstelle*, die alle Handlungen anregt oder wahrnimmt (...); sie gibt den Interessenten alle Auskünfte und führt die Verhandlungen in einer geschäftlich klaren, raschen und den Verhandlungsformen privatwirtschaftlicher Unternehmungen angepaßten Weise."[194]

Für eine öffentlich-rechtliche Organisationsform, insbesondere in Form eines kommunalen Amtes für Wirtschaftsförderung (sog. Amtslösung), spricht im allgemeinen, daß die ressortübergreifende Querschnittsaufgabe der kommunalen Wirtschaftsförderung durch eine in die Verwaltung integrierte Dienststelle besser wahrgenommen werden könnte als mit einer organisatorisch ausgelagerten Wirtschaftsförderungeinrichtung. Zudem spielt hierbei auch die Möglichkeit eine entscheidende Rolle, auf die anderen Verwaltungsbereiche Einfluß nehmen zu können im Sinne einer frühzeitigen Information und Kooperation. In der Praxis funktioniert die Kommunikation zwischen Wirtschaftsförderung und Stadtplanung bzw. -entwicklung sowie Bauleitplanung im allgemeinen gut; nicht zufriedenstellend ist dagegen die Kommunikation mit dem Umweltamt.[195] Die immer wieder mit der öffentlich-rechtlichen Organisationsform verbundenen Nachteile werden insbesondere in den zum Teil langwierigen verwaltungsinternen Entscheidungsfindungsprozessen sowie den engen kommunalrechtlichen Bindungen gesehen, die einerseits ein flexibles

---

192 Vgl. *Hollbach-Grömig, Beate* (1996), S. 25.
193 Vgl. *Schiefer, Bernd* (1992), S. 377 ff.
194 *Meyer* (1922), S. 556 ff. Hervorhebungen durch den Verfasser.
195 Vgl. *Hollbach-Grömig, Beate* (1996), S. 105.

und rasches, d.h. eigenverantwortliches unternehmerisches Handeln nicht erlauben, was Unternehmen aber zu Recht erwarten können und darin, daß andererseits private Akteure nicht in die Organisation eingebunden werden können (siehe Tabelle 1). Auch das im allgemeinen negativ besetzte Image der Bürokratie an sich und vereinzelt mangelnde Motivation und Qualifikation der mit Wirtschaftsförderung betrauten Mitarbeiter sind oft genannte verwaltungstypische Nachteile, die im Einzelfall dazu geführt haben, die Wirtschaftsförderung aus der Verwaltung auszugliedern und privatrechtlich zu organisieren. Bereits seit Jahren besteht daher die Tendenz zur Gründung kommunaler Wirtschaftsförderungsgesellschaften.

3. Verwaltungsexterne Organisation

Wird die Wirtschaftsförderung von den Kommunen aus der Verwaltung ausgegliedert, d.h. verwaltungsextern organisiert, werden im allgemeinen kommunale Wirtschaftsförderungsgesellschaften in Form einer Gesellschaft mit beschränkter Haftung (GmbH) gegründet. Auf die anderen möglichen Organisationsformen des Privatrechts wie etwa die eines eingetragenen Vereins (e.V.) wird in der Praxis bei einer gemeindlichen bzw. städtischen Wirtschaftsförderungseinrichtung in der Regel nur äußerst selten zurückgegriffen, so daß an dieser Stelle auf eine ausführliche Darstellung dieser organisatorischen Alternativen verzichtet werden kann.[196]

Mit der Übertragung der Aufgabe der kommunalen Wirtschaftsförderung auf eine privatrechtliche Gesellschaft mit beschränkter Haftung (sog. GmbH-Lösung) verfolgen die Kommunen im allgemeinen die Vermeidung der bereits angesprochenen Nachteile einer verwaltungsinternen bzw. öffentlich-rechtlichen Organisationform. Kommunale Wirtschaftsförderungsgesellschaften gelten dabei insbesondere als Bindeglieder zwischen Wirtschaft und Verwaltung.[197] Die Diskussion um das Für und Wider privatrechtlicher Organisationsformen im Rahmen der kommunalen Wirtschaftsförderung hat eine vergleichsweise lange Tradition. Als Vorteile gelten seit jeher die größere Flexibilität sowohl hinsichtlich des finanziellen Handlungsspielraumes als auch bei der gesamten Personalwirtschaft, eine erhöhte Akzeptanz bei den Verhandlungspartnern bzw. den Unternehmen sowie die einfachere Möglichkeit der Beteiligung anderer lokaler Akteure an der Wirtschaftsförderung. Als Nachteil wird entsprechend regelmäßig der Verlust der genannten Vorteile der klassischen Amtslösung angeführt, also vor allem der geringere Informationsfluß aus der Verwaltung und der Verlust der Einflußnahme auf die anderen beteiligten Verwaltungsressorts (siehe Tabelle 1).[198]

---

196 Eine ausführliche Darstellung derartiger Organisationsformen ist in Kapitel C vorgesehen.
197 Vgl. *Schiefer, Bernd* (1991), S. 194 ff.
198 Vgl. *Bauer, Helfried* et al. (1990), S. 52 ff.

Überhaupt wird die vollständige Ausgliederung von öffentlichen Aufgaben aus der öffentlich-rechtlichen Verwaltungsorganisation selbst (sog. Privatisierung öffentlicher Aufgaben[199]) und der damit in Zusammenhang stehende vermeintliche Verlust der Einflußnahme der Kommunalpolitik auf die Ziele und Maßnahmen einer privatrechtlich organisierten kommunalen Wirtschaftsförderungsgesellschaft häufig kritisiert.[200]

Grundsätzlich ist aber festzustellen, daß die Ausgliederung und Übertragung der kommunalen Wirtschaftsförderungsaufgaben auf eine privatrechtliche GmbH keine Privatisierung im materiellen Sinne ist, da diese öffentliche Aufgabe nicht an Private abgegeben wird, sondern vielmehr als eine Privatisierung im *formellen* Sinne zu verstehen ist, d.h. als eine privatrechtlich organisierte öffentliche Verwaltung.[201] Und selbst wenn neben den mehrheitlich beteiligten Kommunen zusätzlich noch andere halböffentliche und private Akteure wie etwa Kammern und Verbände oder aber Unternehmen beteiligt sind, liegt immer noch eine Aufgabenerfüllung auf *privatrechtlicher*, nicht aber auf privater Ebene vor, da aufgrund der Dominanz der Kommunen hinsichtlich der konkreten Beteiligungsverhältnisse an der Gesellschaft die kommunale Wirtschaftsförderung nicht dem Einflußbereich der öffentlichen Hand entzogen wird.[202]

Es sind aber auch solche Fälle denkbar, in denen durch eine Kombination von öffentlich-rechtlichem Amt und privatrechtlicher Gesellschaft mit beschränkter Haftung (sog. Doppel- bzw. Parallellösung[203]) versucht wird, die bestmögliche organisatorische Lösung für die kommunale Wirtschaftsförderung zu finden. Hierbei werden wesentliche, nicht-hoheitliche Teilbereiche vom Amt auf die Wirtschaftsförderungsgesellschaft übertragen, um so die jeweiligen Vorteile beider Organisationsformen besser ausnutzen zu können (siehe Tabelle 1).

---

199 Vgl. zur Privatisierung städischer Aufgaben zum Beispiel *Witte, Gertrud* (1994), S. 524 ff.
200 Vgl. *Schiefer, Bernd* (1989), S. 381.
201 Vgl. *Schiefer, Bernd* (1989), S. 384.
202 Vgl. *Schiefer, Bernd* (1989), S. 384.
203 Vgl. zu diesen Begriffen *Bauer, Helfried* et al. (1990), S. 54 und *Schiefer, Bernd* (1989), S. 381.

Tabelle 1: Stärken und Schwächen ausgewählter Organisationsmodelle in Rahmen der Wirtschaftsförderung

Kriterium	**Amtslösung** (verwaltungsintern)	**GmbH-Lösung** (verwaltungsextern)	**Doppellösung** (Kombination)
Koordination (Ziele/Abläufe)	intern günstig, erleichtert bei einer Amtszusammenlegung	intern günstig, tendenziell erschwerte Abstimmung mit der Verwaltung	intern jeweils günstig, Abstimmung abhängig vom Verhältnis Amt - GmbH
Kommunikation (Informationsfluß)	relativ gut, aber lange Informationswege da Linienorganisation	intern erleichtert, zur Kommunalverwaltung erschwert	siehe oben
Kompetenzen (Steuerungs-/Eingriffs-möglichkeiten)	klare Abgrenzung, beschränkt gegenüber den anderen Ressorts	klare Abgrenzung, kein Einfluß auf die Verwaltungsabläufe	Gefahr von Überschneidungen
Flexibilität (Autonomie/ Handlungs-spielräume)	tendenziell gering	tendenziell hoch	teilweise verbessert durch Ausgliederung
Projektabwicklung (Steuerung)	häufig Kapazitätsengpässe	erweiterte Möglichkeiten	erweiterte Möglichkeiten durch GmbH
Akzeptanz durch die Unternehmen	ungünstig, abhängig von der Kontaktpflege nach außen	günstig, da größere „Wirtschaftsnähe“	günstig, soweit die GmbH als zentrale Anlaufstelle fungiert
Beteiligung anderer Träger	nicht möglich (nur informeller Art)	ohne weiteres möglich	ohne weiteres möglich

Quelle: Eigene Darstellung in Anlehnung an *Bauer, Helfried* et al. (1990), S. 68.

C. Grundlagen interkommunaler Zusammenarbeit

I. Zum Begriff „interkommunale Zusammenarbeit"

In den Wirtschaftswissenschaften wird im allgemeinen Sprachgebrauch jede Art der Zusammenarbeit zwischen den am Wirtschaftsleben beteiligten Institutionen oder Personen als „Kooperation i.w.S.", eine Zusammenarbeit zwischen zwei und mehr rechtlich und wirtschaftlich selbständigen Unternehmungen als „Kooperation i.e.S." bezeichnet.[204] Besteht in der Praxis eine Kooperation im zuletzt genannten Sinne, dann wird auch von einer über- oder zwischenbetrieblichen Zusammenarbeit gesprochen, um deutlich zu machen, daß es sich hierbei um eine Zusammenarbeit *zwischen* und nicht innerhalb von Unternehmen bzw. Betrieben handelt. Die Forderungen, daß zum einen die Aufgaben im Rahmen einer Kooperation koordiniert erfüllt werden müssen, d.h. eine Koordination zwingend vorausgesetzt wird und zum anderen die Kooperation selbst auf der Basis stillschweigender oder vertraglicher Vereinbarungen erfolgen kann, sind weitere spezifische Merkmale des betriebswirtschaftlichen Kooperationsbegriffes.[204] Dabei reicht die Intensität der betrieblichen Kooperation vom reinen Informations- und Erfahrungsaustausch in ihrer schwächsten Ausprägung bis zur stärksten Ausprägung in Form einer Gemeinschaftsgründung bzw. der Institutionalisierung.

Analog dazu hat sich auf dem Gebiet der Verwaltungswissenschaft für eine über- oder zwischengemeindliche Zusammenarbeit von Kommunen der Begriff „interkommunale Zusammenarbeit" etabliert, der häufig auch als Antonym zur interkommunalen Konkurrenz benutzt wird. In der Hauptsache aber dient er zur Bezeichnung der Gesamtheit aller möglichen Kooperationsformen zwischen mindestens zwei Gemeinden bzw. Gemeindeverbänden.[205] Dabei dient der Zusatz „interkommunal" lediglich zur näheren Kennzeichnung des für die Kooperation in Betracht kommenden Personenkreises, d.h. primär von Städten, Kreisen und Gemeinden. Diese Tatsache ist aber - entgegen dem allgemeinen Sprachgebrauch - nicht gleichbedeutend mit dem grundsätzlichen Ausschluß einer Beteiligung anderer öffentlich-rechtlicher Körperschaften wie zum Beispiel Kammern und Verbänden sowie sonstiger natürlicher oder juristischer Personen des Privatrechts.[206]

---

204 Vgl. *Vahlens großes Wirtschaftslexikon*, S. 1211.; *Gabler-Wirtschafts-Lexikon*, S. 2245.
204 Vgl. *Blohm, Hans* (1980), Sp. 1112.
205 Vgl. *Hatzfeld, U./Temmen, B.* (1991), S. 21.
206 Vgl. *Rengeling, Hans-Werner* (1982), S. 388.

Für den Fall, daß neben öffentlichen auch private Akteure einer Stadt oder Region im Rahmen einer interkommunalen Zusammenarbeit bei der Aufgabenerfüllung beteiligt sind, wird dies neuerdings auch mit dem aus dem angelsächsischen entlehnten Modebegriff „Public-Private Partnership" bezeichnet, der sich in Deutschland seit etwa Mitte der 80er Jahre als fester Bestandteil des Vokabulars der Kommunalpolitik etabliert hat.[207] In der kommunalen Praxis sind diese öffentlich-rechtlichen Kooperationen schwerpunktmäßig in den Bereichen Stadterneuerung und -entwicklung anzutreffen. Da auch die kommunale Wirtschaftsförderung ein integraler und wichtiger Bestandteil der gesamten Stadtentwicklungspolitik ist, finden sich derartige „moderne" Kooperationsformen in den letzten Jahren auch auf diesem Gebiet zunehmend wieder.[208] Trotz der mittlerweile hohen praktischen Relevanz der öffentlich-rechtlicher Partnerschaften fehlt es bislang aber an einer eindeutigen und verblindlichen Begriffsbestimmung.

Ursprünglich stammt das Konzept der Public-Private Partnerships aus Großbritannien und den USA. Dort haben sich bereits früh, wie eine länderübergreifende Untersuchung[209] des Deutschen Instituts für Urbanistik (Difu) zeigt, Kommunen und private Investoren zu solchen öffentlich-privaten Partnerschaften zusammengeschlossen. Die Vorteile dieser „zweiseitigen" Kooperationsform gegenüber den herkömmlichen rein kommunalen Formen liegen der zitierten Untersuchung zufolge insbesondere in der Verknüpfung spezifischer Befugnisse, Kenntnisse und Ressourcen von öffentlicher Hand und privaten Akteuren. Als neue „Hoffnungsträger für komplexe Erneuerungsvorhaben oder -strategien zur kommunalen Imageverbesserung und Wirtschaftsentwicklung"[210] werden sie von mehr und mehr deutschen Städten und Kreisen bereits heute praktiziert. Dabei fällt den Kommunen vor allem die Funktion eines Moderators zu; nicht selten übernehmen sie sogar die Rolle des eigentlichen Initiators.[211] In der kommunalen Praxis gibt es nicht die typische Form einer Partnerschaft von öffentlicher Hand und privater Wirtschaft. Der Begriff der Public-Private Partnerships umfaßt insofern sowohl traditionelle Formen, wie sie zum Beispiel in den Subventionsbeziehungen zwischen Kommunen und begünstigten Unternehmen zum Ausdruck kommen als auch moderne Formen wie etwa Joint Ventures, bei denen sich beide Partner relativ gleichberechtigt Risiko und Gewinn der Kooperation teilen.[212]

---

207 Vgl. *Ganser, Karl* (1995), S. 731; *Kestermann, Rainer* (1993), S. 205.

208 Vgl. *Birnstiel, Detlef* (1996), S. 225 ff.

209 *Heinz, Werner* (1993), Public Private Partnership - ein neuer Weg zur Stadtentwicklung?, Schriften des Deutschen Instituts für Urbanistik, Bd. 87, Stuttgart u.a.

210 *Heinz, Werner* (1993), S. 487.

211 Vgl. *Mayer, Margit* (1994), S. 441 f.

212 Vgl. *Mayer, Margit* (1994), S. 443.

II. Historische Entwicklung

Die konkreten Anfänge der gemeinschaftlichen kommunalen Aufgabenerfüllung bzw. der interkommunalen Zusammenarbeit in Deutschland liegen nach wie vor im Dunkeln. Es darf aber zu Recht vermutet werden, daß das Bedürfnis der Kommunen nach enger Kooperation untereinander bei der Erfüllung der zugewiesenen Aufgaben in etwa zur gleichen Zeit mit der Herausbildung örtlicher Gemeinschaften entstanden ist und wohl auch befriedigt wurde.[213] Exemplarisch sei an dieser Stelle zwei bekannte Städtekooperationen aus dem Mittelalter verwiesen: Den Zusammenschluß von Handelsstädten aus dem norddeutschen Raum zur Städtehanse und der Mittelrheinische Städtebund, der im Gegensatz zur spezifisch auf die Förderung des Handels ausgerichteten Städtehanse eher allgemeineren (wirtschafts-)politischen Zwecken diente.

Das heutige Verständnis von interkommunaler Zusammenarbeit geht zurück ins 19. Jahrhundert und ist - ebenso wie die Aufgabe der kommunalen Wirtschaftsförderung selbst - eng verknüpft mit der Entwicklung der kommunalen Selbstverwaltung in Deutschland.[214] So finden sich erste Hinweise darauf bereits in der preußischen Gemeindeordnung aus dem Jahr 1850. Infolge der in Deutschland rasch voranschreitenden Industrialisierung und der damit unmittelbar verbunden Urbanisierungsprozesse Mitte des vergangenen Jahrhunderts, kam es zu einem rapiden Anstieg des städtischen Aufgabenvolumens. Aufgrund des zum Teil enormen Wachstums von Bevölkerung, Infrastruktur und Wirtschaft, bildeten sich drei industrielle Ballungsräume in Deutschland: Der Großraum Berlin, das Ruhrgebiet und Mitteldeutschland. Die dort entstandene Problemdichte führte insbesondere auf den Gebieten der Stadtentwicklung bzw. -erweiterung und der Infrastrukturpolitik zu einem „Auseinanderdriften von sozioökonomischer Wirklichkeit und verwaltungsmäßiger Ordnung“[215].

Während in England bereits seit längerem Vereinigungen kommunaler Körperschaften in Form von Zweckverbänden zur gemeinschaftlichen Aufgabenerfüllung anzutreffen waren, hatte man in den deutschen Staaten erst in den 90er Jahren des vergangenen Jahrhunderts vereinzelt damit angefangen, dafür gesetzliche Normen zu schaffen.[216] Im Zuge dieser Entwicklung wurde im Jahr 1911 das preußische Zweckverbandsgesetz erlassen. Noch im gleichen Jahr kam es zur Gründung des „Zweckverbands Großraum Berlin“ und neun Jahre später auf der gleichen rechtlichen Grundlage zur Einrichtung des „Siedlungsverbandes Ruhrkohlenbezirk“ im Jahr 1920. Diese beiden kommunalen Zweckverbände stellten für Deutschland insofern ein Novum dar, als sie die

213 Vgl. *Oebbecke, Janbernd* (1984), S. 101.
214 Vgl. zur Entwicklung der kommunalen Selbstverwaltung *Saldern, Adelheid von* (1994), S. 2 ff.
215 *Turowski, Gerd* (1994), S. 392.
216 Vgl. *Kopsch, Johannes* (1924), S. 622.

ersten institutionalisierten Formen interkommunaler Zusammenarbeit auf einer gesetzlichen Grundlage waren.[217]

Aber bereits in der zweiten Hälfte des 19. Jahrunderts - also noch vor ihrer Kodifizierung im Jahr 1911 - war interkommunale Zusammenarbeit insbesondere in der Wasser- und Stromversorgung auch in Deutschland durchaus keine Seltenheit - ganz im Gegenteil. Die Idee einer gemeinschaftlichen Zusammenarbeit im Rahmen der kommunalen Aufgabenerfüllung, zunächst auf dem Gebiet der Versorgung mit Strom und Wasser und später auch bei der Gasversorgung, hat sich vielmehr in den nachfolgenden Jahren und Jahrzehnten rasch über das ganze Land ausgedehnt.[218]

Auch heute ist die interkommunale Zusammenarbeit in der Bundesrepublik Deutschland trotz ihrer langen Tradition keineswegs das Relikt einer längst vergangenen Epoche; sie gilt vielmehr zu Recht als ein „modernes Verwaltungsprinzip"[219] und steht gerade in den letzten Jahren unter dem Eindruck der veränderten allgemeinen wirtschaftlichen und gesellschaftlichen Rahmenbedingungen wieder zunehmend im Mittelpunkt des Interesses in Wissenschaft und Praxis gleichermaßen. Und obwohl seit den frühen 70er Jahren dieses Jahrhunderts in fast allen Bundesländern umfassende Gebietsreformen durchgeführt wurden mit dem Ziel, größere und leistungsfähigere Verwaltungseinheiten auf kommunaler Ebene zu schaffen, besteht nach wie vor ein gesteigertes Bedürfnis zu interkommunaler Zusammenarbeit.[220]

Im allgemeinen gelten herkömmliche kommunale Aufgabenbereiche wie etwa Ver- und Entsorgung, Verkehrsplanung und ÖPNV, Bildungs-, Gesundheits- und Sozialwesen zu den bevorzugten interkommunalen Kooperationsgegenstände.[221] In den letzten Jahren hat aber auch die interkommunale Zusammenarbeit im Rahmen der Wirtschaftsförderung zunehmend an Bedeutung gewonnen. Darauf wird aber an anderer Stelle näher eingegangen.

---

217 Vgl. *Turowski, Gerd* (1994), S. 393.

218 So wurde beispielsweise auf der Schwäbischen Alb bereits im Jahre 1869 der erste Wasserbeschaffungsverbands gebildet, vgl. dazu *Schauwecker, Heinz* (1982), S. 317.

219 *Rengeling, Hans-Werner* (1982), S. 388.

220 Vgl. *Kunze, Richard/ Hekking, Klaus* (1981), S. 21 sowie *Oebbecke, Janbernd* (1983), S. 99 ff., der am Beispiel der Gebietsreform in Nordrhein-Westfalen die Auswirkungen auf die interkommunale Zusammenarbeit aufzeigt.

221 Vgl. *Turowski, Gerd* (1994), S. 393.

III. Rechtliche Grundlagen

1. Rechtliche Zulässigkeit

Die Entwicklung der rechtlichen Grundlagen interkommunaler Zusammenarbeit in Deutschland fand wie bereits angedeutet ihren vorläufigen Höhepunkt im preußischen Zweckverbandsgesetz vom 19. Juli 1911, in dem erstmals neben dem Begriff des Zweckverbandes auch das Gründungsverfahren, die Finanzierung, die Organe und das Satzungsrecht gesetzlich normiert wurden.[222] Es bildete damit den Ausgangspunkt für den weiteren Ausbau des Zweckverbandes als bedeutendes Rechtsinstitut der interkommunalen Zusammenarbeit in Deutschland.

Knapp drei Jahrzehnte später wurden die Forderungen nach einer reichseinheitlichen gesetzlichen Regelung der interkommunalen Zusammenarbeit, die bereits kurz nach Ende des Ersten Weltkrieges zunehmend aufgekommen sind, durch den Gesetzgeber mit dem Erlaß des Reichszweckverbandsgesetzes (RZwVG) aus dem Jahr 1939 endlich erfüllt. Obwohl durch das neugeschaffene RZwVG die Bildung von Zweckverbänden eine wesentliche Erleichterung erfahren hatte - so durften beispielsweise von nun an neben den Kommunen auch sonstige öffentlich-rechtliche Körperschaften sowie natürliche und juristische Personen des Privatrechts beteiligt werden -, war in Folge der einsetzenden Kriegswirren des Zweiten Weltkrieges seine praktische Relevanz aber nicht allzu groß.[223]

Erst nach der Gründung der Bundesrepublik Deutschland im Jahre 1949 wurden mit Ausnahme in Niedersachsen, wo das RzwVG auch weiterhin Bestand hat, in allen Flächenstaaten[224] nach und nach eigene Landesgesetze zur Regelung der freiwilligen interkommunalen Zusammenarbeit gleichen oder ähnlichen Inhalts eingeführt. Diese Gesetze, meist als Gesetze über die kommunale Gemeinschafts- bzw. Zusammenarbeit bezeichnet,[225] stellen die bis heute gültigen Rechtsgrundlagen freiwilliger interkommunaler Zusammenarbeit in den Ländern der Bundesrepublik Deutschland dar. In Baden-Württemberg ist dies beispielsweise das „Gesetz über kommunale Zusammenarbeit“ (GKZ) in der Fassung vom 16. September 1974.[226]

---

222 Vgl. *Rengeling, Hans-Werner* (1982), S. 388 f.; einen kurzen Überblick über die Entwicklung der rechtlichen Grundlagen in einzelnen deutschen Staaten gibt *Kopsch, Johannes* (1924), S. 622 ff.

223 Vgl. *Rengeling, Hans-Werner* (1982), S. 389.

224 Während im Stadtstaat Bremen kein Zweckverbandsgesetz existiert, sind nach der Hamburger Verfassung Zweckverbände begrifflich ausgeschlossen, vgl. dazu *Rengeling, Hans-Werner* (1982), S. 389 FN 22.

225 Vgl. zum Beispiel für Bayern: Gesetz über die kommunale Zusammenarbeit (KommZG); für Brandenburg: Gesetz über kommunale Gemeinschaftsarbeit im Land Brandenburg (GKG); für Hessen: Gesetz über kommunale Gemeinschaftsarbeit (KGG) oder für Nordrhein-Westfalen: Gesetz über die kommunale Gemeinschaftsarbeit (GKG).

226 Vgl. Gbl. S. 408.

Danach sind die Gemeinden und Landkreise grundsätzlich dazu berechtigt, zur Erledigung bestimmter Aufgaben - gleichgültig, ob sie dazu verpflichtet sind oder diese freiwillig wahrnehmen - Zweckverbände zu bilden oder aber öffentlich-rechtliche Vereinbarungen zu schließen mit Ausnahme der Aufgaben, deren gemeinsame Erfüllung durch Gesetz ausgeschlossen oder mit einer besonderen Rechtsform verbunden ist.[227] Auf eine Besonderheit Baden-Württembergs sei in diesem Zusammenhang abschließend hingewiesen: Während sich die Landesverfassungen anderer Bundesländer in Anlehnung an Art. 28 Abs. 2 GG für eine pauschale Garantie der Selbstverwaltung der Gemeinden und Gemeindeverbände allgemein aussprechen, gewährleistet Baden-Württemberg in Art. 71 Abs. 1 S. 1 seiner Landesverfassung[228] das Recht zur Selbstverwaltung ausdrücklich auch den Zweckverbänden.[229]

2. Rechtliche Grenzen

Für eine interkommunale Zusammenarbeit in den Rechtsformen des Gesetzes über kommunale Zusammenarbeit (GKZ) des Landes Baden-Württemberg kommen nach § 1 Satz 1 GKZ also nur solche Aufgaben in Betracht, zu deren Erfüllung die Kommunen entweder berechtigt oder aber verpflichtet sind. Insofern können die Kommunen freiwillig bei der Erfüllung von Selbstverwaltungsaufgaben, Pflichtaufgaben zur Erfüllung nach Weisung und Auftragsangelegenheiten zusammenarbeiten, also auch im Rahmen der kommunalen Wirtschaftsförderung.

Durch den einschränkenden Zusatz von § 1 Satz 2 GKZ gilt dies aber nicht, „wenn durch Gesetz die gemeinsame Erfüllung der Aufgaben ausgeschlossen oder hierfür eine besondere Rechtsform vorgeschrieben ist." Demzufolge sind Aufgaben, deren gemeinsame Erfüllung durch Gesetz ausgeschlossen oder mit einer besonderen Rechtsform verbunden sind, nicht kooperationsfähig.

Ohne zu sehr auf die komplexe Diskussion über die rechtlichen Grenzen der interkommunalen Zusammenarbeit und deren praktische Auswirkungen für die beteiligten Kommunen eingehen zu wollen, sei der Vollständigkeit halber aber darauf hingewiesen, daß in der Literatur[230] vor allem der Auschluß interkommunaler Zusammenarbeit bei bestimmten Aufgaben „durch Gesetz" als problematisch eingeschätzt wird und auslegungsbedürftig sein kann, während die Zusammen-

227 Vgl. § 1 GKZ. Obwohl die gesetzlichen Regelungen in ihren Einzelheiten von Land zu Land mehr oder weniger variieren, sehen auch die übrigen Landesgesetze den Zweckverband und die öffentlich-rechtliche Vereinbarung als Kernformen der interkommunalen Zusammenarbeit vor, vgl. dazu *Asche, Michael/ Krieger, Fritz* (1990), S. 11.

228 Vgl. Verfassung des Landes Baden-Württemberg vom 11.11.1953 (Gbl. S. 173) mit späteren Änderungen.

229 Vgl. *Rengeling, Hans-Werner* (1982), S. 393.

230 Vgl. für alle *Oebbecke, Janbernd* (1984), S. 109 ff.

arbeit durch eine gesetzlich verbindlich vorgeschriebene besondere Rechtsform dagegen im allgemeinen keine Schwierigkeiten verursacht.

Bei der interkommunalen Zusammenarbeit sind grundsätzlich zwei Fälle hinsichtlich ihrer rechtlichen Funktion voneinander zu unterscheiden: Zum einen kann interkommunale Zusammenarbeit darauf gerichtet sein, daß ein Beteiligter einzelne Aufgaben der übrigen Beteiligten in seine eigene Zuständigkeit übernimmt, d.h. eine **überwälzende Delegation von Aufgaben** stattfindet.[231] In diesem Fall geht die rechtliche Zuständigkeit für die Aufgabe auf die übernehmende Körperschaft über; dem Kompetenzzuwachs bei dem übernehmenden Beteiligten steht insofern ein Kompetenzverlust bei dem abgebenden Beteiligten gegenüber.[232] Durch die Delegation wird also eine Änderung der Zuständigkeiten für alle Beteiligten herbeigeführt, was rechtlich aber ausgesprochen problematisch sein kann. Die Kommunen können zwar innerhalb der rechtlichen Grenzen grundsätzlich über das Ob und Wie der Aufgabenerfüllung innerhalb ihres Zuständigkeitsbereiches frei entscheiden, jedoch nicht über dessen Einschränkung oder Ausweitung. In Anlehnung an Oebbecke (1984) kann wohl auch das Gesetz über kommunale Zusammenarbeit des Landes Baden-Württemberg (GKZ) hinsichtlich seiner Verfassungskonformität nur dahingehend ausgelegt werden, daß die Delegation von Aufgaben bzw. Zuständigkeiten grundsätzlich nur dann zulässig ist, wenn sie dem sog. Übermaßverbot genügt, d.h. die Delegation hinsichtlich der zu erwartenden Kooperationsvorteile geeignet, erforderlich und verhältnismäßig ist.[233]

Zum anderen kann interkommunale Zusammenarbeit auch darauf abzielen, daß ein Beteiligter einzelne Aufgaben lediglich für die übrigen Beteiligten durchführt, d.h. eine bloße **Übertragung einer Aufgabe zur Durchführung** stattfindet.[234] In diesem Fall verbleibt die Aufgabe rechtlich in der alleinigen Zuständigkeit des übertragenden Beteiligten (Aufgabenträger); der übernehmende Beteiligte verpflichtet sich in diesem Fall lediglich, die übertragene Aufgabe in fremden Namen bzw. im Auftrag für den übertragenden Beteiligten durchzuführen. Es findet hier - im Gegensatz zur überwälzenden Delegation - keine (neue) Kompetenzverteilung statt. Von der rechtlichen Funktion her handelt es sich in diesem Fall interkommunaler Zusammenarbeit lediglich um ein Mandat, das die bestehende Kompetenzzuweisung unberührt läßt.

---

231 Vgl. *Schinken, Alexander* (1982), S. 771; *Oebbecke, Janbernd* (1984), S. 109.

232 Vgl. *Flasnöcker, Jürgen* (1974), S. 30.

233 Vgl. *Oebbecke, Janbernd* (1984), S. 111. Er trifft diese Aussage am Beispiel des Gesetzes über kommunale Gemeinschaftsarbeit (GKG) des Landes Nordrhein-Westfalen.

234 Vgl. *Schink, Alexander* (1982), S. 772; *Oebbecke, Janbernd* (1984), S. 110.

IV. Vor- und Nachteile

Aus den bisherigen Ausführungen geht hervor, daß interkommunale Zusammenarbeit im Grunde kein Selbstzweck ist. So wurden nach Kopsch (1924) die ersten gesetzlichen Grundlagen in den deutschen Staaten für die Bildung von Zweckverbänden gegen Ende der 90er Jahre des vergangenen Jahrhunderts primär aus der Einsicht der Verantwortlichen heraus gebildet, daß diese Form der interkommunalen Zusammenarbeit zunächst aus praktischen Bedürfnissen notwendig sei: „Der Arbeitskreis der Gemeinde, namentlich auf dem Gebiete der öffentlichen Gesundheitspflege und der sozialen Fürsorge, sowie die Vermehrung ihrer Aufgaben auf wirtschaftlichem Gebiete ließen eine *Erhöhung der Leistungsfähigkeit* durch Zusammenschluß wünschenswert erscheinen."[235] Dieses Zitat zeigt, daß die zwischengemeindliche Zusammenarbeit gegenüber einer Aufgabenerfüllung durch eine einzelne Kommune Vorteile für die Beteiligten mit sich bringt, die im allgemeinen denen der zwischenbetrieblichen Kooperationen weitgehend ähnlich sind.[236]

Im Rahmen der Darstellung möglicher Vorteile der kooperierenden Kommunen muß aber ausdrücklich darauf hingewiesen werden, daß die mit der interkommunalen Zusammenarbeit verbundenen Zielsetzungen keine Allgemeingültigkeit besitzen, sondern vielmehr ausschließlich gemeindespezifisch und situationsgebunden sind. Während also noch bis zur Jahrhundertwende die „Erhöhung der Leistungsfähigkeit" eindeutig im Vordergrund der Diskussion stand, werden im modernen Schrifttum[237] die mit interkommunaler Zusammenarbeit im allgemeinen verbundenen Vorteile stärker systematisiert. Im einzelnen sind dies ökonomische Vorteile, wobei hier zwischen volkswirtschaftlichen und partikulären Vorteilen unterschieden werden kann, und intrinsische Vorteile, die der interkommunalen Zusammenarbeit einen gewissen Eigenwert beimessen.

Im allgemeinen werden zunächst **ökonomische Vorteile** in Verbindung mit der interkommunalen Zusammenarbeit gebracht, die wesentlich zur Steigerung des Gemeinwohls beitragen können.[238] Danach ergeben sich aus einer interkommunalen Zusammenarbeit im wesentlichen die folgenden drei Arten ökonomischer Vorteile: Koordinationsvorteile, Größenvorteile und Vorteile, die aus der Internalisierung sog. externer Effekte resultieren. Die bei einer interkommunalen Zusammenarbeit anfallenden *Koordinationsvorteile* bestehen in der Ersparnis der ansonsten anfallenden Koordinationskosten, die aus der verbesserten gegenseitigen Information und Koordination unter

---

235 *Kopsch, Johannes* (1924), S. 622; Hervorhebungen durch den Verfasser.
236 Vgl. *Blohm, Hans* (1980), Sp. 1114.
237 Vgl. für alle *Oebbecke, Janbernd* (1984), S. 104 ff.; *Hauser, Werner* (1987), S. 197 f.
238 Vgl. zum folgenden *Oebbecke, Janbernd* (1984), S. 104 f.

den beteiligten Akteuren entstehen. Zweitens ergeben sich *Größenvorteile* (sog. economies of scale) bei wachsender Betriebs- und Unternehmensgröße insbesondere in Form von Kosteneinsparungen, da interkommunale Zusammenarbeit etwa in der Ver- und Entsorgung dazu führen kann, daß die Kosten für Raumkörper wie Gebäude, Röhren oder Tanks allgemein langsamer steigen als die damit verbundenen Ausbringungsmengen. Bei einer vorgegebenen Mindestgröße von Einrichtungen oder Dienstleistungen fällt hierbei insbesondere die mögliche Leerkostenersparnis ins Gewicht. Häufig zielt interkommunale Zusammenarbeit in Form größerer Ver- und Entsorgungseinrichtungen auch auf eine bessere Ausnutzung vorhandener Kapazitäten ab, im Bereich von Rettungsdiensten und Feuerwehren werden Vorteile durch die Verbesserung der Dispositionsmöglichkeiten bei der Leistungserbringung erzielt und bei der Straßenunterhaltung können sich durch günstigere Abschnittsbildung Ersparnisse bei den Rüst- und Wegekosten ergeben. Weitere Größenvorteile interkommunaler Zusammenarbeit sind beispielsweise die Vermeidung von Doppelinvestitionen, die Überwindung mangelnder Faktorenausstattung oder etwa die Bildung von größeren Wettbewerbseinheiten.[239]

Drittens schließlich können ökonomische *Vorteile durch die Internalisierung externer Effekte* resultieren.[240] Durch die gemeinsame Schaffung und Finanzierung von öffentlichen Infrastruktureinrichtungen etwa, die ohne interkommunale Zusammenarbeit überhaupt nicht, nur durch staatlichen Zwang oder finanzielle Anreize geschaffen worden würden. Das Problem der „externen Effekte“ spielt insbesondere im verflechtungsintensiven Stadt-Umland-Bereich eine große Rolle, auf das hier aber nicht näher eingegangen werden kann.[241] Als weitere ökonomische Vorteile, die aus einer möglichen Internalisierung externer Effekte resultieren können, werden auch die Einbringung der Interessen einer möglichst großen Zahl von Nutzern im Rahmen der gemeinsamen Willensbildung einerseits sowie die Möglichkeit einer besseren, optimalen weil bedarfsorientierten Kapazitätsanpassung andererseits genannt, die in der Praxis aber vermutlich nur zusätzlich und in Kombination mit etwaigen Größenvorteilen die beteiligten Akteure zur Aufnahme einer interkommunalen Zusammenarbeit bewegen können.

Ergänzt werden diese eher *makro*ökonomischen Kooperationsvorteile, die zur Steigerung des allgemeinen Gemeinwohls dienen, durch solche eher *mikro*ökonomischer Natur, die insofern auch als *partikuläre* Kooperationsvorteile bezeichnet werden können.[242] Aus individueller Sicht des oder der Beteiligten können diese partikulären Vorteile zwar als ausschlaggebender Anlaß zur Kooperation genügen. Aber bei einer übergeordneten Betrachtungsweise können sich diese eher

---

239 Vgl. *Blohm, Hans* (1980), Sp. 114.

240 Vgl. zum folgenden *Oebbecke, Janbernd* (1984), S. 106 f.

241 Vgl. zu den ökonomischen Aspekten des Stadt-Umland-Problems ausführlich *Kastl, Hans* (1975).

242 Vgl. zum folgenden *Oebbecke, Janbernd* (1984), S. 107.

als nachteilig für die Allgemeinheit erweisen - wenn und soweit nicht im konkreten Einzelfall die möglicherweise entstehenden Größenvorteile diesen Nachteil kompensieren. Eine Form solcher partikulärer Vorteile sind die *(Markt-)Machtvorteile*, die durch die mit einem Zusammenschluß gemeinhin verbundenenen Konzentrationswirkungen und der damit zusammenhängenden Reduzierung des Wettbewerbs einhergehen können.

Ein weiterer möglicher Nachteil interkommunaler Zusammenarbeit kann in der *Verlust von Fühlungsvorteilen* der demokratisch und unmittelbar gewählten Entscheidungsträger gesehen werden, die bei einer Delegation von kommunalen Aufgaben bzw. Zuständigkeiten an andere Stellen einhergeht. Auch der mit der Delegation an eine verwaltungsexterne Einrichtung einhergehende *Verlust der verwaltungsinternen Finanzierungskonkurrenz* mit den anderen kommunalen Aufgaben kann als Nachteil interkommunaler Zusammenarbeit interpretiert werden.

Interkommunale Zusammenarbeit weist schließlich auch einen **intrinsischen Vorteil** auf, der für die Aufnahme einer Kooperation mitunter von ausschlaggebender Bedeutung sein kann, da für die meisten Menschen die Kooperation als solche bereits einen hohen Eigenwert besitzt.[243] Zum Tragen kommt dieser intrinsische Vorteil der interkommunalen Zusammenarbeit in der Praxis vermutlich gerade dann, „wenn bei den Entscheidungsträgern oder der Bevölkerung innere Vorbehalte und Widerstände zu überwinden sind, etwa weil eine *völlig neue Aufgabe übernommen* oder eine *ungewohnte Form der Aufgabenerfüllung* gewählt werden soll.“[244] Es ist zu prüfen, ob diese Vermutung auch für die Regionalisierung bzw. interkommunale Zusammenarbeit im Rahmen der Wirtschaftsförderung zutreffend ist.

V. Organisationsformen interkommunaler Zusammenarbeit

1. Wahlfreiheit der Kommunen

Die Kommunen verfügen quasi als Kern der kommunalen Selbstverwaltung - neben der Finanz-, Gebiets-, Planungs-, Abgaben-, Rechtsetzungs- und Personalhoheit - über die ebenfalls durch Art. 28 Abs. 2 GG verfassungsrechtlich geschützte Organisationshoheit, d.h. sie haben das Recht, im eigenen Wirkungskreis die Verwaltungsorganisation selbständig nach eigenem Ermessen zu regeln. Entsprechend der deutschen Verfassungstradition dürfen daher Gemeinden, Städte und Kreise grundsätzlich zur Erfüllung ihrer Aufgaben die jeweils günstigste Organisationsform frei

243 Vgl. *Oebbecke, Janbernd* (1984), S. 108; *Hauser, Werner* (1987), S. 198.
244 *Oebbecke, Janbernd* (1984), S. 108; Hervorhebungen durch den Verfasser.

wählen (sog. Wahlfreiheit), und zwar unabhängig davon, ob die gewählte Organisationsform öffentlich-rechtlicher oder privatrechtlicher Natur ist.[245]

Einschränkungen findet diese grundsätzliche Wahlfreiheit hinsichtlich der Organisationsform allerdings dort, wo Aufgabenbereiche betroffen sind, die der staatlichen Hoheitsgewalt bedürfen - also etwa im gesamten Bereich der sog. Eingriffsverwaltung[246]. Da die staatliche Hoheitsgewalt unveräußerlich ist, kann eine rechtlich selbständige und in der Organisationsform des Privatrechts betriebene öffentliche Einrichtung auch nur privatrechtlich handeln - nicht aber öffentlich-rechtlich wie es im Bereich der Eingriffsverwaltung bei Verwaltungsakten notwendigerweise der Fall ist.[247] Eine weitere, wenn nicht sogar die wesentlichste Einschränkung der Wahlfreiheit findet sich in den kommunalrechtlichen Bestimmungen des § 103 Abs. 1 Nr. 4 der Gemeindeordnung des Landes Baden-Württemberg (GemO), der gemäß § 48 der baden-württembergischen Landkreisordnung (LkrO) auch für die Kreise gilt.[248] Danach darf sich eine Gemeinde bei einem wirtschaftlichen Unternehmen[249], d.h. wenn sie am Wirtschafts- und Erwerbsleben teilnimmt, nur dann für eine privatrechtliche Organisationsform entscheiden, wenn ihre Haftung auf einen bestimmten Betrag begrenzt ist (sog. Haftungsbegrenzung). Als Folge kommen deshalb aus der Vielfalt möglicher privatrechtlicher Organisationsformen zur Aufgabendurchführung in erster Linie lediglich die Aktiengesellschaft (AG) und die Gesellschaft mit beschränkter Haftung (GmbH) in Frage.[250]

Bei der Wahl der Organisationsform zur Durchführung kommunaler Aufgaben stellt die Möglichkeit zur Institutionalisierung der interkommunalen Zusammenarbeit ein zentrales Entscheidungskriterium dar.[251] Aufgrund der Tatsache, daß die Errichtung einer solchen interkommunalen Institution des öffentlichen Rechts nur *durch ein Gesetz* oder *aufgrund eines Gesetzes* zulässig ist, erfährt die Wahlfreiheit der Kommunen eine weitere Einschränkung.[252]

---

245 Vgl. *Hauser, Werner* (1987), S. 3 ff. (insb. S. 4 f.).

246 Unter der sog. Eingriffsverwaltung wird im allgemeinen diejenige Verwaltungstätigkeit verstanden, die durch Gebote und Verbote sowie unter hoheitlichem Zwang in die Rechte einzelner eingreift, vgl. dazu *Schnaudigel, Christoph* (1995), S. 38.

247 Vgl. *Hauser, Werner* (1987), S. 5.

248 Ähnliche oder gleichlautende Vorschriften enthalten auch die Gemeindeordnungen der übrigen Bundesländer.

249 Als „wirtschaftliche Unternehmen" werden solche Einrichtungen und Anlagen bezeichnet, die auch von Privatunternehmungen mit der Absicht der Gewinnerzielung betrieben werden können wie etwa Verkehrs- oder Ver- und Entsorgungsbetriebe, vgl. *Hauser, Werner* (1987), S. 6.

250 Vgl. *Kistenmacher, Hans* et al. (1994), S. 149. Auf eine Darstellung der Rechtsform einer eingetragenen Genossenschaft (eG), die gleichfalls eine (kommunale) Haftungsbegrenzung vorsieht, wird im folgenden verzichtet.

251 Vgl. zur Wahl der Organisationsform kommunaler Einrichtungen im allgemeinen und im Rahmen der interkommunalen Zusammenarbeit im besonderen *Hauser, Werner* (1987), S. 197 ff.

252 Vgl. *Kistenmacher, Hans* et al. (1994), S. 139.

Nach geltendem Recht können sich nur die Kommunen für eine Aufgabenerfüllung in der öffentlich-rechtlichen Organisationsform entscheiden. Trotz der mehr oder weniger voneinander abweichenden gesetzlichen Regelungen über die gemeinschaftliche Zusammenarbeit der Kommunen bei der Aufgabenerfüllung in den einzelnen Bundesländern, kristallisieren sich insbesondere zwei öffentlich-rechtliche Organisationsformen heraus, die zu Recht als die Kernformen kommunaler Zusammenarbeit gelten.[253] Dabei handelt es sich zum einen um die *öffentlich-rechtliche Vereinbarung* und zum anderen um den *Zweckverband*. Diese beiden institutionellen Formen interkommunaler Zusammenarbeit werden im folgenden, ergänzt um die *kommunale Arbeitsgemeinschaft*, in ihren wesentlichen Grundzügen vorgestellt. Die nachfolgenden Darstellungen der öffentlich-rechtlichen Organisationsformen zur Institutionalisierung der interkommunalen Zusammenarbeit basieren dabei im wesentlichen auf der Grundlage des „Gesetzes über kommunale Zusammenarbeit"des Landes Baden-Württemberg (GKZ) aus dem Jahr 1974.[254] In § 1 GKZ heißt es dazu grundsätzlich:

> *„Gemeinden und Landkreise können Zweckverbände bilden oder öffentlich-rechtliche Vereinbarungen schließen, um bestimmte Aufgaben, zu deren Erledigung sie berechtigt oder verpflichtet sind, für alle oder einzelne gemeinsam zu erfüllen. Dies gilt nicht, wenn durch Gesetz die gemeinsame Erfüllung der Aufgaben ausgeschlossen oder hierfür eine besondere Rechtsform vorgeschrieben ist."*

Im Gegensatz zu anderen Bundesländern sieht das baden-württembergische GKZ aber keine gestzliche Regelung der kommunalen Arbeitsgemeinschaft vor.[255] Für diesen Fall wird zur Darstellung auf vergleichbare gesetzliche Regelungen anderer Bundesländer zurückgegriffen.

Betätigen sich die Gemeinden in Organisationsformen des Privatrechts, dann werden damit zwei unterschiedliche Rechtsgebiete, das öffentlich-rechtliche Kommunalrecht auf der einen und das privatrechtliche Gesellschaftsrecht auf der anderen Seite, davon berührt, wobei dem bundesgesetzlichen Gesellschaftsrecht grundsätzlich der Vorrang eingeräumt wird.[256] Insofern bestimmen sich die Rechte und Pflichten der Gesellschaftsorgane und ihrer Mitglieder ausschließlich nach Gesellschaftsrecht, d.h. eine Gemeinde, die sich zur Erledigung ihrer Aufgaben der privatrechtlichen Rechtsform bedient, hat sich auch vollständig dem privatrechtlichen Gesellschaftsrecht zu

---

253 Vgl. *Kistenmacher, Hans* et al. (1994), S. 139.

254 Vgl. Gesetz über kommunale Zusammenarbeit (GKZ) des Landes Baden-Württemberg i.d.F. vom 16. September 1974 (GBl. S.408, berichtigt GBl. 1975, S. 460; GBl. 1976, S. 408), zuletzt geändert durch Gesetz vom 12. Dezember 1991 (GBl. S. 860, 866).

255 Vgl. *Rengeling, Hans-Werner* (1982), S. 391.

256 Vgl. zum folgenden *Schnaudigel, Christoph* (1995), S. 37 f.

unterwerfen. Dies hat aber zur Folge, daß die gewählten (kommunalen) Mandatsträger in ihrer Funktion als Mitglieder des Aufsichtsrates nicht mehr in einem (öffentlichen) Auftragsverhältnis zu ihren Wählern stehen, sondern in erster Linie die Interessen der Gesellschaft wahrzunehmen haben.

2. Öffentlich-rechtliche Organisationsformen

2.1 Kommunale Arbeitsgemeinschaft

Die kommunale Arbeitsgemeinschaft gilt gemeinhin als die in ihrer Ausprägung wohl lockerste Form interkommunaler Zusammenarbeit überhaupt. Daher wird sie nicht selten als bloße Vorstufe für eine zu einem späteren Zeitpunkt vorgesehene engere und intensivere Zusammenarbeit auf der Grundlage anderer institutioneller Organisationsformen betrachtet. Die kommunale Arbeitsgemeinschaft ist somit geradezu prädestiniert für eine Bestandsaufnahme interkommunaler Probleme im Rahmen der Ermittlung möglicher Kooperationsbedarfe oder aber für die Erstellung gemeinschaftlicher Vorplanungen.[257]

Zwar sieht das Gesetz über kommunale Zusammenarbeit des Landes Baden-Württemberg (GKZ) - anders als etwa die entsprechenden Landesgesetze in Nordrhein-Westfalen oder Bayern - die kommunale Arbeitsgemeinschaft als öffentlich-rechtliche Organisationsform wie bereits erwähnt nicht ausdrücklich vor; rechtlich ist sie aber auch hier grundsätzlich zulässig.[258] Dabei handelt es sich dem Grunde nach um einen öffentlich-rechtlichen Vertrag im Sinne der §§ 54 ff. des Verwaltungsverfahrensgesetzes (VwVfG), der unter Gemeinden und Gemeindeverbänden abgeschlossen wird.[259] Als sog. koordinationsrechtlicher Verwaltungsvertrag, der die gemeinsame Koordinierung von bestimmten kommunalen Aufgaben zum Ziel hat,[260] bedarf die kommunale Arbeitsgemeinschaft im allgemeinen der Schriftform[261] sowie der Zustimmung von betroffenen

---

257 Vgl. *Kastl, Hans* (1975), S. 131 f.; *Rengeling, Hans-Werner (1982*), S. 398; *Kistenmacher, Hans* et al. (1994), S. 141 m.w.N.

258 Auch in Niedersachsen und Schleswig-Holstein ist die kommunale Arbeitsgemeinschaft nicht explizit geregelt, trotzdem aber rechtlich durchaus zulässig, vgl. dazu *Kistenmacher, Hans* et al. (1994), S.141 FN 30. Die Nicht-Kodifizierung der kommunalen Arbeitsgemeinschaft in Baden-Württemberg liegt vermutlich darin begründet, daß der Gesetzgeber aufgrund ihrer Beschränkung auf den Bereich des rechtlich unverbindlichen beschränkten Zusammenschlusses eine gesetzliche Regelung für nicht erforderlich hielt, vgl. dazu *Kunze, Richard/ Hekking, Klaus* (1981), S. 25 und *Rengeling, Hans-Werner* (1982), S. 398.

259 Vgl. *Rothe, Karl-Heinz* (1965), S. 32; *Flasnöcker, Jürgen* (1974), S. 10 f.

260 Vgl. *Rengeling, Hans-Werner* (1982), S. 399.

261 Vgl. § 57 LVwVfG Baden-Württemberg i.d.F. vom 21.06.1977 (Gbl. S. 227) zuletzt geändert durch Gesetz vom 18.12.1995 (Gbl. S. 29).

Dritten und zuständigen Behörden[262]. Wenngleich als originäre Gründungsmitglieder nur Gemeinden und Gemeindeverbände in Frage kommen, so dürfen sich jedoch bereits in der Gründungsphase auch sonstige Körperschaften des öffentlichen Rechts sowie natürliche und juristische Personen des Privatrechts beteiligen,[263] sofern sie im Sinne des Gesetzgebers mit zum Abbau von Interessengegensätzen und Reibungspunkten beitragen können.[264]

Das Aufgabenspektrum kann grundsätzlich alle kommunalen Angelegenheiten umfassen.[265] Den an ihr Beteiligten eröffnet die kommunale Arbeitsgemeinschaft eine Plattform zur gemeinschaftlichen Zusammenarbeit in Form von Information und Beratung gemeinsamer Angelegenheiten sowie zur Abstimmung und Koordination einzelner Planungen, ohne daß diese ihre rechtliche Selbständigkeit verlieren.[266] Des weiteren können auch - mit Ausnahme in Bayern[267] - keine für die Beteiligten bindenden Beschlüsse gefaßt werden; es handelt sich dabei vielmehr um gemeinsam beschlossene, aber für die einzelnen letztlich unverbindliche Empfehlungen und Anregungen. Dem Wesen nach handelt es sich also um eine reine Interessengemeinschaft ohne eigene Rechtspersönlichkeit,[268] die zu einer eigenverantwortlichen und selbstständigen Aufgabenwahrnehmung nicht befugt ist.[269] Die Geschäftsführung der kommunalen Arbeitsgemeinschaft wird zwischen den Beteiligten selbst geregelt.[270]

2.2 Öffentlich-rechtliche Vereinbarung

Die öffentlich-rechtliche Vereinbarung steht an zweiter Stelle der hier vorgestellten öffentlich-rechtlichen Organisationsformen, d.h. zwischen der kommunalen Arbeitsgemeinschaft und dem Zweckverband.[271] Im Unterschied zur kommunalen Arbeitsgemeinschaft ist sie - wie auch der noch darzustellende Zweckverband - ausnahmslos in allen entsprechenden Landesgesetzen über

---

262 Vgl. § 58 LVwVfG Baden-Württemberg.

263 Vgl. § 2 Abs. 2 Gesetz über die kommunale Gemeinschaftsarbeit (GKG) des Landes Nordrhein-Westfalen vom1.10.1979 (GV.NW. S. 621) mit späteren Änderungen.

264 Vgl. *Rengeling, Hans-Werner* (1982), S. 399.

265 Vgl. *Zielke, Beate* (1993), S. 95.

266 Vgl. *Rengeling, Hans-Werner* (1982), S. 398; *Kistenmacher, Hans* et al. (1994), S. 141.

267 Das Zweckverbandsgesetz in Bayern enthält zum Beispiel Regelungen über das Modell einer „besonderen Arbeitsgemeinschaft", die eine Bindungwirkung der Beschlüsse für die Mitglieder vorgesehen. Voraussetzung ist hierfür allerdings die Zustimmung der Beteiligten oder ihrer Organe, vgl. dazu Art. 5 Abs. KommZG des Landes Bayern.

268 Vgl. Art. 2 Abs. 2 KommZG des Landes Bayern.

269 Vgl. *Rengeling, Hans-Werner* (1982), S. 398.

270 Vgl. § 3 Abs. 2 GKG des Landes Nordrhein-Westfalen.

271 Vgl. *Schink, Alexander* (1982), S. 773.

die kommunale Gemeinschafts- bzw. Zusammenarbeit explizit geregelt.[272] In Baden-Württemberg findet die öffentlich-rechtliche Vereinbarung ihre gesetzliche Regelung in den §§ 25 ff. des Gesetzes über die kommunale Zusammenarbeit (GKZ).

Hierbei handelt es sich um den Spezialfall eines öffentlich-rechtlichen Vertrages,[273] d.h. um eine Vereinbarung von Gemeinden und Gemeindeverbänden darüber, daß eine der beteiligten Kommunen bestimmte Aufgaben für alle Beteiligten - gegen eine angemessene Entschädigung - erfüllt, insbesondere aber den übrigen Beteiligten die Mitbenutzung einer von ihr betriebenen Einrichtung gestattet.[274] Durch die Vereinbarung gehen das Recht und die Pflicht der übrigen Körperschaften zur Erfüllung der Aufgabe auf die übernehmende Körperschaft über (sog. delegierende Vereinbarung).[275] Dennoch kann in der Vereinbarung den übrigen Beteiligten ein Mitwirkungsrecht bei der Aufgabenerfüllung eingeräumt werden.[276]

Für den Fall, daß die Geltungsdauer der öffentlich-rechtlichen Vereinbarung nicht befristet ist, muß sie die Voraussetzungen bestimmen, unter denen sie von den Beteiligten gekündigt werden kann.[277] Des weiteren ist die öffentlich-rechtliche Vereinbarung schriftlich abzuschließen und von der zuständigen Rechtsaufsichtsbehörde zu genehmigen.[278] Die Vereinbarung, ihre Änderung und ihre Aufhebung sind - falls erforderlich - zusammen mit der Genehmigung von den Beteiligten öffentlich bekanntzumachen.[279] Die Körperschaft, die zur Erfüllung der Aufgabe verpflichetet wurde, hat das Recht, im Rahmen der ihr übertragenen Aufgabengebiete Satzungen zu erlassen, die für das gesamte Gebiet der Beteiligten gelten - ausgenommen ist hierbei die Erhebung von Steuern. Zudem kann sie im Geltungsbereich der Satzung alle zur Erfüllung der Aufgaben-druchführung erforderlichen Maßnahmen wie im eigenen Geschäftsgebiet treffen.[280]

Dabei wird auch in diesem Fall - analog zur kommunalen Arbeitsgemeinschaft - keine eigene Rechtspersönlichkeit geschaffen, sondern lediglich die Durchführung einer bestimmten Aufgabe an eine bestehende Verwaltungs- bzw. Organisationseinheit durch einen sog. koordinationsrechtlichen Vertrag delegiert. Von der kommunalen Arbeitsgemeinschaft unterscheidet sich die öffentlich-rechtliche Vereinbarung allerdings insofern, als sie nicht nur eine rein interne Bindung

---

272 Ursprünglich sah bereits das RZwVG aus dem Jahre 1939 die öffentlich-rechtliche Vereinbarung als bloße Ersatzmöglichkeit für die Zweckverbandsbildung vor, vgl. dazu *Rengeling, Hans-Werner* (1982), S. 412.
273 Vgl. *Krieger, Fritz* (1994), S. 13.
274 Vgl. § 25 Abs. 1 Satz 1 GKZ.
275 Vgl. § 25 Abs. 1 Satz 2 GKZ.
276 Vgl. § 25 Abs. 2 GKZ.
277 Vgl. § 25 Abs. 3 GKZ.
278 Vgl. § 25 Abs. 4 GKZ.
279 Vgl. § 25 Abs. 5 GKZ.
280 Vgl. § 26 GKZ.

hat, sondern von ihr auch Auswirkungen für und wider jedermann ausgehen können.[281] Eine Beteiligung sonstiger natürlicher Personen und juristischer Personen des Privatrechts wurde vom Gesetzgeber ausgeschlossen.[282]

2.3 Zweckverband

Wie den bisherigen Ausführungen zur historischen Entwicklung zu entnehmen war, stellen Zweckverbände die typische Rechtsform im Rahmen der interkommunalen Zusammenarbeit dar.[283] Der Zweckverband ist in den §§ 2 ff. des Gesetzes über kommunale Zusammenarbeit (GKZ) des Landes Baden-Württemberg gesetzlich geregelt. Nach § 2 Abs. 1 GKZ können zwei Arten von Zweckverbänden unterschieden werden: Danach können sich Gemeinden und Landkreise entweder freiwillig zu einem Zweckverband zusammenschließen (sog. Freiverband) oder aber zur Erfüllung von Pflichtaufgaben durch eine aufsichtsbehördliche Verfügung zusammengeschlossen werden (sog. Pflichtverband). Die nachfolgenden Ausführungen berücksichtigen jedoch im Hinblick auf den Untersuchungsgegenstand der vorliegenden Arbeit ausschließlich den auf dem Prinzip der „Freiwilligkeit" beruhenden Freiverband.

Im Gegensatz zur öffentlich-rechtlichen Vereinbarung können neben Gemeinden und Landkreisen auch - soweit Vorschriften dies nicht ausschließen oder beschränken - andere öffentlich-rechtliche Körperschaften, Anstalten und Stiftungen des öffentlichen Rechts sowie natürliche Personen und juristische Personen des Privatrechts Mitglied eines Freiverbandes sein,[284] wenn dadurch die Erfüllung der Verbandsaufgaben gefördert und Gründe des öffentlichen Wohls dem nicht entgegenstehen. Der Rechtsnatur nach handelt es sich beim Zweckverband um eine eigenständige Körperschaft des öffentlichen Rechts, der die ihm übertragenen Angelegenheiten unter eigener Verantwortung im Rahmen der Gesetze selbst verwaltet.[285]

Die Bildung eines Zweckverbandes bedarf einer durch die Beteiligten aufzustellenden Verbandssatzung,[286] deren Inhalt im Gesetz näher bestimmt ist sowie einer aufsichtsbehördlichen Genehmigung.[287] Ist die Genehmigung erteilt und die Verbandssatzung einschließlich der Genehmigung von der zuständigen Rechtsaufsichtsbehörde öffentlich bekanntgemacht worden, „entsteht" der

281 Vgl. *Schink, Alexander* (1982), S. 771 und 773.
282 Vgl. *Kunze, Richard/ Hekking, Klaus* (1981), S. 194.
283 Einen Überblick über mögliche Arten von Zweckverbänden am Beispiel Nordrhein-Westfalen gibt *Oebbecke, Janbernd* (1983), S. 101.
284 Vgl. § 2 Abs. 2 Satz 1 und 2 GKZ.
285 Vgl. § 3 GKZ.
286 Vgl. § 6 GKZ.
287 Vgl. § 7 GKZ.

Zweckverband,[288] d.h. er ist dann allein für die Erledigung der Verbandsaufgabe zuständig. Als Organe des Zweckverbands sind die Verbandsversammlung und der Verbandsvorsitzende zwingend vorgeschrieben. Zusätzlich kann als weiteres Organ ein Verwaltungsrat durch die Verbandssatzung vorgesehen werden.[289] Die Verbandsversammlung als Hauptorgan des Zweckverbands ist für den Erlaß von Satzungen zuständig und besteht aus mindestens einem Vertreter eines jeden Verbandsmitglieds.[290] Die Stimmen eines Verbandsmitglieds können nur einheitlich abgegeben werden. Eine Gemeinde wird in der Verbandsversammlung durch den Bürgermeister, ein Landkreis entsprechend durch den Landrat vertreten.

Den in der Verbandsversammlung ehrenamtlich tätigen Vertretern können durch die Verbandsmitglieder Weisungen erteilt werden. Zusätzlich können durch die Verbandssatzung zum einen sog. beschließende Ausschüsse gebildet und ihnen bestimmte Aufgabengebiete zur dauernden Erledigung übertragen werden.[291] Zum anderen können auch sog. beratende Ausschüsse zur Vorbereitung ihrer Verhandlungen oder einzelner Verhandlungsgegenstände gebildet werden.[292] Die Sitzungen der Verbandsversammlung sind grundsätzlich öffentlich; Ausnahmen sind nur möglich, wenn es das öffentliche Wohl erfordert oder berechtigte Interessen einzelner dem entgegenstehen.[293] Der Verbandsvorsitzende[294] ist Vorsitzender der Verbandsversammlung, des fakultativen Verwaltungsrates und vertritt als Leiter der Verbandsverwaltung den Zweckverband nach außen. Er ist ehrenamtlich tätig und wird - zusammen mit mindestens einem Stellvertreter - aus der Mitte der Verbandsversammlung gewählt. Eine angemessene Aufwandsentschädigung kann aber durch die Satzung festgesetzt werden.

Für die Wirtschaftsführung des Zweckverbands gelten - von einzelnen Ausnahmen abgesehen - entsprechend die Vorschriften über die Gemeindewirtschaft.[295] Zur Deckung des Finanzbedarfs kann der Zweckverband von den Verbandsmitgliedern - soweit seine eigenen sonstigen Einnahmen dafür nicht ausreichen - eine sog. Umlage erheben, deren Höhe in der Haushaltssatzung für jedes Verwaltungsjahr festzusetzen sind. Die Maßstäbe für die Umlage sind so zu bestimmen, daß der Aufwand für die einzelnen Aufgaben angemessen auf die Verbandsmitglieder verteilt wird. Dabei kann bei einzelnen Verbandsaufgaben für die Kostentragung eine andere Regelung vereinbart werden.[296]

---

288 Vgl. § 8 GKZ.
289 Vgl. § 12 GKZ.
290 Vgl. § 13 GKZ.
291 Vgl. § 14 Abs. 1 GKZ.
292 Vgl. § 14 Abs. 2 GKZ.
293 Vgl. § 15 Abs. 1 GKZ.
294 Vgl. § 16 GKZ.
295 Vgl. § 18 GKZ.
296 Vgl. § 19 GKZ.

Ist beabsichtigt, daß der Zweckverband eine weitere Aufgabe für alle Mitglieder erfüllen soll, bedarf dies einer Änderung der Verbandssatzung.[297] Dabei ist die Vorgehensweise analog wie bereits bei der Gründung des Zweckverbands, d.h. die „neue" Verbandssatzung muß von den Mitgliedern beschlossen werden und bedarf einer Genehmigung der zuständigen Rechtsaufsichtsbehörde, die mit der Verbandssatzung wiederum zu veröffentlichen ist. Alle sonstigen Änderungen der Verbandssatzung sowie die Auflösung des Zweckverbands müssen von der Verbandsversammlung mit einer Mehrheit von mindestens zwei Dritteln der satzungsmäßigen Stimmzahlen der Verbandsmitglieder beschlossen werden.[298] Für den Fall, daß der Zweckverband eine weitere Aufgabe nur für einzelne Mitglieder erfüllen soll, bedarf es zusätzlich eines Antrages dieser Mitglieder.[299]

3. Privatrechtliche Formen interkommunaler Zusammenarbeit

3.1 Aktiengesellschaft (AG)

Die folgende Darstellung ausgewählter privatrechtlicher Organisationsformen, die im Rahmen interkommunaler Zusammenarbeit grundsätzlich Anwendung finden können, beginnt mit der Aktiengesellschaft (AG), die in Deutschland weit verbreitet ist und im Wirtschaftsleben bereits eine lange Tradition aufweist.[300] Die gesetzliche Grundlage bildet dabei das Aktiengesetz (AktG) aus dem Jahr 1965.[301]

In § 1 gibt das AktG eine Legaldefinition der AG mit insgesamt fünf Begriffsmerkmalen.[302] Danach ist die Aktiengesellschaft eine Körperschaft, die als juristische Person eine eigene Rechtspersönlichkeit besitzt, für deren Verbindlichkeiten den Gläubigern nur das Gesellschaftsvermögen haftet und deren gesetzlich vorgeschriebenes Grundkapital in Aktien zerlegt ist. An der Gründung einer AG müssen sich mindestens fünf natürliche Personen beteiligen (§ 2 AktG), die die Aktien übernehmen und sich zur Leistung der Einlagen verpflichten. Dabei muß das Grundkapital einen Mindestnennbetrag von 100.000 DM aufweisen und die Aktie einen Mindestnennbetrag von 5 DM (§§ 7,8 AktG).

297 Vgl. § 21 Abs. 1 GKZ.
298 Vgl. § 21 Abs. 2 GKZ.
299 Vgl. § 21 Abs. 3 GKZ.
300 Vgl. *Hoffmann-Becking, Michael* [Hrsg.] (1988), S. 1-8.
301 Aktiengesetz (AktG) vom 06.09.1965 (BGBl. I S. 1089) zuletzt geändert durch Gesetz vom 28. Oktober 1994 (BGBl. I S. 3210).
302 Vgl. *Hüffer, Uwe* (1995), S 1 ff.; *Raiser, Thomas* (1992), S. 30 ff.

Gesetzlich zwingend vorgeschriebene Organe der Aktiengesellschaft sind Vorstand[303], Aufsichtsrat[304] und Hauptversammlung[305]. Der Vorstand ist mit der Leitung der AG betraut und kann aus einer oder mehreren Personen bestehen (§ 76 AktG). Dabei vertritt er die AG nach außen hin uneingeschränkt (§§ 78 und 82 AktG). Die Geschäftsführung durch den Vorstand wird durch einen Aufsichtsrat überwacht (§ 111 AktG), der auch die Mitglieder des Vorstandes bestellt und abberuft (§ 84 AktG). Die Hauptversammlung repräsentiert die Aktionäre, durch sie üben sie ihre Rechte aus (§ 118 Abs. 1 AktG). Sie bestellt die Aufsichtsratsmitglieder (§§ 101 Abs. 1 S. 1, 119 Abs. 1 Nr. 1AktG), soweit diese nicht infolge Entsendungsrechte anderer Gruppen entsandt werden (§ 101 Abs. 2 AktG).

3.2 Gesellschaft mit beschränkter Haftung (GmbH)

Mit der Gesellschaft mit beschränkter Haftung (GmbH) steht den Kommunen eine weitere privatrechtliche Organisationsform mit langer Tradition zur Verfügung, der in der heutigen Praxis ebenfalls eine erhebliche Bedeutung beigemessen wird.[306] Als gesetzliche Grundlage dient das Gesetz betreffend die Gesellschaften mit beschränkter Haftung (GmbHG) aus dem Jahr 1892.[307]

Im Gegensatz zum AktG enthält das GmbHG zwar keine Legaldefinition der GmbH, dennoch gelten für sie gemäß den §§ 1,5 und 13 GmbHG diesselben Merkmale.[308] Danach ist auch die GmbH eine Handelsgesellschaft mit körperschaftlicher Organisation und eigener Rechtspersönlichkeit, die zu jedem zulässigen Zweck, d.h. aus wirtschaftlichen und ideellen Gründen durch eine oder mehrere Personen gegründet werden kann.[309] Die Haftung für Verbindlichkeiten der GmbH ist - in vom AktG abweichender Terminologie - auf das Stammkapital beschränkt, das hier mindestens 50.000 DM betragen muß und in Stammeinlagen (auch: Geschäftsanteile) zerlegt ist. Dabei muß die Stammeinlage jedes Gesellschafter mindestens 500 DM betragen.[310]

Zur Gründung einer GmbH bedarf es grundsätzlich eines Gesellschaftsvertrages, dessen Form und (Mindest-)Inhalt in den §§ 2 und 3 GmbHG geregelt sind. Vor dem Eintrag in das zuständige Handelsregister sind mindestens 25.000 DM auf das Stammkapital einzubezahlen und durch

303 Vgl. §§ 76-94 AktG.
304 Vgl. §§ 95-116 AktG.
305 Vgl. §§ 118-147 AktG.
306 Vgl. *Eisenhardt, Ulrich* (1996), S. 371 ff.
307 Gesetz betreffend die Gesellschaften mit beschränkter Haftung (GmbHG) vom 20.04.1892 (RGBl. S. 477) i.d.F. der Bekanntmachung vom 20. Mai 1898 (RGBl. S. 846) mit späteren Änderungen.
308 Vgl. *Raiser, Thomas* (1992), S.247 ff.; *Hueck, Götz* (1996), S. 7 ff.
309 Vgl. § 1 GmbHG.
310 Vgl. § 5 GmbHG.

Beschluß der Gesellschafter einen oder mehrere Geschäftsführer zu benennen.[311] Die Eintragung ins Handelsregister hat wie bei der AG konstituierende Wirkung[312] und ist durch Veröffentlichung bekanntzumachen.[313] Die GmbH hat - im Gegensatz zur AG - nur zwei gesetzlich zwingend vorgeschriebene Organe: Einen oder mehrere Geschäftsführer und die Gesellschafterversammlung. Die Satzung kann darüber hinaus weitere Organe vorsehen, insbesondere einen Aufsichtsrat oder andere Organe mit Kontroll- oder Leitungszuständigkeiten.[314] Die GmbH ist aber nicht nur auf unternehmerische bzw. wirtschaftliche Zusammenschlüsse beschränkt; sie steht vielmehr auch ideellen Zwecken zur Verfügung.[315]

Erwähnenswert ist in diesem Zusammenhang noch die Rechtsform der **GmbH & Co. KG**, die insbesondere in jüngerer Vergangenheit zum Teil erhebliche wirtschaftliche Bedeutung erlangt hat.[316] Besonders vorteilhaft ist die Beteiligung einer GmbH an einer Kommanditgesellschaft (KG), wenn die Gesellschafter der GmbH zugleich auch die der KG sind und eine allseitige Haftungsbeschränkung zum Ziel gesetzt wird, d.h. die persönliche Haftung der Gesellschafter gegenüber den Gläubigern der KG ausgeschlossen werden soll.

3.3 Gesellschaft bürgerlichen Rechts (GdbR)

Im Gegensatz zu den beiden zuvor behandelten handelsrechtlichen Kapitalgesellschaften, bei denen die Kapitalbeteiligung der Gesellschafter im Vordergrund steht, gilt die Gesellschaft des bürgerlichen Rechts (GdbR) - auch als BGB-Gesellschaft bezeichnet - als Grundform für alle Personengesellschaften, die grundsätzlich auf die personale Bindung der Anteilseigner abstellen. Eine ausführliche gesetzliche Regelung der BGB-Gesellschaft findet sich in den Vorschriften der §§ 705 ff. des Bürgerlichen Gesetzbuches (BGB).

Danach ist die BGB-Gesellschaft ein auf einem Vertrag beruhender Zusammenschluß mehrerer Personen (Gesellschafter) mit dem Ziel, in einer vertraglich bestimmten Art und Weise zur Erreichung eines gemeinsamen Zweckes beizutragen, insbesondere aber die vereinbarten Beiträge zu leisten.[317] Ist nichts anderes vereinbart, so haben die Gesellschafter die gleichen Beiträge zu leisten; der Beitrag kann auch in einer Dienstleistung bestehen.[318] Die in der Regel gesamt-

---

311 Vgl. §§ 6 und 7 GmbHG.
312 Vgl. § 11 GmbHG.
313 Vgl. § 10 GmbHG.
314 Vgl. § 52 GmbHG.
315 Vgl. *Daumke, Michael/ Keßler, Jürgen* (1990), S. 151.
316 Vgl. zum folgenden *Eisenhardt, Ulrich* (1996), S. 371.
317 Vgl. § 705 BGB.
318 Vgl. § 706 BGB.

schuldnerische Haftung der Gesellschafter kann allerdings durch Vereinbarung auf das Gesellschaftsvermögen beschränkt werden.[319] Aufgrund der Tatsache, daß die BGB-Gesellschaft für eine Vielzahl von Zwecken geeignet ist, erfreut sie sich in der Praxis im allgemeinen großer Beliebtheit.[320] Dabei kommt als sog. gemeinsamer Zweck jeder erlaubte Zweck in Betracht.[321] Neben rein erwerbswirtschaftlichen, d.h. auf bloße Gewinnerzielung ausgerichteten Zwecken werden BGB-Gesellschaften häufig auch aus rein ideellen Überlegungen bzw. Zwecken heraus gegründet, um damit bestimmte gesellschaftliche oder kulturelle Zwecke verfolgen zu können.[322]

Die Gesellschaftsgründung bedarf eines Vertragsabschlusses durch die Gesellschafter, ohne daß besondere dafür Formvorschriften bestehen. Wenn der Gesellschaftsvertrag keine andere Regelung vorsieht, steht die Geschäftsführung der BGB-Gesellschaft den Gesellschaftern nicht nur gemeinschaftlich zu, sie sind sogar dazu verpflichtet, d.h. für jedes Geschäft ist die Zustimmung aller Gesellschafter erforderlich.[323] Da die BGB-Gesellschaft keine eigene Rechtspersönlichkeit hat, d.h. keine juristische Person des Privatrechts ist, sind die Gesellschafter alleinige Träger aller auf die Gesellschaft bezogenen Rechte und Pflichten.[324] Dieser Zusammenschluß muß aber nicht auf Dauer angelegt sein. Als Mitglieder bzw. Gesellschafter kommen sowohl juristische als auch natürliche Personen in Frage. Das Gesellschaftsvermögen wird als Sondervermögen durch die Beiträge der Gesellschafter und die erworbenen Gegenstände wie Grundstücke, bewegliche Sachen etc. gebildet und ist vom Privatvermögen der Gesellschafter zu trennen.[325] Für Verbindlichkeiten haftet stets das Gesellschaftsvermögen.

3.4 Eingetragener Verein (e.V.)

Der Verein ist in den §§ 21 ff. i.V.m. den §§ 55 ff. des Bürgerlichen Gesetzbuches (BGB) gesetzlich geregelt. Als privatrechtliche Organisationsform im Sinne der §§ 21 ff. BGB spielen Vereine in Deutschland traditionell eine bedeutende Rolle.[326]

Dabei handelt es sich um eine auf Dauer angelegte Vereinigung von Personen, die der Erreichung eines selbstgesetzten gemeinsamen Zweckes dient - insofern ist der Verein der Gesellschaft ähnlich. Der wesentliche Unterschied zur Gesellschaft aber besteht im unterschiedlichen körper-

---

319 Vgl. *Klunzinger, Eugen* (1996), S. 34.
320 Vgl. *Riegger, Bodo/ Weipert, Lutz* [Hrsg.] (1995), S. 3 ff.; *Eisenhardt, Ulrich* (1994), S. 22 ff.
321 Vgl. *Eisenhardt, Ulrich* (1994), S. 25.
322 Vgl. *Eisenhardt, Ulrich* (1994), S. 26.
323 Vgl. § 709 BGB.
324 Vgl. *Kistenmacher, Hans* et al. (1994), S. 139.
325 Vgl. § 718 BGB.
326 Vgl. *Eisenhardt, Ulrich* (1994), S. 55 f.

schaftlichen Aufbau.[327] Bei Vereinen sind Mitgliederversammlung und Vorstand die gesetzlich zwingend vorgeschriebenen Organe des Vereins.[328] Durch entsprechende Ausgestaltung der Satzung, für die in Ermangelung entsprechender Vorschriften eine weitgehende Gestaltungsfreiheit besteht, können weitere Organe wie zum Beispiel ein Verwaltungsrat, ein Beirat etc. vorgesehen werden. Der Vorstand, der aus mehreren Personen bestehen kann, ist als gesetzlicher Vertreter zur Geschäftsführung und Vertretung des Vereins bestimmt. Allerdings kann durch die Satzung der Umfang der Vertretung beschränkt werden.[329] Die Mitgliederversammlung ist das oberste Aufsichts- und Kontrollorgan des Vereins und damit auch seines Vorstandes. [330]

Das BGB unterscheidet zum einen dabei den sog. nichtwirtschaftlichen Verein[331], dessen Zweck nicht auf einen wirtschaftlichen Geschäftsbetrieb gerichtet ist vom sog. wirtschaftlichen Verein[332], dessen Zweck gerade in der Ausrichtung auf einen wirtschaftlichen Geschäftsbetrieb besteht. Zum zweiten wird im Gesetz zwischen dem in das Vereinsregister eingetragenen Verein (Zusatz: e.V.) und dem nicht eingetragenen Verein unterschieden; beide unterscheiden sich hinsichtlich ihrer Zielsetzung, Funktion und Organisation überhaupt nicht. Der wesentliche Unterschied besteht aber in der rechtlichen Einordnung: Im Gegensatz zum nicht eingetragenen Verein ist der eingetragene Verein (e.V.) eine eigenständige juristische Person und damit rechtsfähig.[333]

3.5 Stiftung

Privatrechtliche Stiftungen finden ihre gesetzliche Regelung in den §§ 80 ff. des Bürgerlichen Gesetzbuches (BGB).[334] Aus zahlreichen Gründen erfreut sich die privatrechtliche Organisationsform der Stiftung insbesodere in neuerer Zeit zunehmender Beliebtheit.[335]

Damit eine rechtsfähige Stiftung als juristische Person des Privatrechts überhaupt enstehen kann, müssen zwei Voraussetzungen erfüllt sein:[336] Erstens muß ein privatrechtliches Stiftungsgeschäft vorhanden sein und zweitens eine landesrechtliche Genehmigung vorliegen. Das privatrechtliche Stiftungsgeschäft ist eine einseitige Willenserklärung des Stifters mit dem Ziel, die Stiftung zur

327 Vgl. *Eisenhardt, Ulrich* (1994), S. 56.
328 Vgl. §§ 26 und 32 BGB.
329 Vgl. §§ 26 ff. BGB.
330 Vgl. §§ 32 ff. BGB.
331 Vgl. § 21 BGB.
332 Vgl. § 22 BGB.
333 Vgl. *Eisenhardt, Ulrich* (1994), S. 56 f.
334 Bürgerliches Gesetzbuch (BGB) i.d.F. vom 18.08.1896 (RGBl. S. 195) mit späteren Änderungen.
335 Vgl.*Eisenhardt, Ulrich* (1996), S. 95 f.
336 Vgl. § 80 BGB.

Realisierung eines festgelegten Zweckes als selbständigen Rechtsträger entstehen zu lassen. Dabei gehört die Festsetzung des Stiftungszweckes zu den wesentlichen Inhalten des Stiftungsgeschäftes.[337] Während das Stiftungsgeschäft unter Lebenden der Schriftform bedarf und bis zur landesrechtlichen Genehmigung vom Stifter widerrufen werden kann,[338] wird bei einer Verfügung von Todes wegen die Stiftung als Erbe eingesetzt oder mit einem Vermächtnis bedacht.[339] In Anwendung des Vereinsrechts ist für die Stiftung zwingend ein Vorstand vorgeschrieben, der die Geschäfte führt und sie nach außen vertritt.[340] Des weiteren können neben dem Vorstand zusätzlich für gewisse Geschäfte besondere Vertreter bestellt werden, soweit dies in der Satzung vorgesehen ist.[341]

Einen synoptischen Überblick anhand ausgewählter Kriterien über die im Rahmen dieser Arbeit vorgestellten Organisationsformen geben die beiden folgenden Tabellen. Dabei sind in Tabelle 2 die öffentlich-rechtlichen Organisationsformen und in Tabelle 3 die privatrechtlichen Organisationsformen interkommunaler Zusammenarbeit zusammengefaßt.

---

337 Vgl. *Eisenhardt, Ulrich* (1994), S. 94.
338 Vgl. § 81 BGB.
339 Vgl. §83 BGB.
340 Vgl. § 86 i.V.m. § 26 BGB.
341 Vgl. § 86 i.V.m. § 30 BGB

Tabelle 2: Öffentlich-rechtliche Organisationsformen interkommunaler Zusammenarbeit

Kriterien	Öffentlich-rechtliche Organisationsformen		
	kommunale Arbeitsgemeinschaft	**öffentlich-rechtliche Vereinbarung**	**Zweckverband**
Rechtliche Grundlage	in Baden-Württemberg nicht explizit gesetzlich geregelt, aber dennoch möglich	§§ 25 ff. Gesetz über kommunale Zusammenarbeit (GKZ)	§§ 2 ff. Gesetz über kommunale Zusammenarbeit (GKZ)
Rechtspersönlichkeit	keine eigene Rechtspersönlichkeit	keine eigene Rechtspersönlichkeit	eigenständige juristische Person des öffentlichen Rechts
Inhalt/Art der getroffenen Vereinbarung	gemeinsame Beratung/ Koordination und Abstimmung der Planung, unverbindlich	Übernahme/Durchführung bestimmter Aufgaben, verbindlich	Zusammenschluß zur Erfüllung bestimmter Aufgaben, verbindlich
Gründung	Vertrag	schriftliche Vereinbarung, Genehmigung durch Aufsichtsbehörde	Verbandssatzung, Genehmigung durch Aufsichtsbehörde
Organe	keine besonderen Organe	keine besonderen Organe	Verbandsversammlung, Vorsitzender der Verbandsversammlung, Verbandsvorsteher
Geschäftsführung	vertraglich geregelt, ohne Direktionsbefugnis	vereinbarungsgemäß bei durchführender oder übernehmender Gebietskörperschaft	durch Verbandsvorsteher
Personal	Mitarbeiter der beteiligten Kommunen	vereinbarungsgemäß bei durchführender oder übernehmender Gebietskörperschaft	eigene oder Personal überlassung (gegen Entgelt) einer Mitgliedsgemeinde
kommunale Einflußnahme	gering, da fehlende Bindung	Gremien der durchführenden oder übernehmenden Gebietskörperschaft, nach Vereinbarung	ausschließlich über Verbandsversammlung
Haftung	einzelne Mitglieder	bei durchführender oder übernehmender Gebietskörperschaft	Zweckverband,
Beteiligung Privater	grundsätzlich zulässig	grundsätzlich zulässig	grundsätzlich zulässig
Finanzierung	nicht notwendig, da informell	Entschädigung des Auftragsnehmers durch die Auftragsgeber	Beiträge, Gebühren, Umlagen
Auflösung	Kündigung/ bei Zweckerfüllung	Kündigung/ nach Zeitablauf	Kündigung/ Beschluß der Mitgliederversammlung/ Vereinbarung

Quelle: Eigene Zusammenstellung in Anlehnung an *Schwarz-Jung, Silvia* (1993), S. 48 und *Rhein, Kay-Uwe* (1994), S. 726.

Tabelle 3: Privatrechtliche Organisationsformen interkommunaler Zusammenarbeit

	Privatrechtliche Organisationsformen				
	Stiftung	**GdbR**	**Eingetragener Verein e.V.**	**GmbH**	**AG**
Rechtliche Grundlage	§§ 80 ff. BGB	§§ 705 ff. BGB	§§ 21 ff. i.V.m. §§ 55 ff. BGB	GmbHG	AktG
Rechtspersönlichkeit	eigene jur. Person	keine eigene jur. Person	eigene jur. Person	eigene jur. Person	eigene jur. Person
Trägerschaft	Stifter	Gesellschafter	Vereinsmitglieder	Gesellschafter	Aktionäre
Gründung	Stiftungsgeschäft und landesrechtliche Genehmigung	Gesellschaftsvertrag, i.d.R. formlos	Satzungsbeschluß, Eintragung ins Vereinsregister	Gesellschafterbeschluß, Eintragung ins Handelsregister	Gesellschafterbeschluß, Eintragung ins Handelsregister
Mindestkapital	keines	keines	keines	50.000 DM	100.000 DM
Organe/ Gremien	Vorstand, Kuratorium (fakultativ)	Geschäftsführer	Vorstand, Mitgliederversammlung	Geschäftsführer, Aufsichtsrat (fakultativ), Gesellschafterversammlung	Vorstand, Aufsichtsrat (obligatorisch), Hauptversammlung
Geschäftsführung	Vorstand	Geschäftsführer	Vorstand	Geschäftsführer	Vorstand
Personal	eigenes	eigenes	eigenes	eigenes	eigenes
Haftung	Stiftungs-vermögen	Vollhaftung der Gesellschafter oder auf Gesellschaftskapital beschränkt	Vollhaftung der Mitglieder oder auf Vereinskapital beschränkt	Stammkapital	Grundkapital (Aktien)
Auflösung	gemäß Landesrecht und Stiftungsgeschäft	Beschluß der Mitglieder	Beschluß der Mitgliederversammlung, vertragliche Vereinbarung, Kündigung, gerichtliche Entscheidung	Beschluß der Gesellschafter, vertragliche Vereinbarung, Kündigung, Gerichtsurteil, Konkursverf.	Beschluß der Gesellschafter, vertragliche Vereinbarung, Kündigung, Gerichtsurteil, Konkursverf.

Quelle: Eigene Zusammenstellung in Anlehnung an *Schwarz-Jung, Silvia* (1993), S. 48 und *Rhein, Kay-Uwe* (1994), S. 727.

VI. Beurteilung der vorgestellten Organisationsformen

1. Vorbemerkungen

Grundsätzlich sind zwar alle zuvor in ihren wesentlichen Grundzügen vorgestellten öffentlich-rechtlichen und privatrechtlichen Rechts- bzw. Organisationsformen zur Institutionalisierung der interkommunalen Zusammenarbeit und damit zur gemeinschaftlichen Aufgabenerledigung im Rahmen der kommunalen Wirtschaftsförderung rechtlich zulässig.[342] Der Frage aber, ob sie in der Praxis auch tatsächlich geeignet sind, soll im folgenden nachgegangen werden. Anhand ausgewählter spezifischer Vor- und Nachteile werden die einzelnen Organisationsformen vor dem Hintergrund der interkommunalen Zusammenarbeit im Rahmen der kommunalen Wirtschaftsförderung kurz beleuchtet und abschließend beurteilt.

2. Öffentlich-rechtliche Organisationsformen

Die **kommunale Arbeitsgemeinschaft** zeichnet sich nicht nur durch ihren geringen Gründungsaufwand aus, der lediglich aus dem Abschluß eines öffentlich-rechtlichen Vertrages und der Information der Aufsichtsbehörde besteht.[343] Auch die Tatsache, daß keine neue, zusätzliche Rechtspersönlichkeit mit einer entsprechenden Organisation geschaffen wird und die Möglichkeit einer Beteiligung sonstiger öffentlich-rechtlicher Körperschaften sowie natürlicher und juristischer Personen des Privatrechts sprechen in der Praxis für sie. Nachteilig wirkt sich dagegen die Beschränkung der kommunalen Arbeitsgemeinschaft auf rein koordinierende und beratende Tätigkeiten aus, die im allgemeinen keine rechtlich verbindliche Beschlüsse der Beteiligten fassen kann. Auch die Tatsache, daß sich die kommunale Arbeitsgemeinschaft allenfalls für weniger wichtige kommunalpolitische Aufgaben eignet, stellt ihren Einsatz im Rahmen der kommunalen Wirtschaftsförderung in Frage. Das Fehlen jeglicher Kompetenzen und finanzieller Mittel zur Maßnahmendurchfürung läßt sie allenfalls im Rahmen der Ermittlung des tatsächlichen Kooperationsbedafes und später eventuell zur konkreten Projektvorbreitung zum Beispiel gemeinsamer Gewerbegebiete als geeignet erscheinen. In der Praxis findet die kommunale Arbeitsgemeinschaft dann auch eher im Rahmen der Abstimmung bzw. Koordination von Fachplanungen benachbarter Gemeinden wie zum Beispiel Flächennutzungsplänen oder Fahrplänen des regionalen ÖPNV ihre Anwendung.

---

342 Vgl. *Kistenmacher, Hans* et al. (1994), S. 143.

343 Vgl. zum folgenden *Krieger, Fritz* (1994), S. 13; *Kistenmacher, Hans* et al. (1994), S. 148.

Die **öffentlich-rechtliche Vereinbarung** kommt in der Praxis nur in Ausnahmefällen zur Institutionalisierung der Zusammenarbeit im Rahmen der kommunalen Wirtschaftsförderung in Frage.[344] Zwar ist sie aufgrund ihres öffentlich-rechtlichen Charakters grundsätzlich für alle gemeindehoheitlichen Aufgaben wie zum Beispiel die Ausweisung von Gewerbeflächen geeignet und die gegenüber dem Zweckverband wesentlich flexiblere Organisationsform; die Kooperation gestaltet sich aber in der Praxis aufgrund der einseitigen Aufgabenübernahme durch einen Beteiligten allein nicht unbedingt partnerschaftlich, sondern eher patenschaftlich. Somit läßt sich feststellen, daß die öffentlich-rechtliche Vereinbarung im Grunde nur für diejenigen Fälle zu Einsatz kommen sollte, in denen sich - zumindest was die Finanz- und Verwaltungskraft betrifft - äußerst ungleiche Partner gegenüberstehen. Zudem eignet sich die öffentlich-rechtliche Vereinbarung nur zur Erfüllung einzelner, einfacher und vorzugsweise technischer Verwaltungsaufgaben, denen keine allzu große kommunalpolitische Bedeutung anhaftet.[345] Auch die Tatsache, daß private Akteure nicht an der Vereinbarung direkt beteiligt und ihnen insofern auch keine Mitwirkungsrechte eingräumt werden können, dürfte in der Praxis für ein freiwilliges Engagement Privater im Rahmen der kommunalen Wirtschaftsförderung eher hinderlich als dienlich sein.[346]

Der **Zweckverband** spielt wie bereits mehrfach angedeutet traditionell in Deutschland eine große Rolle in der interkommunalen Zusammenarbeit auf vielen Gebieten kommunaler Aufgabenerfüllung und gilt als typische Organisationsform im Rahmen der kommunalen Wirtschaftsförderung.[347] Ein Vorteil dieser Form zur Institutionalisierung der interkommunalen Zusammenarbeit ist der damit verbundene relativ geringe Gründungsaufwand: Es bedarf lediglich einer positiven Ratsentscheidung, des Abschlusses eines öffentlich-rechtlichen Vertrages, der Genehmigung durch die Aufsichtsbehörde und der öffentlichen Bekanntmachung. Auch die Möglichkeit einer umfassenden Beteiligung der betroffenen Gebietskörperschaften sowie die Tatsache, daß auch natürliche und jusistische Personen des Privatrechts grundsätzlich dieser Kooperation beitreten können, sind vorteilhaft zu beurteilen. Der Zweckverband bietet sich insbesondere in solchen Fällen an, in denen es sich um eine eindeutig bestimmbare und gegenüber anderen Aufgaben klar abgrenzbare Verwaltungsaufgabe handelt, die auf ihn als leistungsstarken Träger übertragen wird. Die in Zusammenhang mit der Aufgabenerledigung anfallenden Aufwendungen können durch die Festsetzung einer an der Leistungsfähigkeit seiner Mitglieder orientierten Verbandumlage finanziert werden.[348]

---

344 Vgl. zum folgenden *Krieger, Fritz* (1994), S. 13; *Kistenmacher, Hans* et al. (1994), S. 147 f.
345 Vgl. *Hauser, Werner* (1987), S. 198.
346 Vgl. *Kistenmacher, Hans* et al. (1994), S. 155.
347 Vgl. *Krieger, Fritz* (1994), S. 13 f.; *Kistenmacher, Hans* et al. (1994), S. 144 ff.
348 Vgl. *Winkel, Rainer* (1992), S. 57 ff.; *Kistenmacher, Hans* et al. (1994), S. 145.

Die Steigerung der Transparenz behördlichen Handelns für die Beteiligten, die Erhöhung der Akzeptanz und Glaubwürdigkeit in der Öffentlichkeit durch die auch nach außen sichtbare Dokumentation der Kooperationsbereitschaft der Kommunen, die Vergrößerung des Vertrauens potentieller Investoren in den Verband durch die staatliche Aufsicht über die Gesetzmäßigkeit der Verwaltungsführung, die Wahrung der kommunalen Selbstverwaltung durch die demokratische Legitimation der Aufgabenerfüllung in der Verbandsversammlung sind weitere Vorteile des Zweckverbands, der angesichts des mit der Gründung und Auflösung verbundenen organisatorischen Aufwandes auch eine auf Dauer angelegte Einrichtung zur interkommualen Zusammenarbeit darstellt.[349]

Demgegenüber gelten als wesentliche Nachteile des Zweckverbands im allgemeinen die erschwerten Bedingungen, unter denen eine Beteiligung von Privaten und privaten Interessenverbänden gesetzlich überhaupt zulässig ist, die grundsätzlich nicht gegebene Möglichkeit einer Einrichtung von ständigen (Beratungs-)Gremien oder Beiräten in der Verbandsversammlung, die begrenzte Flexibilität infolge der gesetzlich eng begrenzten Aufgabenstellung des Verbands und der damit verbundene Verwaltungsaufwand sowie die Umständlichkeit bei der gesamten Wirtschaftsführung.[350] Der Zweckverband eignet sich in der Praxis insofern in besonderem Maße für die strategisch wichtige Aufgabe der Ausweisung von gewerblich nutzbaren Flächen im Rahmen der kommunalen Wirtschaftsförderung.[351]

3. Privatrechtliche Organisationsformen

Während sämtliche privatrechtliche Organisationsformen für ausschließlich gemeindehoheitliche Verwaltungsaufgaben im Rahmen der kommunalen Wirtschaftsförderung wie etwa die planungsrechtliche Ausweisung von Gewerbeflächen grundsätzlich nicht zur Verfügung stehen, können sie demgegenüber für alle Aufgaben im Rahmen der kommunalen Wirtschaftsförderung, die nicht hoheitlich sind, ohne weiteres als Organisationsform herangezogen werden.[352] Insofern erfährt das Recht der Kommunen, sich im Rahmen der ihnen durch die Verfassung gewährleisteten Organisationshoheit jeweils die zur Aufgabenerfüllung günstigste Organisationsform frei zu wählen (sog. Wahlfreiheit) eine weitere Einschränkung.[353]

---

349 Vgl. *Kistenmacher, Hans* et al. (1994), S. 145 f.

350 Vgl. *Asche, Michael/ Krieger, Fritz* (1990), S. 12; *Kistenmacher, Hans* et al. (1994), S. 146 f.

351 Vgl. *Kistenmacher, Hans* et al. (1994), S. 144.

352 Vgl. *Kistenmacher, Hans* et al. (1994), S. 156.

353 Vgl. *Kistenmacher, Hans* et al. (1994), S. 143.

Trotz der generellen Vorteile, die im allgemeinen mit einer privatrechtlichen Organisationsform in Verbindung gebracht werden, erweist sich die **Aktiengesellschaft** (AG) zur Institutionalisierung der interkommunalen Zusammenarbeit im Rahmen der kommunalen Wirtschaftsförderung in der Praxis aus meheren Gründen als ungeeignet und sollte insofern von vornherein aus der engeren Wahl ausgeschlossen werden:[354] Erstens kann bereits durch die gesetzlich vorgeschriebene Beschränkung der Kommunen bzw. Aktionäre auf die Funktion als Gesellschafter in der Hauptversammlung eine an sich kommunalverfassungsrechtlich gebotene Einflußnahme auf den mit der Geschäftsführung betrauten Vorstand, der gemäß § 76 AktG „unter eigener Verantwortung" tätig ist, nicht ausreichend abgesichert werden. Dies kann auch nicht durch entsprechende vertragliche oder satzungsrechtliche Bestimmungen gewährleistet werden, da das bundesgesetzliche Gesellschaftsrecht in Form des Aktiengesetzes grundsätzlich Vorrang vor den landesrechtlichen Bestimmungen des Kommunalrechtes genießt. Zweitens empfiehlt sich die Aktiengesellschaft für eine interkommunale Zusammenarbeit im Rahmen der kommunalen Wirtschaftsförderung schon deshalb nicht, weil die Inanspruchnahme des Kapitalmarktes und ein entsprechendes börsenfähiges Agieren in diesem Zusammenhang überhaupt nicht notwendig ist.[355] Auch der mit der Organisationsform der Aktiengesellschaft verbundene hohe Gründungsaufwand ist für eine Institutionalisierung interkommunaler Zusammenarbeit eher nachteilig zu beurteilen.

Mit der **Gesellschaft mit beschränkter Haftung** (GmbH) werden im allgemeinen vielfältige Vorteile verbunden.[356] Zunächst stellt die Möglichkeit der uneingeschränkten Beteiligung öffentlicher und privater Akteure aus der Region ein wesentlicher Vorteil der GmbH dar, dem insbesondere bei der interkommunalen Zusammenarbeit im Rahmen der kommunalen Wirtschaftsförderung eine erhebliche Bedeutung zukommt. Durch die Beteiligung von Banken und Sparkassen sowie Unternehmen und die auf Kontinuität angelegte Gesellschaftsform der GmbH können des weiteren finanzkräftige Lösungen zur Aufgabenerfüllung gefunden werden und zugleich eine breite Beteiligung verschiedener Interessengruppen ermöglicht werden. Wie bei der AG spielt auch hier die psychologische Wirkung der Aufgabendurchführung in Privatrechtsform eine große Rolle hinsichtlich der Akzeptanz und des Vertrauens von seiten der Unternehmen und Bürger. Aber im Gegensatz zur AG läßt sich die Einflußmöglichkeit bei einer GmbH durch die weitaus höhere Gestaltungsfreiheit hinsichtlich der Einrichtung zusätzlicher Gremien und Mitwirkungsrechten in hohem Grade absichern - nämlich durch eine starke, d.h. im Idealfall mehrheitlich aus Vertretern der beteiligten Kommunen zusammengesetzten Gesellschafterversammlung, zumindest im Falle einer öffentlich-privaten Kooperation. Ein weiterer Vorteil der GmbH liegt in der

---

354 Vgl. *Kistenmacher, Hans* et al. (1994), S. 149 f.
355 Vgl. *Kistenmacher, Hans* et al. (1994), S. 150 und S. 157.
356 Vgl. *Krieger, Fritz* (1994), S. 12 f.; *Kistenmacher, Hans* et al. (1994), S. 150 ff.

Loslösung von den häufig als zu eng empfundenen kommunalrechtlichen Bindungen, und zwar sowohl in finanzieller und personalwirtschaftlicher Hinsicht als auch hinsichtlich der damit verbundenen größeren Flexibilität und kürzeren Entscheidungsprozessen. Schließlich können auch fiskalische Aspekte bei der GmbH als Kapitalgesellschaft im Falle der Gewinnerzielung von Vorteil sein wie dies beispielsweise bei der Vermaktung von Gewerbeflächen vermutlich der Fall sein dürfte.[357]

Einwände gegen die GmbH als Organisationsform zur Institutionalisierung der interkommunalen Zusammenarbeit können sich zunächst hinsichtlich der Erfüllung öffentlicher Aufgaben wie der Wirtschaftsförderung durch die fehlende Rechtsaufsicht über ihre Geschäftstätigkeit, die nichtöffentlichen Entscheidungsprozesse ihrer Organe und die latente Gefahr des Verlustes von Kontroll- und Steuerungsmöglichkeiten ergeben.[358] Insbesondere der zuletzt genannte Einwand kann aber durch zwei Optionen relativiert werden: Zum einen durch die Entsendung weisungsgebundener Vertreter der Kommunen in die Gesellschafterversammlung und in den - zwar fakultativen, aber vorteilhaften - Aufsichtsrat. Zum anderen ist es möglich, durch eine entsprechende Regelung im Gesellschaftsvertrag die Verteilung der Kompetenzen zwischen den (kommunalen) Gesellschaftern und dem Geschäftsführer zu ändern und damit dem latenten Verlust der Kontroll- und Steuerungsmöglichkeiten wirksam entgegenzuwirken; die „Herren der GmbH" bleiben in jedem Fall die (kommunalen) Gesellschafter![359] Als Ergebnis läßt sich somit feststellen, daß sich die privatrechtliche Organisationsform der GmbH grundsätzlich zur interkommunalen Zusammenarbeit im Rahmen der kommunalen Wirtschaftsförderung für alle nichthoheitlichen Aufgabenbereiche eignet. Insbesondere bietet sich die GmbH-Lösung dort an, wo Projektmanagement zum Beispiel in Zusammenhang mit der Entwicklung großer Gewerbeflächen mit hohen Anforderungen hinsichtlich der Infrastruktur, finanzielle Beweglichkeit und eine auf Kontinuität angelegte Einrichtung gefragt sind.

---

357 Einem Schreiben des Bundesministeriums für Finanzen vom 4. Januar 1996 - IV B7 - S 2783 zufolge sind Wirtschaftsförderungsgesellschaften in der Rechtsform einer Kapitalgesellschaft gemäß § 1 Abs. 1 Nr. 1 KStG unter bestimmten Voraussetzungen von der Körperschaftssteuer, von der Gewerbesteuer und von der Vermögensteuer befreit. Eine wesentliche Voraussetzung ist, daß die Gesellschafter dieser Wirtschaftsförderungsgesellschaften überwiegend Gebietskörper-schaften (Bund, Länder, Kreise und Gemeinden, Landschaftsverbände) sein müssen, d.h. die Gebietskörperschaften sind unmittelbar zu mehr als 50 v.H. an der Gesellschaft beteiligt und besitzen die Mehrheit der Stimmrechte. Insoweit bleiben Beteiligungen sonstiger Körperschaften des öffentlichen Rechts wie beispielsweise Industrie- und Handelskammern oder Sparkassen unberücksichtigt, vgl. BStBl. I 1996 S. 54.

358 Vgl. *Kistenmacher, Hans* et al. (1994), S. 153.

359 Vgl. *Ruter, Rudolf X.* (1994), S. 808 f.

Die **Gesellschaft des bürgerlichen Rechts** (GdbR) stellt die Grundform aller Personengesellschaften dar. Der Vorteil der GbdR ist ihr gegenüber den anderen privatrechtlichen Organisationsformen geringer Gründungsaufwand.[360] Kennzeichnend für eine GbdR ist das Prinzip der Einstimmigkeit, d.h. jeder einzelne Gesellschafter ist vor einer Überstimmung durch einen Mehrheitsbeschluß geschützt; Minderheiten haben insofern einen starken Einfluß auf die Gesellschaft und ihr Geschäftsgebaren. Dieses Einstimmigkeitsprinzip hat aber den entscheidenden Nachteil, daß damit zumindest bei einer großen Anzahl von Gesellschaftern die Handlungsfähigkeit der Gesellschaft stark eingeschränkt werden kann.[361]

Der **eingetragene Verein** (e.V.) ist hinsichtlich seiner Eignung zur Institutionalisierung interkommunaler Zusammenarbeit im Rahmen der kommunalen Wirtschaftsförderung eher ambivalent zu beurteilen. Einerseits hat er gegenüber den anderen vorgestellten privatrechtlichen Organisationsformen den entscheidenden Vorteil, daß (potentiellen) Mitgliedern die Möglichkeit eingeräumt wird, dem Verein sehr leicht beizutreten und - bei Bedarf - aus dem Verein auch sehr leicht wieder austreten zu können. Insofern gewährleistet die privatrechtliche Organisationsform eines eingetragenen Vereins eine ausreichende Flexibilität hinsichtlich einer möglichst umfassenden Beteiligung aller wirtschaftsrelevanten Akteure. Andererseits hat ein Verein aufgrund seiner an sich positiv einzuschätzenden Flexibilität aber den Nachteil, daß nicht nur bei einer gravierenden Änderung der Rahmenbedingungen stets die latente Gefahr einer Instabilität der Kooperation heraufbeschwört wird.[362] Da das Vereinsrecht zudem keine Haftungsbeschränkung vorsieht, können die kommunalen Mitglieder eines eingetragenen Vereins auch nicht am Wirtschafts- und Erwerbsleben teilnehmen.[363] Insofern ist im Vorfeld einer Organisationsformwahl sorgfältig abzuwägen, ob die labile Vereinsform insbesondere bei der auf unbedingte Kontinuität angewiesenen Zusammenarbeit im Rahmen einer planmäßigen, mittel- und langfristig angelegten kommunalen Wirtschaftsförderung wie dies zum Beispiel im Rahmen der Neuansiedlungsförderung, der Bestandspflege und des Standortmarketings der Fall sein sollte.

Schließlich werden auch mit der Errichtung einer privatrechtlichen **Stiftung** im allgemeinen mehrere Vorteile verbunden:[364] Zum einen die Haftungsbeschränkung - als juristische Person hat sie ein eigenes, nur beschränkt haftendes Vermögen - sowie die grundsätzliche Möglichkeit, Trägerin eines oder mehrerer Unternehmen gleichzeitig sein zu können. Zum anderen wird auch die Flexibilität bei der Gestaltung der Gremien als Vorteil interpretiert. Als entscheidender

---

360 Vgl. *Hauser, Werner* (1987), S.. 196.
361 Vgl. *Hauser, Werner* (1987), S. 200.
362 Vgl. *Kistenmacher, Hans* et al. (1994), S. 157 f.
363 Vgl. *Kistenmacher, Hans* et al. (1994), S. 154.
364 Vgl. *Eisenhardt, Ulrich* (1996), S. 96.

Nachteil der Stiftung gilt demgegenüber die Tatsache, daß neben der ohnehin obligatorischen landesrechtlichen Genehmigung bereits der Stiftungsakt des Stifters detaillierte Angaben hinsichtlich der Vermögenszuwendung, der Zweckbestimmung und der Vermögensverwendung umfassen muß, so daß eine nachträgliche Änderung der Aufgabenstellung nicht ohne weiteres möglich ist, d.h. die an sich notwendige Flexibilität hinsichtlich der Anpassung an veränderte Aufgabenstellungen und -schwerpunkten im Rahmen der kommunalen Wirtschaftsförderung fehlt.[365] Hinzu kommt erschwerend die Tatsache, daß das gesamte Stiftungsvermögen vom Stifter bzw. den Stiftern rechtlich für immer weggegeben, d.h. an die Stiftung abgetreten werden muß. Diese starke finanzielle und rechtliche „Verselbständigung" der Stiftung kann in der Praxis dazu führen, daß wirtschaftspolitisch relevante Akteure einer Region, die als Stifter im Rahmen der lokalen Wirtschaftsförderung - neben den Kommunen - in Frage kommen, einen nur symolischen Betrag stiften.[366] Auch für den Fall, daß sich einer von mehreren Stiftern aus der Stiftung zurückziehen möchte, kennt das Stiftungsrecht keine Regelung. Da die gestifteten finanziellen Mittel bei einem „Austritt" nicht zurückerstattet werden können, kommt allenfalls ein Rückzug aus den Stiftungsorganen in Frage. Deshalb wird die Stiftung auch zur Institutionalisierung interkommunaler Zusammenarbeit nur für solche Kooperationsprojekte empfohlen, die von geringer kommunalpolitischer Bedeutung sind und deren Zwecke mit einem einmal eingebrachten Kapital erfüllt werden können.[367]

365 Vgl. *Kistenmacher, Hans* et al. (1994), S. 157.

366 Ein Beispiel für diese Vermutung ist die Stiftung „Technologiezentrum Freiburg", an der neben der Stadt Freiburg im Breigau mit einem Betrag in Höhe von 1,5 Mio. DM auch die Industrie- und Handelskammer Südlicher Oberrhein, die Handwerkskammer Freiburg und der Wirtschaftsverband industrieller Unternehmen Baden e.V. mit jeweils nur 1.000 DM (!) als Stifter beteiligt sind.

367 Vgl. *Hauser, Werner* (1987), S. 210 f.

D. Regionalisierung und interkommunale Zusammenarbeit in der kommunalen Wirtschaftsförderung

I. Begriffsklärung: Region und Regionalisierung

Mit dem Begriff der Region ist in den letzten Jahren insbesondere im Rahmen der politik- und wirtschaftswissenschaftlichen Diskussionen um ein „Europa der Regionen" und dem zunehmenden „Wettbewerb der Regionen" ein starkes Interesse in Theorie und Praxis gleichermaßen verbunden gewesen.[368] Mittlerweile finden sich in der Literatur eine schier unüberschaubare Zahl von Versuchen, den Begriff „Region" inhaltlich näher zu umschreiben, auf die an dieser Stelle aber nicht näher eingegangen werden kann. Je nach dem Kontext, in dessen Zusammenhang der Regionsbegriff verwendet wird, sind für den einzelnen damit die unterschiedlichsten Assoziationen etwa was die Größe, die Kriterien zur Abgrenzung oder die von einer Region wahrgenommen Funktionen betrifft, verbunden.[369] So ist der Begriff „Region" heute mehr denn je ein konturenloser, diffuser Begriff von schillernder Vielfältigkeit und Vielschichtigkeit.[370]

Etymologisch betrachtet stammt das Wort „Region" aus dem 15. Jahrhundert und leitet sich aus dem lateinischen „regio" ab, was soviel wie Gegend, Bereich oder Gebiet bedeutet.[371] Als „Region" kann zunächst allgemein formuliert ein zusammenhängender Teilraum mittlerer Größe in einem Gesamtraum bezeichnet werden, der durch bestimmte Merkmale gekennzeichnet ist.[372] Die darin zum Ausdruck kommende Komplexität des Regionbegriffes relativiert sich jedoch bei näherer Betrachtung wieder:[373] Zum einen ist die *mittlere Größenordnung* einer Region unbestimmt. Im föderativen Staatsaufbau der Bundesrepublik Deutschland existieren - etwa im Gegensatz zu Frankreich - keine institutionellen bzw. politisch-adminitrativen Regionen als mittlere Hierarchieebene. Insofern werden im allgemeinen Sprachgebrauch Vorgänge oder Gegebenheiten, die mehr als nur den lokalen Zusammenhang betreffen, aber dennoch unterhalb der staatlichen Ebene angesiedelt sind, gewöhnlich mit dem Begriff „Region" bzw. dem Attribut „regional" versehen.[374] Bezogen auf die administrative Gliederung in der Bundesrepublik Deutschland bedeutet dies also konkret, daß als Region nur die Ebene zwischen „Kreis" einerseits und „Land" andererseits verstanden werden kann. Dabei muß allerdings einschränkend darauf hingewiesen werden, daß als Kreis in diesem Sinne nur der Landkreis verstanden werden

---

368 Vgl. zum Beispiel *Knemeyer, Franz-Ludwig* (1994); *Mäding, Heinrich* (1992), S. 205 ff.
369 Vgl. *Reich, Silvia* (1995), S. 23.
370 Vgl. *Mecking, Christoph* (1995), S. 54.
371 Vgl. *Kluge, Friedrich* (1995), S.675.
372 Vgl. *Lange, Klaus* (1970), S. 2706; *Sinz, Manfred* (1995), S. 805.
373 Vgl. *Speiser, Béatrice* (1993), S. 192.
374 Vgl. *Sinz, Manfred* (1995), S. 805.

kann, da die kreisfreien Städte[375] einen eindeutig lokalen Bezug aufweisen.[376] Zum anderen ist das angewendete *Definitionskriterium einer Region* (Merkmal) vom jeweiligen Untersuchungsziel abhängig. So geht es beispielsweise in der politikwissenschaftlichen Diskussion darum, den gemeinsamen Baustein eines demokratischen Europas, d.h. eine politische Region zu identifizieren.[377] In der wirtschaftswissenschaftlichen Diskussion steht dagegen die wirtschaftliche Region bzw. die Wirtschaftsregion im Vordergrund der Betrachtung.

Auch der Begriff „Regionalisierung" ist bislang nicht abschließend definiert worden.[378] Zunächst können jedoch zwei traditionelle wissenschaftliche Begriffsinterpretationen von Regionalisierung in der gegenwärtigen Diskussion unterschieden werden: Zum einen im Sinne einer *Regionalisierung von (Fach-)Politiken*, d.h. als Einbeziehung des Raumes in politisches Gestalten und in eine - ihr vorausgehende - wissenschaftliche Analyse und Diagnose. Zum anderen als ein eher technisches *Verfahren zur problemadäquaten Strukturierung des Gesamtraumes*. Im Rahmen der Regionalpolitik kommen nach Lauschmann (1970) zur Abgrenzung bzw. Bildung von Regionen grundsätzlich drei Prinzipien in Frage:[379] Danach lassen sich Regionen erstens nach dem Homogenitätsprinzip (sog. Ähnlichkeitsprinzip), zweitens nach dem Funktionalprinzip (sog. Verflochtenheitsprinzip) und schließlich drittens nach (fach-)politischen Programmen und Maßnahmen abgegrenzen. Während Regionen, die nach den ersten beiden Prinzipien gebildet bzw. typisiert werden, eher *deskriptiven* (wissenschaftlichen) Charakter haben, weisen die nach dem dritten Prinzip gebildeten bzw. typisierten einen eher *normativen* (planerisch-administrativen bzw. politischen) Charakter auf.[380]

In den letzten Jahren haben aber zwei neue Definitionen von „Regionalisierung" immer mehr an Bedeutung gewonnen: Zum einen wird in der heutigen politischen Diskussion die *Aufspaltung einer (Fach-)Politik zwischen dem Gesamtstaat und seinen einzelnen Teilräumen* darunter verstanden; zum anderen auf kommunaler Ebene im allgemeinen die *übergemeindliche bzw. interkommunale Organisation kommunaler Aufgabenerfüllung*.[381] Das in der vorliegenden Arbeit zugrunde gelegte Begriffsverständnis stützt sich auf die zuletzt genannte Definition: Unter „Regionalisierung" wird im weiteren Verlauf der vorliegenden Untersuchung ausschließlich die übergemeindliche bzw. **interkommunale Zusammenarbeit im Rahmen der kommunalen Wirtschaftsförderung und deren Organisation** verstanden.

---

375 In Baden-Württemberg als „Stadtkreise" bezeichnet.
376 Vgl. *Mecking, Christoph* (1995), S. 65.
377 Vgl. *Bauer, Ursula* (1994), S. 8 f.
378 Vgl. zum folgenden *Back, Hans-Jürgen* (1995), S. 821.
379 Vgl. *Lauschmann, Elisabeth* (1970), S. 18 f.; ähnlich auch *Sinz, Manfred* (1995), S. 806 f.
380 Vgl. *Sinz, Manfred* (1995), S. 807.
381 Vgl. *Back, Hans-Jürgen* (1995), S. 822. Er erwähnt diese beiden neueren Interpretationen eher beiläufig und nur „der Vollständigkeit halber" am Rande.

Zum Wesen der Regionalisierung im Rahmen der kommunalen Wirtschaftsförderung bemerkt Heuer (1985) zu Recht, daß es im Grunde nicht um eine vollständige Abtretung bestimmter Zuständigkeiten an eine übergeordnete Instanz geht (sog. Hochzonung), sondern vielmehr ausschließlich um die gegenseitige, vertraglich abgesicherte Einräumung von Mitsprache- und Beteiligungsrechten, um einen kontinuierlichen Informations- und Erfahrungsaustausch und letztlich um die Suche nach gemeinsamen Problemlösungen.[382] Erfolgreiche interkommunale Zusammenarbeit im Rahmen der kommunalen Wirtschaftsförderung kann insofern maßgeblich zu erfolgreichen Teillösungen eines komplexeren Problems führen.

II. Interkommunale Konkurrenz und Zusammenarbeit

1. Ausgangssituation: Wettbewerb der Standorte

Wie an anderer Stelle bereits ausgeführt wurde, erstreckt sich interkommunale Zusammenarbeit heute nahezu über das gesamte Spektrum des kommunalen Aufgabenkatalogs. Insbesondere im Rahmen der gemeinschaftlichen Vorhaltung materieller Infrastrukturleistungen zum Beispiel in Form von Krankenhäusern, Rettungsdiensten oder bei der gesamten Ver- und Entsorgung ist interkommunale Zusammenarbeit eine seit langem geübte und moderne Verwaltungspraxis. Nicht so im Rahmen der kommunalen Wirtschaftsförderung: Gerade dieser kommunalpolitisch äußerst „sensible“ Bereich zeichnet sich seit jeher durch ein ausgeprägtes Konkurrenzdenken der Städte und Gemeinden untereinander aus (sog. horizontale Konkurrenz), das mit den beiden schillernden und oft zitierten politischen Schlagworten „Bürgermeister-Wettbewerb“ und „Kirchturmpolitik“ wohl am treffensten umschrieben werden kann. Aber auch zwischen den kreisangehörigen Gemeinden und Städten auf der einen und den übergeordneten Landkreisen auf der anderen Seite ist nicht selten ein Konkurrenzdenken anzutreffen (sog. vertikale Konkurrenz). Zur allgemeinen Situation hinsichtlich der Kooperationsbereitschaft und des Konkurrenzdenkens der Kommunen im Rahmen der Wirtschaftsförderung stellte Heuer (1985) kurz und prägnant fest: „Über interkommunale Kooperation wird viel diskutiert, sie wird aber selten praktiziert. Dabei spielen interkommunale Rivalitäten eine größere Rolle als echte sachliche Hindernisse.“[383]

Wie man den Ausführungen zur historischen Entwicklung der kommunalen Wirtschaftsförderung entnehmen konnte, waren bereits die mittelalterlichen Stadtwirtschaften darauf bedacht, Handwerker und Kaufleute anzusiedeln. Die damaligen Stadtherren versuchten bereits zu jener Zeit, mit vielen Versprechungen Gewerbetreibende quasi „in ihren Bann“ zu ziehen und boten ihnen

---

382 Vgl. *Heuer, Hans* (1985), S. 171.
383 Vgl. *Heuer, Hans* (1985), S. 169.

namhafte Vorteile bis hin zur Gewährung weitgehender Freiheiten.[384] Aber auch in den Gründerjahren während der zweiten Hälfte des letzten Jahrhunderts haben deutsche Städte und Gemeinden um die Neuansiedlung von bedeutenden Industrieunternehmen geradezu gerungen wie das Beispiel der erfolgreichen und unter strategischen Gesichtspunkten richtungsweisenden Ansiedlung der Badischen Anilin- und Sodafabrik (BASF) in Ludwigshafen am Rhein im Jahr 1865 zeigt.[385] Damals konnten die Ludwigshafener Stadtherren durch die Konzessionsvergabe an die BASF im jahrelang andauernden Konkurrenzkampf mit der benachbarten Stadt Mannheim einen bedeutenden Industriebetrieb heranziehen, der in den Folgejahren weitere Ansiedlungen nach sich zog und damit wesentlich zur Diversifizierung der bis dahin allein auf den Handel ausgerichteten Wirtschaftsstruktur Ludwigshafens beigetragen hat.

Dieser allgemeine Wettbewerb um die Ansiedlung bzw. Heranziehung von potenten Industrie- und Gewerbebetrieben in Deutschland erfuhr nach dem Ersten Weltkrieg eine neue Dimension, mußte doch gerade jetzt die vielerorts zerstörten und demontierten Fabrikanlagen wieder neu aufgebaut werden. Seinerzeit kommentierte Weber (1925) die agressive Haltung der Kommunen im Rahmen ihrer Industrieansiedlungspolitik kritisch und treffend: „Bei den Bestrebungen mancher Gemeinden, um jeden Preis Industrie heranzuziehen, kann man sich des Gefühles nicht erwehren, daß zuweilen übertriebener Lokalpatriotismus oder, was noch schlimmer ist, übereilte Projektemacherei die Triebfeder bilden."[386] Eine Feststellung, die sich vermutlich auch auf die heutige Zeit ohne weiteres übertragen läßt, wenn man den Reportagen über die Ansiedlungspraktiken deutscher Kommunen Glauben schenkt.[387] Aber auch durch verschiedene kommunalwissenschaftliche Untersuchungen auf empirischer Basis, allen voran des Deutschen Instituts für Urbanistik (Difu), wird bestätigt, daß sich die Situation auf dem kommunalen Standortmarkt seit damals nicht wesentlich verändert hat; vielmehr ist spätestens seit Mitte der 70er Jahre eine deutliche Verschärfung der interkommunalen Konkurrenz zu registrieren.

2. Ursachen der Verschärfung interkommunaler Konkurrenz

Die Ursachen für die Verschärfung des interkommunalen Wettbewerbs liegen hauptsächlich in der Veränderung der allgemeinen kommunalpolitischen Rahmenbedingungen. Für die Kommunen haben sich seit den frühen 70er Jahren die Rahmenbedingungen grundlegend verändert: Noch in den 50er und 60er Jahren war kommunale Wirtschaftsförderung eine vergleichsweise problemlo-

---

384 Vgl. *Wilden, Josef* (1923), S. 126.

385 Vgl. *Herbel, Alfred* (1959), S. 216.

386 *Weber, M.* (1925), S. 294.

387 Vgl. zum Beispiel den Report über Industrieansiedlungen in Westdeutschland in: Der SPIEGEL (1972), Hart am Rande der Legalität, Nr. 10 (1972), S. 44-52.

se, d.h. durchaus erfolgversprechende Aufgabe, die sich angesichts einer nahezu im Vollbeschäftigtigungszustand befindlichen deutschen Volkswirtschaft und eines ausreichend hohen Neuansiedlungspotentials in der Regel in der Neuansiedlung möglichst leistungsfähiger Unternehmen im eigenen Gemeindegebiet erschöpfte. Im Laufe der 70er Jahre aber stieg die Arbeitslosigkeit stark an und das industrielle Neuansiedlungspotential war stark rückläufig. So standen zu jener Zeit einer durchschnittlichen Zahl von ca. 500 an- bzw. umsiedlungswilligen Industriebetrieben jährlich etwa 8.500 mitunter sehr stark interessierte Kommunen in der Bundesrepublik Deutschland gegenüber.[388]

Die Verschärfung der interkommunalen Konkurrenz hatte aber auch spezifische Ursachen.[389] Zusätzliches Konfliktpotential entstand einerseits innerhalb von verdichteten Gebieten infolge der Abwanderung von Arbeitskräften bzw. Einwohnern und der intraregionalen Verlagerung von Betrieben aus den Kernstädten ins benachbarte Umland sowie andererseits zwischen Verdichtungsgebieten und peripheren, meist schwach strukturierten Räumen, wo sich das Attraktivitätsgefälle zugunsten der verdichteten Gebiete verstärkte. Zudem war und ist der interkommunale Wettbewerb um Arbeitsplätze und Steuereinnahmen dadurch gekennzeichnet, daß es sich bei dem Markt für Neuansiedlungen um einen typischen „Käufermarkt“ handelt, auf dem die wenigen umworbenen Betriebe den vielen werbenden Kommunen die Konditionen diktieren können.

Auch heute - selbst in einer Phase der Hochkonjunktur wie etwa in den Jahren 1988 bis 1992 - ist das interregionale industrielle Neuansiedlungspotetial ausweislich einer empirischen Untersuchung[390] als äußerst gering einzustufen. Erschwerend kommt hinzu, daß sich die Zahl der konkurrierenden Gemeinden im Zuge der Deutschen Vereinigung auf mittlerweile 14.626 erhöht hat. Die bislang vielfältigen Akquisitionsbemühungen einzelner Kommunen im Rahmen der Wirtschaftsförderung bzw. des Standortmarketings sind insofern wohl als wenig aussichtsreich einzustufen.[391]

3. Notwendigkeit der interkommunalen Zusammenarbeit

Obwohl die Kommunen seit jeher mehr oder weniger stark um die Ansiedlung wirtschaftlich potenter Unternehmen konkurrieren und angesichts der ohnehin immer geringer werdenden

388 Vgl. *Wrobel, Bernd* (1978), S. 270.

389 Vgl. zum folgenden *Heuer, Hans* (1977), S. 548 ff.

390 *Piper, Markus* (1994), Das interregionale Standortwahlverhalten der Industrie in Deutschland. Konsequenzen für das kommunale Standortmarketing, Göttingen.

391 Vgl. *Piper, Markus* (1994), S. 229.

Erfolgsaussichten einer einseitig auf die Ansiedlungsförderung ausgerichteten Wirtschaftsförderungsstrategie spätestens seit Mitte der 80er Jahre auch die Bestandspflege stärker in den Vordergrund ihrer Bemühungen rückten, werden in Zukunft trotzdem weite Bereiche der kommunalen Wirtschaftsförderung nicht mehr allein auf der Ebene einzelner Städte, Gemeinden und Kreise betrieben werden können. Es besteht also heute vielmehr noch als früher die Notwendigkeit regionaler Kooperation im Rahmen der kommunalen Wirtschaftsförderung. In Zukunft wird daher im Rahmen der kommunalen Wirtschaftsförderung, wenn sie erfolgreich und effektiv betrieben werden soll, die interkommunale Zusammenarbeit in Form von regionalen Kooperationen, Netzwerken und strategischen Allianzen zwischen öffentlichen und/oder privaten Akteuren zunehmend an Bedeutung gewinnen.[392]

Angesichts dieser allgemeinen Entwicklungstendenzen legte der Deutsche Städtetag (DST) bereits Mitte der 70er Jahre eine vielbeachete Stellungnahme[393] zur künftigen Rolle der Kommunen in der Wirtschaftspolitik vor und formulierte darin erstmals eigene Grundsätze der kommunalen Wirtschaftsförderung. Darin werden Koordination und Kooperation auf interkommunaler bzw. regionaler Ebene insbesondere bei der Planung der Wirtschaftsstruktur oder im Einzelfall als nützlich und stets erstrebenswert eingestuft.[394] Nur ein Jahr später plädierte auch Heuer (1977) angesichts der sich zuspitzenden Lage auf dem kommunalen Standortmarkt ausdrücklich dafür, die kommunale Wirtschaftsförderung stärker als regionale Aufgabe im Sinne einer gemeinsamen Wirtschaftspolitik zu betrachten. Insbesondere im problembehafteten weil verflechtungsintensiven Stadt-Umland-Bereich sind seiner Meinung nach neue Kooperationsformen zur Verbesserung der Koordinierung kommunaler Wirtschaftsförderungsmaßnahmen zu entwickeln.[395] In Anbetracht seiner empirischen Untersuchungsergebnisse war es wiederum Heuer (1985), der als einer der ersten nachdrücklich zur Regionalisierung lokaler Strategien in der kommunalen Wirtschaftsförderung aufgerufen hatte:[396] „Anstatt sich Konkurrenz zu machen mit jeweils eigenen lokalen Aktivitäten, sollten die zu einem Wirtschaftsraum gehörenden Kommunen gemeinsame gewerbepolitische Konzepte und Strategien entwickeln und die zur Realisierung erforderlichen Ressourcen bereitstellen."

Auch der Deutsche Städte- und Gemeindebund (DStGB) hatte sich Anfang der 90er Jahre in seinem Positionspapier[397] zur Neuorientierung ausdrücklich für eine Regionalisierung in der

---

392 Vgl. für viele *Imhoff-Daniel, Angela* (1994), S. 31; *Hollbach-Grömig, Beate* (1996), S. 119 f.

393 Vgl. o.V. (1976), Die Städte in der Wirtschaftspolitik. Grundsätze kommunaler Wirtschaftsförderung, S. 195.

394 Vgl. o.V. (1976), Die Städte in der Wirtschaftspolitik. Grundsätze kommunaler Wirtschaftsförderung, S. 198.

395 Vgl. *Heuer, Hans* (1977), S. 551.

396 *Heuer, Hans* (1985), Instrumente lokaler Gewerbepolitik. Ergebnisse empirischer Erhebungen, Stuttgart, S. 169 f.

397 Vgl. o.V. (1993), Neue Wege in der kommunalen Wirtschaftspolitik. Anregungen des Wirtschaftsausschusses des DStGB, S. 3 ff.

kommunalen Wirtschaftsförderung ausgesprochen:[398] „Spürbare Impulse zur Reginonalentwicklung können insbesondere von kreisgrenzenüberschreitenden Kooperationen innerhalb bestehender Verwaltungsregionen wie zum Beispiel denen der Kammern oder Regierungsbezirke unter gemeinsamer Einrichtung von Regionalbüros, regionalen Konferenzen oder auch Entwicklungsagenturen erwartet werden."

Obwohl also über die Notwendigkeit zur Regionalisierung bzw. interkommunalen Zusammenarbeit im Rahmen der Wirtschaftsförderung sowohl in der kommunalwissenschaftlichen Literatur als auch in den kommunalen Spitzenverbänden seit rund 20 Jahren grundsätzlich Einigkeit besteht, hat sich in der kommunalen Praxis dagegen jahrelang ein davon abweichendes Bild geboten. Im folgenden soll dies anhand ausgewälter empirischer Untersuchungen des Deutschen Instituts für Urbanistik (Difu) kurz veranschaulicht werden.

4. Ergebnisse empirischer Untersuchungen

4.1 Ergebnisse bei Wrobel (1978)

Als einer der erstern überhaupt bezog Wrobel (1978) einige grundlegende Fragen zur interkommunalen bzw. regionalen Zusammenarbeit im Rahmen der kommunalen Wirtschaftsförderung in den alten Bundesländern in seine umfassende und breit angelegte empirische Untersuchung[399] mit ein. Seiner Meinung nach sprechen im wesentlichen zwei Gründe für eine verstärkte interkommunale Zusammenarbeit: Zum ersten die Tatsache, daß im allgemeinen die bestehenden Verwaltungs- und Wirtschaftsregionen nicht kongruent sind und insofern das traditionelle Stadt-Umland-Problem an Aktualität und Schärfe zugenommen hat. Zum zweiten die häufig unterschiedlichen politischen Zielvorstellungen bzw. -vorgaben von Stadtverwaltung und -rat auf der einen und der Raumordnungs- und Wirtschaftspolitik von Bund und Ländern auf der anderen Seite. Daher sieht er insbesondere in der freiwilligen interkommunalen bzw. regionalen Zusammenarbeit eine Möglichkeit, wie einer Hochzonung[400] der kommunalen Wirtschaftsförderung als eigenständige kommunale Aufgabe wirksam entgegengewirkt werden kann.[401]

---

398 Vgl. o.V. (1993), 10 Thesen zur Neuorientierung der kommunalen Wirtschafts- und Strukturpolitik in der Region, S. 7 f. (7); Hervorhebungen im Original.

399 *Wrobel, Bernd* (1979), Organisation und Aufgaben kommunaler Wirtschaftsförderungsdienststellen und -gesellschaften. Ergebnisse zweier Umfragen, Berlin.

400 Unter „Hochzonung" wird in diesem Zusammenhang die Verlagerung der Kompetenz zur Wirtschaftsförderung von der kommunalen auf eineübergeordneten (regionale) Ebene verstanden.

401 Vgl. *Wrobel, Bernd* (1979), S. 102.

Insgesamt zeigen die Untersuchungsergebnisse von Wrobel, daß das Feld möglicher Kooperationsformen und -träger in der kommunalen Praxis weit gespannt ist. Inhaltlich reichte es vom losen, eher sporadischen Austausch von Informationen bis hin zur vertraglich geregelten Kooperation, institutionell von öffentlich-rechtlichen Organisationsformen wie etwa der kommunalen Arbeitsgemeinschaft bis hin zu privatrechtlich organisierten Wirtschaftsförderungsgesellschaften.[402] Rund ein Drittel (40 Städte) der 118 untersuchten Städte verneinte zum Untersuchungszeitpunkt eine Zusammenarbeit mit anderen Kommunen. Von den übrigen zwei Dritteln (78 Städte) wurde dagegen eine interkommunale Zusammenarbeit angezeigt. Des weiteren stellte sich heraus, daß die Tendenz zur Kooperation insbesondere in den Großstädten eher gegeben war; unter ihnen zeigten dabei aber insbesondere Städte mit 200.000 bis 500.000 Einwohnern die geringste Kooperationsbereitschaft.[403] Hinsichtlich der konkreten Kooperationsform dominierte der lose Informationsaustausch eindeutig (51 Städte), gefolgt von fest eingerichteten Arbeitskreisen bzw. Arbeitsgemeinschaften (38 Städte), Umlandverbänden (20 Städte) und regionalen Wirtschaftsförderungsgesellschaften (14 Städte).[404]

4.2 Ergebnisse bei Heuer (1985)

Im Rahmen der ebenfalls breit angelegten Untersuchung[405] von Heuer (1985) in den alten Bundesländern wurden im Jahr 1980 insgesamt 120 Städte mit mehr als 10.000 Einwohnern unter anderem danach befragt, wie sie im Rahmen der kommunalen Wirtschaftsförderung die beiden entgegengesetzten - hier: kommunalpolitischen - Verhaltensweisen „Konkurrenz" als externer Engpaßfaktor auf der einen und „Kooperation" als internes Defizit auf der anderen Seite einschätzen.[406] Die Anworten der untersuchten Städte waren zwar ernüchternd aber durchaus nicht überraschend. Angesichts des seit Jahren anhaltenden, stark rückläufigen Ansiedlungspotentials in Deutschland sind gezielte Abwerbungen von Industie- und Gewerbebetrieben in der kommunalen Praxis kein seltenes Phänomen, weshalb Heuer in diesem Zusammenhang auch von einer weitverbreiteten „Strategie" in der Ansiedlungspolitik der Kommunen spricht.[407] Der Phantasie von Städten und Gemeinden sind dabei in der Praxis oft keine Grenzen gesetzt. Zum Teil mit Haken und Ösen versucht, Betriebe und Unternehmen an den eigenen Standort anzulocken - oft auch unter Einsatz von Maßnahmen und Angeboten, die hart am Rande der Legalität

402 Vgl. *Wrobel, Bernd* (1979), S. 102.
403 Vgl. *Wrobel, Bernd* (1979), S. 102 f.
404 Vgl. *Wrobel, Bernd* (1979), S. 104.
405 *Heuer, Hans* (1985), Instrumente kommunaler Gewerbepolitik. Ergebnisse empirischer Erhebungen, Schriften des Deutschen Instituts für Urbanistik, Bd. 73, Stuttgart u.a.
406 Vgl. *Heuer, Hans* (1985), S. 108 ff.
407 *Heuer, Hans* (1985), S. 115.

sind.[408] Inbesondere in den Stadtregionen der Verdichtungsräume herrscht zwischen den Kernstädten und benachbarten Umlandgemeinden nicht selten ein ausgeprägtes Spannungsverhältnis, wenn es um Belange der Wirtschaftsförderung geht.[409]

In der Hierarchie der sog. externen Engpaßfaktoren rangierte die „interkommunale Konkurrenz" mit rund 30 % der Nennungen an zweiter Stelle hinter den „Flächenreserven" mit 51 %, gefolgt vom „Umweltschutz" mit 26 %, der „Wirtschaftsstruktur" mit 24 %, der „geographischen Lage" mit 21 %, der „überregionalen Verkehrsanbindung" mit 20 % und schließlich der „Gewerbeflächenqualität" mit 14 % aller Nennungen.[410] Obwohl also knapp ein Drittel aller untersuchten Städte vor allem in der Konkurrenz ihrer jeweiligen Nachbargemeinden ein zentrales und erhebliches Hindernis für die erfolgreiche Umsetzung ihrer eigenen Wirtschaftsförderungspolitik sahen, kommt Heuer in seiner Untersuchung abschließend zum Ergebnis, „daß die Problemsensibilisierung und Bewußtseinsbildung auf der kommunalen Ebene trotz hoher Arbeitslosigkeit noch nicht so weit vorangeschritten ist, daß man die Notwendigkeit der Kooperation mit seinem Nachbarn vorbehaltlos anerkennt."[411] So gaben auf die Frage nach der konkreten Kooperationsform von den 120 untersuchten Städten 56 an (46,7 %), mit anderen Gemeinden in der Wirtschaftsförderung generell zusammenzuarbeiten, eine regionale Wirtschaftsförderungsgesellschaft wurde von immerhin 22 Städten betrieben (18,4 %), lediglich 8 Städte beteiligten sich an einer gemeinsamen Gewerbeflächenplanung mit benachbarten Gemeinden (6,7 %) und 6 Städte schließlich erörterten zum Erhebungszeitpunkt einen Steuerpool mit benachbarten Gemeinden (5 %).[412]

4.3 Ergebnisse bei Kühn und Floeting (1995)

Während die beiden bisher zitierten Untersuchungen von Wrobel (1978) und Heuer (1985) ausschließlich auf das Gebiet der alten Bundesländer bezogen sind, präsentierten Kühn und Floeting (1995) die erste empirisch breit angelegte Untersuchung[413] zur Praxis der kommunalen Wirtschaftsförderung in den neuen Bundesländern. Befragt wurden im Jahr 1993 auf der Basis einer schriftlichen Umfrage insgesamt 219 Städte mit über 10.000 Einwohnern sowie 189 Kreise. Lediglich 37 % der antwortenden Städte schätzte die Zusammenarbeit mit benachbarten Kommunen und Kreisen als einen sehr wichtigen Ansatzpunkt zur Verbesserung der kommunalen

---

408 Vgl. dazu den Report zur Industrieansiedlungin Westdeutschland in: Der SPIEGEL (1972), Hart am Rande der Legalität, Nr. 10 (1972), S. 44-52.

409 Als Beispiele mögen hier die Städte Köln und Stuttgart dienen.

410 Vgl. *Heuer, Hans* (1985), S. 110 f.

411 *Heuer, Hans* (1985), S. 146.

412 Vgl. *Heuer, Hans* (1985), S. 143.

413 *Kühn, Gerd/ Floeting, Holger* (1995), Kommunale Wirtschaftsförderung in Ostdeutschland, Berlin.

Wirtschaftsförderung ein, bei den befragten Kreisen waren es dagegen 53 %.[414] Im verflechtungsintensiven Stadt-Umland-Bereich kommt der interkommunalen Zusammenarbeit - so ein Ergebnis der Untersuchung - eine besondere Rolle zu. So wird gerade von größeren Städten bzw. großen Kernstädten in den neuen Bundesländern die Verbesserung der interkommunalen Zusammenarbeit als wichtiger Ansatzpunkt zur Verbesserung der Wirtschaftsförderung angeführt.[415] Konkret reichte die Palette interkommunaler Zusammenarbeit in den neuen Bundesländern vom informellen Erfahrungsaustausch über gemeinsame Veranstaltungen bis zur gemeinschaftlichen Trägerschaft von Einrichtungen der Wirtschaftsförderung und der gemeinsamen Ausweisung von Gewerbeflächen.[416]

4.4 Ergebnisse bei Hollbach-Grömig (1996)

Zum ersten mal überhaupt wurden im Jahr 1995 in einer empirischen Untersuchung[417] insgesamt 191 Städte mit über 50.000 Einwohnern in den alten und neuen Bundesländern gleichermaßen zur Situation und ihren Aktivitäten der kommunalen Wirtschaftsförderung schriftlich befragt. Ein Ergebnis der Untersuchung von Hollbach-Grömig (1996) war, daß lokale und regionale Netzwerke ein typisches Großstadtthema sind. Obwohl es für derartige „Netzwerke" im Rahmen der Wirtschaftsförderung bislang keine einheitliche und allgemein gültige Definition gibt, werden darunter im allgemeinen Sprachgebrauch fest vereinbarte Kooperationen zwischen lokalen und regionalen öffentlichen und/oder privaten Akteuren zur Verbesserung der Wettbewerbsfähigkeit der in der Region ansässigen Unternehmen verstanden, die letztendlich auf die Verbesserung des Arbeitsangebots und der Möglichkeiten zur Einkommenserzielung abzielen.[418] In der Untersuchung wird dieser weiten Abgrenzung entsprechend auch ein sehr breites Aktivitätsspektrum der Kommunen unter lokalen und regionalen Netzwerken verstanden, daß von der Unterstützung von privaten Unternehmensnetzwerken durch die Kommunen über die Zusammenarbeit privater und öffentlicher Akteure im Rahmen einer Public-Private Partnership bis hin zur interkommunalen und interregionalen Kooperation reicht.[419]

---

414 Vgl. *Kühn, Gerd/ Floeting, Holger* (1995), S. 131 bzw. 138.

415 Vgl. *Kühn, Gerd/ Floeting, Holger* (1995), S. 136.

416 Vgl. *Kühn, Gerd/ Floeting, Holger* (1995), S. 136.

417 *Hollbach-Grömig, Beate* (1996), Kommunale Wirtschaftsförderung in den 90er Jahren, Berlin; *Hollbach-Grömig, Beate/ Beecken, Andreas* (1995), Kommunale Wirtschaftsförderung in Städten der Bundesrepublik Deutschland. Ergebnisse einer Umfrage im Überblick, in: Deutsches Institut für Urbanistik (Hrsg.), Aktuelle Information, Oktober 1995, S. 1-10.

418 Vgl. *Cuny, Reinhard H./ Stauder, Jochen* (1993), 153.

419 Vgl. *Hollbach-Grömig, Beate/ Beecken, Andreas* (1995), S. 9.

Als ausschlaggebende Gründe für das Aufkommen lokaler und regionaler Netzwerke im Rahmen der kommunalen Wirtschaftsförderung werden der Untersuchung zufolge die zunehmende Standortkonkurrenz der Städte sowie die weiter voranschreitende Globalisierung und Internationalisierung der Märkte und Unternehmen genannt.[420] Aufgrund ihrer Bedeutung für die wirtschaftliche Stabilität und Entwicklung einer Region prägen derartige regionale Netzwerke bereits heute das regionale Innovationsmillieu nachhaltig und positiv.[421] Und obwohl Netzwerke nach einhelliger Meinung auch in Zukunft weiter an Wichtigkeit gewinnen werden,[422] gaben rund die Hälfte (84 Städte) der insgesamt 170 antwortenden Städten an, heute noch keine Projekte bzw. Konzepte für derartige Netzwerke zu haben.[423] Dagegen verfügten zum Untersuchungszeitpunkt lediglich 34 Städte (20,0 %) über bereits realisierte Konzepte, während sich 27 Städte (15,9 %) noch in der Konzeptions- und 25 Städte (14,7 %) in der Planungsphase befanden. In den Städten der neuen Bundesländer ist der Untersuchung zufolge das Thema lokaler und regionaler Netzwerke im Rahmen der kommunalen Wirtschaftsförderung noch unbedeutender als dies in den Städten der alten Bundesländer der Fall ist. Von den 170 antwortenden Städten, darunter 140 aus West- und 30 aus Ostdeutschland, planen lediglich 9 ostdeutsche Städte (5,3 %) eigene Netzwerkkonzepte, von den westdeutschen Städten waren es dagegen immerhin 77 (45,3 %).

III. Anreize und Hindernisse

In der einschlägigen Literatur[424] finden sich nur vereinzelt konkrete Hinweise darüber, welches die entscheidenden Motive interkommunaler bzw. regionaler Kooperation in der kommunalen Wirtschaftsförderung sind. Neben den an anderer Stelle bereits dargestellten *allgemeinen* Vorteilen, die sich grundsätzlich aus einer interkommunalen Zusammenarbeit im Rahmen der kommunalen Aufgabenerfüllung ergeben können (insbesondere Koordinationsvorteile, Größenvorteile sowie Vorteile aus der Internalisierung externer Effekte), kommen im Bereich der kommunalen Wirtschaftsförderung eine Reihe weiterer *spezifischer* Vorteile zum tragen, die im Einzelfall den konkreten Anlaß für eine regionale Kooperation bilden können.

---

420 Vgl. *Hollbach-Grömig, Beate/ Beecken, Andreas* (1995), S. 9.

421 Vgl. *Manschwetus, Uwe* (1995), S. 167 ff. und die dort genannten Beispiele.

422 Vgl. *Hollbach-Grömig, Beate* (1996),S. 87.

423 Insgesamt wurden 191 Städte mit mehr als 50.000 Einwohnern angeschrieben, darunter 158 in den alten und 33 in den neuen Bundesländern, vgl. *Hollbach-Grömig/ Beecken* (1995), S. 2.

424 Vgl. für alle: *Hatzfeld, U./ Temmen, B.* (1991), S. 22 f.; *Winkel, Rainer* (1992), S. 58 f.; *Hatzfeld, Ulrich/ Kahnert, Rainer* (1993), S. 258 f.; *Kahnert, Rainer* (1993), S. 247 ff.; *Schwarz, Silvia R.* (1993), S. 523 f.

Ein wesentlicher spezifischer Kooperationsvorteil ist sicherlich der **Abbau der Erpreßbarkeit** der einzelnen Gemeinden innerhalb einer Region.[425] Aufgrund des äußerst geringen industriellen Neuansiedlungspotentials agieren die Kommunen - wie bereits erwähnt - auf einem für sie typischen „Käufermarkt“. Unzureichende Abstimmung und Koordination der Kommunen untereinander kann von den vergleichsweise wenigen standortsuchenden Unternehmen als Druckmittel benutzt werden, um sie gegeneinander auszuspielen und somit unangemessene finanzielle Begünstigungen zu erhalten; zum Teil wird in diesem Zusammenhang auch von „Mitnahmeeffekten“[426] gesprochen. Hier könnte es etwa im Rahmen der Festsetzung der Realsteuerhebesätze - ganz im Sinne der neoklassischen Oligopoltheorie für den Fall der beiderseitigen Anpassung - zu einer automatischen Anpassung der individuellen Hebesätze innerhalb einer Region kommen, wenn eine stabile Kompromißlösung durch die einzelnen Gemeinden angestrebt wird bzw. dies im eigenen Interesse der Gemeinden ist.[427]

Ein zweiter wichtiger spezifischer Kooperationsvorteil im Rahmen der kommunalen Wirtschaftsförderung ist die **Überwindung ressourcenbedingter Engpässe**. In der Praxis liegen diese Engpässe im allgemeinen in Form von Finanzknappkeit, Personalknappheit oder allgemeiner gesprochen: Ressourcenknappheit vor. Kahnert (1993) weist in diesem Zusammenhang darauf hin, daß interkommunale Zusammenarbeit - zumindest aus städtebaulicher Sicht - nicht selten erst durch konkrete „Zwangssituationen“[428] möglich bzw. angestrebt wird. Als solche Zwangssituationen kommen insbesondere eine absolute und kurzfristig nicht behebbare Gewerbeflächenknappheit, eine gemeinsame Bedrohung etwa in Form einer Müllverbrennungsanlage oder Restriktionen aufgrund landes- bzw. regionalplanerischer Vorgaben in Frage; oftmals ist es aber auch die schiere Größe der Aufgabe, die von zumeist kleineren Gemeinden nicht bewältigt werden kann wie zum Beispiel die Konversion ehemaliger militätischer Liegenschaften.

Bestätigt wird diese Einschätzung durch eine - bislang einmalige - empirische Untersuchung[429] von Schwarz-Jung (1993), die insgesamt 25 ausgewählte, in interkommunaler bzw. öffentlich-privater Trägerschaft geführte Einrichtungen der kommunalen Wirtschaftsförderung unter anderem auch nach den ausschlaggebenden Kooperationsmotiven befragt hat.[430] Dabei wurde von 18 der untersuchten Einrichtungen (72 %) primär die gemeinsame Betroffenheit von einem

---

425 Vgl. *Hatzfeld, U./ Temmen, B.*(1991), S. 22.

426 Vgl. zum Begriff „Mitnahmeeffekt“ allgemein *Zimmermann, Horst* (1987), S. 339 ff.

427 Vgl. *Külp, Bernhard/ Berthold, Norbert* (1992), S. 123 und 159 ff. Dabei übernehmen die Hebesätze die gleiche Rolle wie die Güterpreise der Oligopolisten.

428 Vgl. *Kahnert, Rainer* (1993), S. 247.

429 Vgl. *Schwarz-Jung, Silvia R.* (1993), Überkommunale bzw. öffentlich-private Kooperation in der Wirtschaftsförderung. Eine Fragebogen-/ Interviewaktion im Rahmen des Forschungsprojektes "Regionalisierung in der kommunalen Wirtschaftsförderung", Stankt Augustin.

430 Vgl. *Schwarz-Jung, Silvia R.* (1993), S. 11.

konkreten Problem als Auslöser der Kooperation genannt, gefolgt von finanziellen Problemen, die von 16 Einrichtungen (64 %) angeführt wurden.[431]

Eine sinnvolle Kombination der jeweiligen Stärken und Potentiale durch interkommunale bzw. regionale Zusammenarbeit im Rahmen der Wirtschaftsförderung kann auch zur **Nutzung von Synergiepotentialen** für alle Beteiligten führen.[432] Zudem hängt die Attraktivität einer Gemeinde oder Stadt als Wirtschafts- und Wohnstandort im Zuge der voranschreitenden Internationalisierung und Globalisierung der Unternehmen und Märkte immer weniger ausschließlich von den örtlichen Gegebenheiten ab als vielmehr von den allgemeinen Rahmenbedingungen der gesamten Wirtschaftsregion.[433]

Auch in der Möglichkeit einer optimaleren **Erfüllung raumbedeutsamer Politiken und Planungen** gegenüber der isolierten Aufgabenerfüllung ist ein spezifischer Kooperationsvorteil im Rahmen der kommunalen Wirtschaftsförderung zu sehen. Die nach dem Willen des Gesetzgebers gebotene allgemeine Begrenzung des Flächenverbrauchs kann hier insbesondere durch die Ausweisung eines gemeinsamen, von mehreren Kommunen geplanten und erschlossenen Industrie- und Gewerbegebiets erfolgen. Zusätzlich wird dadurch eine bessere Verträglichkeit bzw. Vereinbarkeit von landschaftlichen, ökologischen und ökonomischen Belangen gewährleistet und insofern die angesprochenen Zielkonflikte reduziert.

Aufgrund des Defizits empirischer Untersuchungen zur interkommualen Zusammenarbeit im Rahmen der kommunalen Wirtschaftsförderung können zum gegenwärtigen Zeitpunkt nur Vermutungen darüber angestellt werden, welches die entscheidenden Voraussetzungen für das Gelingen einer regionalen Kooperation sind bzw. welche Faktoren über den Erfolg oder Mißerfolg interkommunaler Kooperation entscheiden.[434] Selbst wenn diesbezüglich konkrete Ergebnisse vorlägen, könnte eine allgemeingültige und abschließende Aussage ohnehin nicht getroffen werden, da - wie auch bei der Organisation kommunaler Wirtschaftsförderung - letztendlich die spezifischen örtlichen bzw. regionalen Gegebenheiten entscheidend sind. In Anlehnung an Kahnert (1993) sowie Hatzfeld und Kahnert (1993) kann grundsätzlich davon ausgegangen werden, daß die nachfolgenden, stichwortartig aufgezählten **Voraussetzungen** bzw. Rahmenbedingungen unbedingt erfüllt sein müssen, damit eine interkommunale bzw. öffentlich-private Kooperation im Rahmen der Wirtschaftsförderung überhaupt zum Erfolg führen kann:[435]

---

431 Vgl. *Schwarz-Jung, Silvia R.* (1993), S. 14.
432 Vgl. *Kahnert, Rainer* (1993), S. 247.
433 Vgl. *Kahnert, Rainer* (1993), S. 246.
434 In diesem Sinne auch *Kahnert, Rainer* (1993), S. 248.
435 Vgl. *Kahnert, Rainer* (1993), S. 249; *Hatzfeld, Ulrich/ Kahnert, Rainer* (1993), S. 260 f.

- Begrenztheit des Kooperationsgegenstandes
- Realisierbarkeit der Kooperationsziele
- Lokalität bzw. Regionalität der Initiative
- Geeignetheit der Organisationsform
- Freiwilligkeit der Kooperation
- Entwicklungsperspektiven für die Kooperation
- Legitimation durch die Politik
- Dauerhaftigkeit der Kooperationsvereinbarung

Zwar kann die Bereitschaft zur interkommunalen Zusammenarbeit durch die bevorzugte finanzielle Förderung entsprechender Kooperationsprojekte gesteigert und und „belohnt" werden;[436] langfristig jedoch können und werden sich die entscheidungsrelevanten Rahmenbedingungen für intensivere Formen der interkommunalen Kooperation wohl erst dann spürbar verbessern, wenn die derzeit noch problemverursachenden - im Rahmen der vorliegenden Untersuchung aber nicht berücksichtigten - Fragen der Finanzierung bzw. des kommunalen Finanzausgleiches einer für alle Seiten befriedigenden Klärung zugeführt worden sind. Denn erst aus der finanziellen Verbindung der einzelnen Städte und Gemeinden mit der gesamten Region wird sich in Zukunft konsensfähige bzw. tragfähige Basis für eine interkommunale Zusammenarbeit ergeben.[437]

IV. Kooperationsbedarf, Kooperationsgegenstände und Implementierungsprobleme regionaler Kooperation

1. Ermittlung des Kooperationsbedarfs

Bevor es überhaupt zu einer Kooperation im Rahmen der kommunalen Wirtschaftsförderung kommen kann, müssen - quasi als unabdingbare Voraussetzung - zunächst konkrete kommunale Engpässe vorliegen, identifiziert und analysiert werden.[438] Erst wenn eine Kommune die zur Beseitigung der Engpässe erforderlichen Mittel bzw. Ressourcen nicht allein aufbringen kann oder will, entsteht überhaupt ein konkreter Kooperationsbedarf (sachlicher Aspekt).

---

436 Vgl. *Kahnert, Rainer* (1993), S. 249.
437 In diesem Sinne auch *Hatzfeld, Ulrich/ Kahnert, Rainer* (1993), S. 260 f.
438 Vgl. *Krieger, Fritz* (1994), S. 37.

2. Mögliche Kooperationsgegenstände

Theoretisch können die Kommunen auf vielen Gebieten im Rahmen der kommunalen Wirtschaftsförderung mehr oder weniger eng zusammenarbeiten. Diese Heterogenität möglicher Kooperationsbereiche resultiert zum einen aus der dargestellten Breite des damit zusammenhängenden Aufgabenspektrums sowie des zur Verfügung stehenden Instrumentariums und zum anderen aus den lokalen bzw. regionalen Disparitäten hinsichtlich der konkreten sozioökonomischen und - den nicht zu unterschätzenden - (partei-)politischen Ausgangssituationen.[439] Für eine institutionalisierte interkommunale bzw. öffentlich-private Zusammenarbeit kommen aufgrund der bisherigen empirischen Erfahrungen in Anlehnung an Heuer (1985) und Kistenmacher et al. (1994) insbesondere drei Aufgabenkomplexe in Frage, die sich im Rahmen einer zeitgemäß und effektiv betriebenen kommunalen Wirtschaftsförderung geradezu anbieten (inhaltlicher Aspekt).[440] Im einzelnen sind dies:

- Gewerbeflächenmanagement;
- Trägerschaft von Standortgemeinschaften;
- Akquisition, Bestandspflege und Standortmarketing.

Im Anschluß an die Ermittlung des konkreten Kooperationsbedarfs und der näheren Bestimmung des in Betracht kommenden Kooperationsgegenstandes im Rahmen der kommunalen Wirtschaftsförderung durch die kooperationswilligen Kommunen muß die Kooperation implementiert werden. Dabei gilt es, die folgenden Implementierungsprobleme einer befriedigenden Lösung für alle Beteiligten zuzuführen, da sie für den dauerhaften Erfolg einer Kooperation von ausschlaggebender Bedeutung sind: Erstens die Wahl des Kooperationspartners (räumlicher Aspekt), zweitens die Wahl der Organisationsform (institutioneller Aspekt) und drittens die Aufteilung von Kosten und Nutzen (finanzieller Aspekt).

3. Implementierungsprobleme regionaler Kooperation

3.1 Wahl der Kooperationspartner

Die Suche nach den geeigneten Kooperationspartnern ist für den späteren, dauerhaften Erfolg der Kooperation von entscheidender Bedeutung. Genrell lassen sich bei der Wahl der Koopera-

439 Vgl. zur lokalen Parteipolitik ausführlich *Holtmann, Eberhard* (1995), S. 256 ff. (insb. S. 263 f.).
440 Vgl. *Heuer, Hans* (1985), S. 170; *Kistenmacher, Hans* et al. (1994), S. 124 ff.

tionspartner zwei Vorgehensweisen unterscheiden:[441] Kooperationen entstehen in der Praxis eher zufällig oder sind Resultat einer bewußten und systematisch betriebenen Suche nach einem geeigneten Partner. Sind Kooperationen eher zufällig entstanden, so sind Konflikte in der Regel automatisch vorprogrammiert. Eine dauerhafte und erfolgreiche Partnerschaft wird sich daher nur nach einer ganz bewußt betriebenen und systematischen Suche bzw. Auswahl der Partner ergeben. Aber anders als bei privatwirtschaftlichen Unternehmen, denen zur Vermittlung von Kooperationspartnern im allgemeinen eigens dafür eingerichtete Kooperationsbörsen der Kammern und Verbände zur Verfügung stehen, müssen die Kommunen selbst Eigeninitiative und Kreativität bei der Partnersuche im Rahmen der kommunalen Wirtschaftsförderung zeigen. Bei der Wahl geeigneter Kooperationspartner sind aber nicht nur wirtschaftliche und rechtliche Verhältnisse, sondern auch und gerade zwischenmenschliche Aspekte zu beachten.[442] Das Vorhandensein eines Klimas gegenseitiger Offenheit und des Vertrauens unter den Beteiligten wird somit zur unabdingbaren Vorausetzung einer tragfähigen Basis für eine dauerhaft angelegte Kooperation und kann vertragliche Regelungen der Zusammenarbeit zwischen den Partnern nicht ersetzen.

Im Rahmen der Wirtschaftsförderung sehen sich die kooperationsbereiten Kommunen in der Praxis einer Vielfalt möglicher Kooperationspartner aus dem gesamten öffentlichen, halböffentlichen und dem privaten Sektor einer Stadt oder Region gegenüber; sie alle an dieser Stelle abschließend aufzuzählen, würde den Rahmen der vorliegenden Arbeit sprengen. Exemplarisch wird daher im folgenden auf kommunale Sparkassen und Industrie- und Handelskammern etwas näher eingegangen, da sie im Rahmen der lokalen bzw. regionalen Wirtschaftsförderung traditionell eine bedeutende Rolle spielen. Geradezu prädestiniert für eine Beteiligung an einer regionalen Kooperation in der kommunalen Wirtschaftsförderung sind zunächst die sich in öffentlicher Trägerschaft befindlichen **kommunalen Sparkassen**. Als öffentliche Unternehmen haben die Sparkassen einen öffentlichen Auftrag und dienen insofern auch dem kommunalen Gemeinwohl, das sie in erster Linie durch kommunale Wirtschaftspolitik fördern können.[443] Eines der wichtigsten Bestandteile des Sparkassenorganisationsrechts überhaupt ist das sog. Regionalprinzip, die institutionelle Bindung an die Region bzw. an das Gebiet ihres Gewährträgers und insofern auch an die wirtschaftlichen und sozialen Bedürfnisse der dort lebenden Menschen.[444] Kommunale Sparkassen leisten somit einen wichtigen Beitrag zur Festigung bzw. Erhöhung des Gemeinwohls in einer Region.[445] Das Regionalprinzip der Sparkassen ist insofern ein wichtiger regional-

441 Vgl. *Welge, Martin K.* (1994), Sp. 2403 f.
442 Vgl. *Blohm, Hans* (1980), Sp. 1115.
443 Vgl. *Reinelt, Iris* (1990), S. 24.
444 Vgl. zum Regionalprinzip ausführlich *Reinelt, Iris* (1990), S. 42 ff.
445 Vgl. zu den Aktivitäten von Sparkassen im Rahmen der lokalen Wirtschaftsförderung ausführlich *Kirchhoff, Ulrich/ Müller-Godeffroy, Heinrich* (1991), S. 56 ff.

politischer Ansatz für Aktivitäten in der lokalen und regionalen Wirtschafts- und Innovationsförderung.[446] In einer empirischen Untersuchung[447] des Deutschen Instituts für Urbanistik (Difu) aus dem Jahr 1990 konnte gezeigt werden, daß das Aufgabenspektrum der Sparkassen im Rahmen der Wirtschafts- und Innovationsförderung schwerpunktmäßig bei der Existenzgründungs- und Finanzierungsberatung liegt, gefolgt von der Auflage spezieller Kreditprogramme für Existenzgründer, der betriebswirtschaftlichen Beratung, weiteren Informations- und Schulungsveranstaltungen sowie der Vermittlung von FuE-Programmen.[448]

Neben den kommunalen Sparkassen kommen insbesondere die organisierten halböffentlichen Interessenvertretungen der Wirtschaft in Form der **Industrie- und Handelskammern** als mögliche Kooperatonspartner in Frage. Auch die Industrie- und Handelskammern sind sowohl auf die Wirtschaftsförderung als auch auf die Region bzw. ihren Bezirk ausgerichtet. In § 1 Abs. 1 des Gesetzes zur vorläufigen Regelung des Rechts der Industrie- und Handelskammern (IHK-Gesetz) vom 18.12.1956 werden die Industrie- und Handelskammern unter anderem zur „Wahrnehmung des Gesamtinteresses aller Gewerbetreibenden eines Bezirks und zur Förderung der gewerblichen Wirtschaft" beauftragt. Neben dieser Funktion der Interessenvertretung leisten die Industrie- und Handelskammern auch vielfältige Beratungs- und Serviceleistungen, die in § 1 Abs. 2 IHK-Gesetz genannt sind. Danach können sie unter anderem „Anlagen und Einrichtungen, die der Förderung der gewerblichen Wirtschaft dienen, begründen, unterhalten und unterstützen". Die Industrie- und Handelskammern haben insofern als regionale Institutionen auch an der lokalen bzw. regionalen Wirtschaftsförderung einen maßgeblichen Anteil.[449] Nach den Ergebnissen der zitierten Difu-Untersuchung umfaßt das Aufgabenspektrum der Industrie- und Handelskammern im Bereich der lokalen Wirtschafts- und Innovationsförderung insbesondere die Vermittlung von betrieblichen Kooperationen, dicht gefolgt von der Finanzierungsberatung, der Standortberatung und der allgemeinen Unternehmensberatung. Information, Beratung und Weiterbildung gehören ebenfalls zu den wichtigen Aufgaben der Industrie- und Handelskammern.[450]

446 Vgl. *Kirchhoff, Ulrich/ Müller-Godeffroy* (1991), S. 56.

447 *Grabow, Busso* et al. (1990), Lokale Innovations- und Technologiepolitik. Ergebnisse einer bundesweiten Erhebung, Berlin.

448 Vgl. *Grabow, Busso* et al. (1990), S. 39.

449 Vgl. *Fleckenstein, Kurt/ Ortmeyer, August* (1989), Die Industrie- und Handelskammern in der Regionalpolitik, in: HWF, Lfg. 28, Februar 1989.

450 Vgl. *Grabow, Busso* et al. (1990), S. 39.

3.2 Wahl der Organisationsform

Ist die Suche nach den geeigneten Kooperationspartnern erfolgreich abgeschlossen, haben sich die zukünftigen Partner im Falle einer Institutionalisierung der interkommunalen Zusammenarbeit in einem nächsten Schritt über die günstigste Organisationsform zur gemeinsamen Aufgabenerfüllung zu einigen. Dabei wird die Wahl der Organisationsform im allgemeinen zunächst von Zweckmäßigkeitsgesichtspunkten bestimmt.[451] In der Praxis werden aber vermutlich zusätzlich auch noch psychologische Aspekte in Form persönlicher Präferenzen der verantwortlichen Entscheidungsträger einen maßgeblichen Einfluß auf die zukünftige Organisationsform haben. Da bereits an anderer Stelle ausführlich auf die grundsätzliche Wahlmöglichkeiten der Kommunen im allgemeinen und die in Frage kommenden Organisationsformen für die interkommunale Zusammenarbeit im besonderen ausführlich eingangen wurde,[452] kann an dieser Stelle auf die entsprechenden Darstellungen verwiesen werden.

3.3 Aufteilung der Kosten und Nutzen

Schließlich haben die Kommunen im Rahmen der Implementierung einer interkommunalen Zusammenarbeit gemeinsam über die „gerechte“ Aufteilung der anfallenden Kosten und Nutzen zu entscheiden. Dieser finanzielle Aspekt kann in der Praxis mitunter zu einem erheblichen Kooperationshemmnis werden. Aber wenn die Kommunen sich erst einmal für die Aufnahme einer Kooperation entschieden haben, sollten sie auch in der Lage sein, bei eventuell auftretenden Problemen eine für alle befriedigende Lösung zu finden. Denn gerade im Hinblick auf die finanziellen Aspekte interkommunaler Zusammenarbeit gilt:[453] „Der gemeinsame Wille zur Zusammenarbeit ist entscheidend und die Bereitschaft in einem solchen Falle, auf scheinobjektive ‘Kommagenauigkeit’ auch einmal zu verzichten.“

Dieser Aspekt kommt insbesondere dann zum Tragen, wenn es sich bei dem ins Auge gefaßten Kooperationsgegenstand um ein gemeinsames Gewerbegebiet handelt. Auf einem Gewerbegebiet, das sich über die Gemarkungsfläche von zwei oder mehr Gemeinden erstreckt, können unterschiedlich hohe Realsteuerhebesätze in den einzelnen sog. Belegenheitsgemeinden zu einem Problem werden.[454] Da es sich ansiedlungswilligen Unternehmen nur schwer vermitteln lassen wird, sich in einem zwar nach außen hin einheitlich darstellenden und vermarkteten gemeinsamen

---

451 Vgl. *Blohm, Hans* (1980), Sp. 1115.
452 Siehe Kapitel C V dieser Arbeit.
453 *Krieger, Fritz* (1994), S. 41.
454 Vgl. *Krieger, Fritz* (1994), S. 38.

Gewerbegebiet niederzulassen, in dem aber unterschiedliche Hebesätze vorhanden sind, ist zunächt an eine Angleichung zu denken. Ist dies nicht möglich oder politisch nicht gewünscht, kommt für eine gewisse Übergangszeit auch eine abschnittsweise Besiedlung der Flächen dergestalt in Frage, daß zuerst nur die auf eine Gemeinde entfallende Teilfläche des Gewerbegebiets in Anspruch genommen wird.

Damit unmittelbar in Zusammenhang steht die **Aufteilung der Realsteuern**. Liegen nämlich in einem gemeinsamen Gewerbegebiet Realsteuerhebesätze in unterschiedlicher Höhe vor, wird es in der Praxis sinnvoll sein, eine Aufteilung der Steuereinnahmen unter den sog. Belegenheitsgemeinden - nach dem Prinzip des kleinsten gemeinsamen Nenners - auf der Basis des niedrigsten Hebesatzes durchzuführen. Der größte Nutzen einer solchen Regelung liegt auf Seiten der Gemeinde mit dem jeweils höchsten Realsteuerhebesatz, da die Steuereinnahmen, die über dem „gekappten" Hebesatz liegen, nicht auf die anderen Gemeinden verteilt werden brauchen.[455]

Bevor jedoch Einnahmen über die Realsteuern erzielt werden können, müssen die beteiligten Gemeinden das gemeinsame Gewerbegebiet erst einmal planungsrechtlich ausweisen, erschließen und vermarkten. Zur **Aufteilung der Kosten und Nutzen** bzw. Erträge hat es sich in der Praxis häufig bewährt, die Verhältniszahlen der Einwohner als Maßstab für die Aufteilung zu wählen. Diese Form ist besonders dann ratsam, wenn es sich um Gemeinden handelt, die stärkere strukturelle Unterschiede aufweisen. Bei Gemeinden mit gleichmäßigerer Struktur wird dagegen die Zuteilung gleicher Anteile von Vorteil sein - auch im Hinblick auf den angestrebten Konsens aller Beteiligter.[456]

V. Kooperationsgegenstände in der Praxis

1. Interkommunale Industrie- und Gewerbegebiete

Die Verfügbarkeit von Gewerbe- und Industrieflächen in ausreichender Quantität und Qualität zählt wie bereits angesprochen nach wie vor zu den wichtigsten Pull-Faktoren bei der Neuansiedlung im Rahmen der kommunalen Wirtschaftsförderung. Aufgrund der Flächen- und Ressourcenknappheit in Städten und Gemeinden primär des peripheren ländlichen Raumes haben sich in den letzten Jahren - wenn auch anfangs nur recht zögerlich - erste erfolgversprechende interkommunale Kooperationsprojekte im Rahmen des kommunalen Gewerbeflächenmanagements in Form der gemeinsamen Planung, Ausweisung, Erschließung und Vermarktung von

---

455 Vgl. *Krieger, Fritz* (1994), S. 39.
456 Vgl. *Krieger, Fritz* (1994), S. 39.

Industrie- und Gewerbeflächen gebildet, die allgemeinen als interkommunale Industrie- und Gewerbegebiete (IIG) bezeichnet werden.

Die interkommunalen Industrie- und Gewerbegebiete im Bundesgebiet sind bislang nur durch die im Auftrag des Instituts für Landes- und Stadtentwicklungsforschung des Landes Nordrhein-Westfalen (ILS) durchgeführten empirischen Untersuchungen von Asche und Krieger (1990) sowie Krieger (1994) nahezu vollständig erfaßt worden.[457] Wie der Vergleich dieser beiden Untersuchungen zeigt, hat sich die Zahl der geplanten und bestehenden interkommunalen Industrie- und Gewerbegebiete in der Bundesrepublik Deutschland von 12 Projekten im Jahr 1990 auf insgesamt 59 im Jahr 1994 erhöht, d.h. innerhalb eines Zeitraumes von nur fünf Jahren hat sich die Zahl der interkommunalen Industrie- und Gewerbegebiete rund verfünffacht.[458] Einer neueren Untersuchung von Krieger (1996) zufolge, deren Ergebnisse bei Abschluß der vorliegenden Arbeit allerdings noch nicht veröffentlicht waren, kann für das Jahr 1996 bundesweit sogar von einem Bestand von insgesamt 110 realisierten Projekten in Form interkommunaler Industrie- und Gewerbegebiete ausgegangen werden, die sich auf alle Flächenstaaten mit Ausnahme des Saarlandes verteilen - und dies mit weiterhin steigender Tendenz. Des weiteren konnten zusätzlich rund 50 interkommunale Projekte ermittelt werden, die sich derzeit noch in der Planungsphase befinden.[459] In Abbildung 5 ist die Verteilung der bestehenden und geplanten interkommunalen Industrie- und Gewerbegebiete auf die einzelnen Bundesländer, die Krieger für das Jahr 1996 ermittelt hat, graphisch dargestellt.[460]

Wie aus der Auswertung der aktuellen Erhebung von Krieger aus dem Jahr 1996 weiter hervorgeht, wird für die Institutionalisierung der interkommunalen Zusammenarbeit in Form von gemeinsamen Industrie- und Gewerbegebieten von den daran beteiligten Kommunen im allgemeinen die öffentlich-rechtliche Organisationsform des Zweckverbands eindeutig bevorzugt. So werden von den derzeit bestehenden 110 Projekten allein knapp 60 als Zweckverband geführt (ca. 55 %). Vereinzelt kommt auch die öffentlich-rechtliche Vereinbarung als Organisationsform zur Anwendung; sie spielt aber eine vergleichsweise untergeordnete Rolle bei der Institutionalisierung interkommunaler Industrie- und Gewerbegebiete. Noch seltener sind Kombinationen von Zweckverband und GmbH einerseits sowie öffentlich-rechtlicher Vereinbarung und GmbH

---

457 *Asche, Michael/ Krieger, Fritz* (1990), Interkommunale Zusammenarbeit - Gemeinschaftliche Industrie- und Gewerbegebiete, ILS-Schriften, Heft 41, Dortmund 1990; *Krieger, Fritz* (1994), Interkommunale Kooperation - Gemeinsame Industrie- und Gewerbegebiete, ILS-Schriften, Heft 84, Dortmund 1994. Dabei stellt die Untersuchung aus dem Jahr 1994 eine aktualisierte Fortsetzung der vier Jahre zuvor publizierten Studie dar.

458 Vgl. *Krieger, Fritz* (1994), S. 19.

459 Der Verfasser dankt an dieser Stelle Herrn *Fritz Krieger* von der Transferstelle der Universität Dortmund für die freundliche Überlassung eines (noch) nicht redigierten Auszuges der aktuellen Überarbeitung seiner empirischen Untersuchung aus dem Jahr 1994 (vgl. Schreiben vom 9. Januar 1997).

460 Eigene Darstellung und Berechnungen nach Krieger (1996).

andererseits anzutreffen. Der Grund für derartige Doppellösungen liegt vermutlich darin, daß zur Planung, Ausweisung und Erschließung die Vorteile der öffentlich-rechtlichen Organisationsform genutzt werden, während die spezifischen Vorteile der privatrechtlichen GmbH insbesondere bei der Vermietung und Vermarktung der Flächen zum tragen kommen sollen. Bei den rund 50 sich derzeit noch in der Planung befindlichen interkommunalen Industrie- und Gewerbegebieten hat man sich im allgemeinen noch nicht für oder gegen eine konkrete Organisationsform entschieden.

Abbildung 5: Anzahl der IIG nach Länder im Jahr 1996

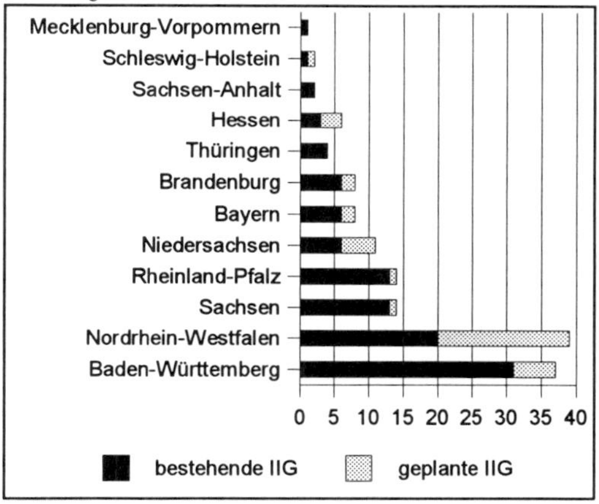

Wie aus Abbildung 5 weiter ersichtlich ist, nimmt das Land Baden-Württemberg neben Nordrhein-Westfalen im Jahr 1996 gemessen an den dort bereits bestehenden interkommunalen Industrie- und Gewerbegebieten eine besondere Rolle im Rahmen dieser Form von Regionalisierung im Rahmen der kommunalen Wirtschaftsförderung ein.[461]

Auch im Jahr 1994 entfielen allein auf Baden-Württemberg über ein Drittel (37,3 %) der damals ermittelten gemeinschaftlich betriebenen Industrie- und Gewerbegebieten, nämlich 22 von insgesamt 59 Projekten. Nach Baden-Württemberg stellte im Jahr 1994 auch Nordrhein-Westfalen mit 16 Projekten einen weiteren Großteil der interkommunalen Industrie- und Gewerbegebiete (27,1 %), gefolgt von Sachsen (7 Projekte bzw. 11,9 %) und Rheinland-Pfalz (6 Projekte bzw. 10,2 %). Mit weitem Abstand folgten die Länder Bayern, Hessen, Sachsen-Anhalt und Thüringen mit jeweils nur 2 Objekten, was einem Anteil an allen gemeinschaftlichen Gewerbegebieten im Bundesgebiet von 3,4 % entsprach.

461 *Krieger, Fritz* (1994), S. 19.

Diese traditionelle Dominanz Baden-Württembergs legt die Vermutung nahe, daß quasi unter dem „sanften Druck“ der Landesregierung die interkommunale Kooperation bei Industrie- und Gewerbegebieten bei der Vergabe von Fördermitteln besonders berücksichtigt wird.[462] Und tatsächlich fördert die baden-württembergische Landesregierung bevorzugt solche Industrie- und Gewerbegebiete, die von mehreren Gemeinden gemeinsam erschlossen werden mit einem Zuschuß von bis zu 35 % des gesamten Investitionsvolumens.[463]

Die Tatsache, daß im Jahr 1994 von den 59 bundesweit ermittelten interkommunalen Industrie- und Gewerbegebieten gerade 16 Objekte tatsächlich in der Praxis bestanden, 16 sich noch in der Realisierungsphase befanden und gar 27 erst beabsichtigt waren, zeigt abschließend, daß dieser Aufgabenkomplex nur allmählich und erst seit etwa der zweiten Hälfte der 80er Jahre im Rahmen der Regionalisierung kommunaler Wirtschaftsförderung auch konsequent in die Praxis umgesetzt wird.

Abbildung 6: Kooperationsbeginn bei IIG von 1987 bis 1995

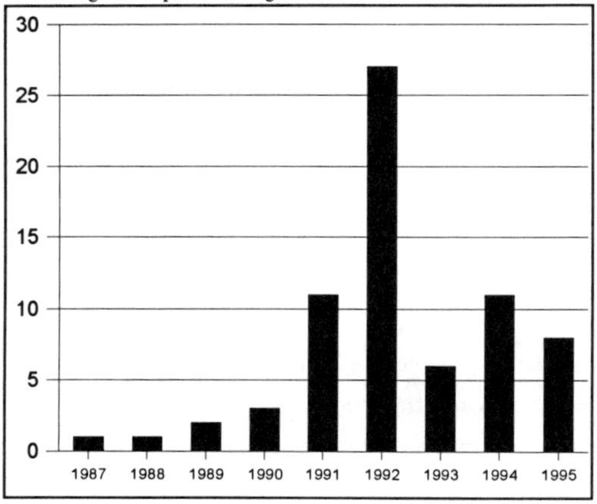

Diese Vermutung wird bei einem Vergleich der Zeitpunkte bestätigt, zu denen nach den Angaben von Krieger (1996) mit der Kooperation im Rahmen der interkommunalen Industrie- und Gewerbegebiete „begonnen“ wurde. In Abbildung 6 wird lediglich der Zeitraum von 1987 bis 1995 dargestellt, da in diesem Zeitraum die meisten der bis heute insgesamt rund 160 Koopera-

---

462 In diesem Sinne auch *Kahnert, Rainer* (1993), S. 249.

463 Vgl. *Staatsministerium und Wirtschaftsministerium Baden-Württemberg* [Hrsg.] (1993), S. 10. Nach telefonischer Auskunft vom Wirtschaftsministerium Baden-Württemberg vom 25.10.1996 befinden sich ca. 34 interkommunale Industrie- und Gewerbegebiete in der Förderung.

tionen in Form von interkommunalen Industrie- und Gewerbegebieten ihren Anfang gefunden haben.[464] Im Zeitraum vor 1987 wurden lediglich insgesamt neun IIG-Kooperationen begonnen - eine im Jahr 1962 und später in den 70er und 80er Jahren jeweils vier.

2. Trägerschaft von Standortgemeinschaften

Der zweite in Literatur und Praxis gleichermaßen favorisierte Ansatzpunkt zur Regionalisierung bzw. interkommunalen Zusammenarbeit im Rahmen der kommunalen Wirtschaftsförderung ist die Trägerschaft von sog. Standortgemeinschaften.[465] Im allgemeinen können dabei zwei Formen voneinander unterschieden werden, die jedoch eines gemeinsam haben: Beide Formen beruhen auf der zentralen Idee, durch die Zusammenfassung verschiedener Betriebe und Unternehmen auf einem gemeinsamen Areal oder in einem Gebäude - quasi „unter einem Dach" - den dort ansässigen Betrieben die Nutzung von Synergieeffekten und Kostenvorteilen zu ermöglichen.[466]

Zur ersten Form zählen im allgemeinen **Industrie- und Gewerbeparks**, eine Standortgemeinschaft von bereits am Markt bestehenden, neuangesiedelten oder verlagerten Betrieben bzw. Unternehmen aus dem gewerblichen oder industriellen Bereich. Dieses Konzept weist eine lange Tradition auf. So wurden bereits gegen Ende des 19. Jahrhunderts in Manchester (1896) und Chigago (1899) die ersten Industrieparks errichtet. In Deutschland verlief die Entwicklung von Industrie- und Gewerbeparks dagegen ausgesprochen zögerlich. Hier wurde erst im Jahre 1963 als erster Industriepark überhaupt der Euro-Industriepark in München errichtet. Aber auch rund 20 Jahre später, im Jahr 1984, wurden lediglich 22 derartiger Industrie- und Gewerbeparks im gesamten Bundesgebiet registriert.[467] Da insbesondere seit Anfang der 80er Jahre viele Industrie- und Gewerbeparks von privaten Investoren geplant, gebaut und vermietet werden und zudem deren genaue Anzahl nicht bekannt ist,[468] wird im folgenden auf eine eingehende Darstellung dieser Form einer Standortgemeinschaft verzichtet.

Im Gegensatz dazu ist die zweite Form einer Standortgemeinschaft im Rahmen der Regionalisierung bzw. interkommunalen Zusammenarbeit in der kommunalen Wirtschaftsförderung von erheblicher Bedeutung. Diese Standortgemeinschaften werden in Deutschland im allgemeinen als **Technologie- und Gründerzentren** (TGZ) bezeichnet und sind ihrem Wesen nach eine Sonder-

---

464 Eigene Darstellung und Berechnung nach Krieger (1996).
465 Den Begriff „Standortgemeinschaft" verwendet bereits *Hüttermann, Armin* (1985).
466 Vgl. *Kistenmacher, Hans* et al. (1994), S. 125.
467 Vgl. *Hennings, Gerd* (1995), S. 480.
468 Vgl. *Hennings, Gerd* (1995), S. 482.

form der Industrie- und Gewerbeparks.[469] Derartige Technologie- und Gründerzentren haben sich seit etwa Mitte der 80er Jahre in Deutschland als eigenständige Variante der sog. Innovationszentren entwickelt, die sich im Ausland vor allem unter den Bezeichnungen Science Park, Incubator oder Technopôle etabliert haben.[470] Als erstes Zentrum dieser Art in Deutschland überhaupt wurde im Jahr 1983 das Berliner Innovations- und Gründerzentrum (BIG) eröffnet. Seitdem zeichnet sich auch auf diesem relativ neuen Gebiet kommunaler Wirtschaftsförderung, nämlich der lokalen Innovations- und Technologieförderung, ein regelrechter Wettlauf der Kommunen um junge innovative Firmen und Existenzgründer ab - wie sich in der Praxis zeigt, mit oft allzu hoch geschraubten Erwartungen. Dieses kritisch auch als neue „Oberbürgermeistermode"[471] bezeichnete Instrument kommunaler Wirt-schaftsförderung hat bisher insgesamt zu insgesamt drei „Gründungswellen" geführt wie dies in Abbildung 7 dargestellt ist:[472] In den Jahren 1985 und 1991 mit 15 bzw. 22 TGZ und schließlich im Jahr 1995 mit 19 TGZ.

Abbildung 7: Errichtung von TGZ im Zeitraum von 1983 bis 1998

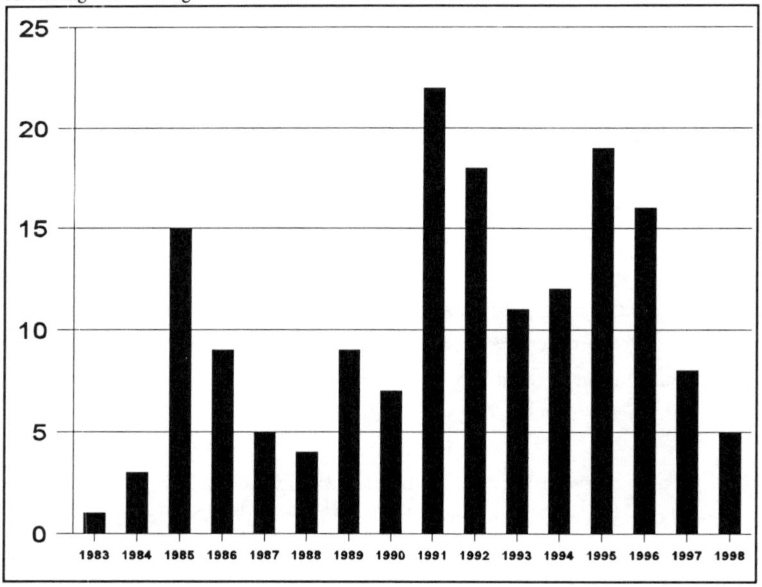

469 Vgl. *Hennings, Gerd* (1995), ebenda.

470 Vgl. *Baranowski, Guido/ Groß, Bernd* [Hrsg.] (1996), S. 23.

471 Vgl. o.V. (1985), Technologieparks - Risse im Brutkasten, S. 36-52.

472 Eigene Darstellung nach Angaben von *Baranowski, Guido/ Groß, Bernd* [Hrsg.] (1996), S. 37 ff.

Anfangs wurde das vergleichweise neue Förderinstrument noch kritisch und mit großer Skepsis als potentielle „Sackgasse“[473] oder gar „Fata Morgana“[474] kommunaler Wirtschaftsförderung bezeichnet; heute sind sie aber aufgrund ihrer Bedeutung zur Schaffung innovativer und qualitativ hochwertiger Arbeitsplätze aus der kommunalen Förderlandschaft in Deutschland nicht mehr wegzudenken.[475]

Die Bedeutung derartiger Innovationszentren im Rahmen der kommunalen Wirtschaftsförderung zeigt sich auch bei einer näheren Betrachtung der Zusammensetzung ihrer Gesellschafter, Mitglieder und Träger wie sie in Abbildung 8 dargestellt ist.[476] Danach stellen die Städte und Gemeinden mit 29 % den weitaus größten Anteil, gefolgt von Kreditinstituten und sonstigen Trägern mit jeweils 16 %. Während die Industrie- und Handelskammern noch mit 14 % an derartigen Zentren beteiligt sind, sind es gerade 7 % der Kreise. Das Schlußlicht bilden wissenschaftliche Einrichtungen wie Universitäten und Fachhochschulen mit nur jeweils einem Prozent.[477]

Abbildung 8: Gesellschafter und Träger der TGZ (in %)

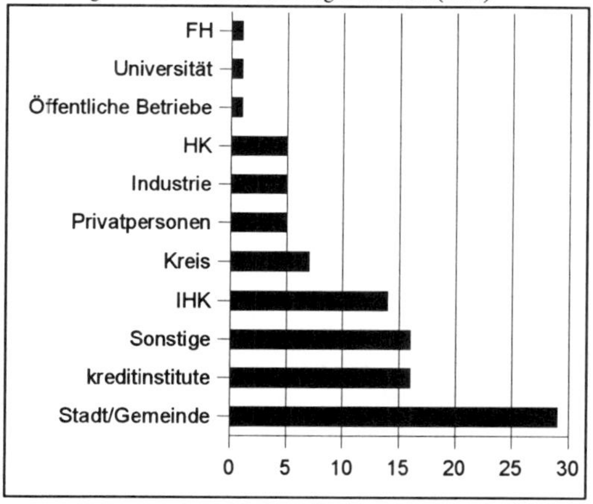

473 *Eisbach, Joachim* (1985), S. 88 ff.

474 *Heuer, Hans* (1985), S. 638 ff.

475 Vgl. zur Beurteilung von Technologie- und Gründerzentren als Instrument kommunaler Wirtschaftsförderung zum Beispiel *Pett, Alexander* (1993) oder *Behrendt, Heiko* (1996).

476 Eigene Darstellung in Anlehnung an *Kirchhoff, Ulrich/ Müller-Godeffroy, Heinrich* (1991), S. 49.

477 Vgl. *Kirchhoff, Ulrich/ Müller-Godeffroy, Heinrich* (1991), S. 49.

Zu einem weitgehend ähnlichen Ergebnis kommt auch eine aktuelle Untersuchung[478] von insgesamt 24 durch das BMFT geförderten Technologie- und Gründerzentren in den neuen Bundesländern des Fraunhofer-Instituts für Systemtechnik und Innovationsforschung (ISI) aus dem Jahr 1995. Danach sind bei 17 von insgesamt 21 in der Rechtsform einer GmbH geführten Technologie- und Gründerzentren die Städte die wichtigsten Gesellschafter (81 %), die zusammen einen Anteil am Gesellschaftskapital von 36,6 % halten. Landkreise sind zwar nur an 7 Zentren (33,3 %) beteiligt gewesen im Gegensatz zu den Industrie- und Handelskammern, die insgesamt 11 Beteiligungen (52,4 %) vorzuweisen hatten; dennoch lag der Anteil am Gesellschaftskapital mit 12,6 % bei den Landkreisen etwa mehr als doppelt so hoch als dies bei den Industrie- und Handelskammern mit 6,1 % der Fall war.[479]

Da es in der Bundesrepublik Deutschland bislang keine offizielle Gründungsstatistik für Technologie- und Gründerzentren gibt, stützen sich in der Regel sämtliche empirischen Untersuchungen zu Innovationszentren hauptsächlich auf die jeweils aktuellen Dokumentationen der Arbeitsgemeinschaft Deutscher Technologie- und Gründerzentren (ADT), die detailliertes Material für weitere Analysen bieten und sich mittlerweile als Standardwerk zu Innovationszentren etabliert haben.[480] Folgt man den Angaben von Baranowski und Groß (1996) vom ADT, die in Tabelle 4 zusammengefaßt sind, so haben bis heute fast 200 Innovationszentren in Deutschland ihren Betrieb aufgenommen, zu denen insgesamt rund 5.000 Unternehmen der verschiedensten Bereiche gehören, angefangen von technologieorientierten Betrieben über innovationsfördernden Dienstleistern bis hin zu spezialisierten Beratungs- und Serviceunternehmen mit zusammen ca. 40.000 Beschäftigten.[481] Diese Zahlen unterstreichen die Bedeutung der Technologie- und Gründerzentren für die lokale und regionale Wirtschaftsentwicklung in eindrucksvoller Weise.

Tabelle 4: Anzahl der Zentren, Unternehmen und Mitarbeiter im Jahr 1996

Gebiet	Anzahl der Innovationszentren	Anzahl der Unternehmen	Anzahl der Mitarbeiter
Alte Bundesländer	ca. 125	ca. 3.600	ca. 30.000
Neue Bundesländer	ca. 65	ca. 1.400	ca. 10.000
insgesamt	ca. 180	ca. 5.000	ca. 40.000

Quelle: Eigene Darstellung nach Angaben von *Baranowski, Guido/ Groß, Bernd* [Hrsg.] (1996), S. 26.

---

478 *Peschak, Franz* (1995), Technologiezentren in den neuen Bundesländern. Wissenschaftliche Analyse und Begleitung des Modellversuchs „Auf- und Ausbau von Technologie- und Gründerzentren in den neuen Bundesländern" des Bundesforschungsministeriums, Heidelberg.

479 Vgl. *Peschak, Franz* (1995), S. 36 f.

480 *Baranowski, Guido/ Groß, Bernd* [Hrsg.](1996), Innovationszentren in Deutschland 1996/97. Mit Firmenbeschreibungen, Berlin. Insgesamt zählt die ADT derzeit rund 150 Mitgliedszentren aus dem gesamten Bundesgebiet wie in einer telefonischen Anfrage des Verfassers mitgeteilt wurde.

481 Vgl. *Baranowski, Guido/ Groß, Bernd* [Hrsg.](1996), S. 26.

Rechnet man zu den heute bereits bestehenden Technologie- und Gründerzentren die derzeit mehr als 30 noch in der Planungs- bzw. Aufbauphase befindlichen Zentren hinzu, kann im Jahr 1997 mit einer Anzahl von insgesamt 224 Technologie- und Gründerzentren in Deutschland gerechnet werden. Auch im Falle der Technologie- und Gründerzentren ist eine regional höchst unterschiedliche Verteilung in den Ländern der Bundesrepublik Deutschland festzustellen (siehe Abbildung 9).[482] Im Gegensatz zu den interkommunalen Industrie- und Gewerbegebieten steht das Land Nordrhein-Westfalen an der Spitze der Wertung; allein 63 der insgesamt 224 TGZ (28,1 %) wurden dort in den letzten Jahren errichtet. Mit deutlichem Abstand folgt Sachsen mit 24 TGZ (10,7 %) und Baden-Württemberg mit 22 (9,8 %). Der Grund derartiger „Häufungen" von TGZ bei gleichmäßiger Verteilung in einzelnen Bundesländern läßt sich auch in diesem Fall - wie bereits bei den interkommunalen Industrie- und Gewerbegebieten - darauf zurückführen, daß die Errichtung von TGZ von den jeweiligen Landesregierungen in besonderem Maße finanziell gefördert wird.[483]

Abbildung 9: Regionale Verteilung der TGZ im Jahr 1997

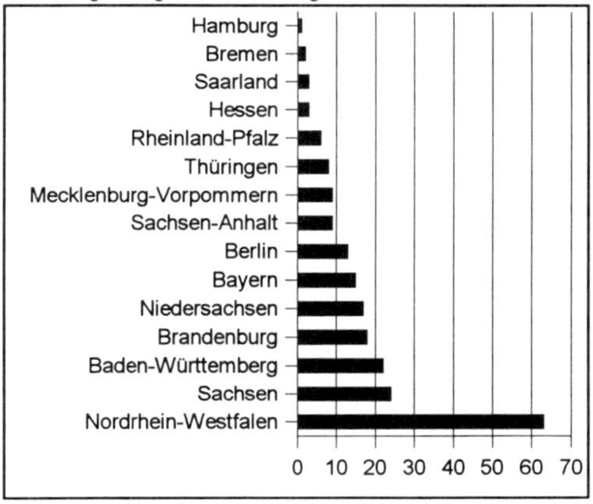

3. Standortmarketing, Akquisition und Bestandspflege

Mit der Darstellung des dritten Kooperationsgegenstandes, der sich im Rahmen der Regionalisierung kommunaler Wirtschaftsförderung in der Praxis anbietet, schließt der allgemeine Grundlagenteil der vorliegenden Untersuchung ab. Das kommunale Standortmarketing, die Akquisition und die Bestandspflege sind strategische Aufgaben, die eines ganzheitlichen Konzepts bedürfen.

---

482 Eigene Darstellung nach Angaben von *Baranowski, Guido/ Groß, Bernd* [Hrsg.] (1996), S. 27.
483 Vgl. *Grabow, Busso* et al. (1990), S. 84.

Insofern kommt zur Institutionalisierung interkommunaler bzw. öffentlich-privater Zusammenarbeit bei diesem strategisch wichtigen Aufgabenkomplex nur eine Organisationsform in Betracht, die auf Dauer angelegt ist und eine möglichst breite Beteiligung aller wirtschaftspolitisch relevanten Akteure in einer Stadt oder Region erlaubt.

Während der gesamte Aufgabenbereich der Akquisition und Bestandspflege in zahlreichen Landkreisen in Form von institutionalisierten regionalen privatrechtlichen Wirtschaftsförderungsgesellschaften bereits seit vielen Jahren und Jahrzehnten erfolgreich praktiziert wird, kommt im Zuge des sich weiter verschärfenden „Wettbewerbs der Regionen" insbesondere dem umfassenden regionalen Standortmarketing bzw. Regionalmarketing eine große Bedeutung zu. Es wird in Zukunft mehr als bisher für die Wettbewerbsfähigkeit einer Wirtschaftsregion darauf ankommen, in der Region weitere Unterstützungskräfte für die eigenen kommunalen Aktivitäten im Rahmen des Standortmarketings zu gewinnen.[484] Manschwetus (1995) definiert den Begriff des Regionalmarketing wie folgt:[485] „Regionalmarketing ist ein marktorientiertes Steuerungskonzept zur Entwicklung von Regionen. Es hat die Gestaltung der Beziehungen zwischen Regionen und ihren Marktpartnern zum Gegenstand." Als konkrete „Marktpartner" der Regionen gelten hierbei insbesondere Bürger, Gebietskörperschaften und Unternehmen. Seine spezifischen Ausprägungen findet der Oberbegriff des Regionalmarketings im kommunalen Bereich sowohl hinsichtlich der durchführenden *administrativen Ebene* wie zum Beispiel der Städte (sog. Stadtmarketing) als auch hinsichtlich der konkreten *Gegenstandsbereiche* wie zum Beispiel bei Investoren (sog. Standortmarketing).[486]

Im folgenden Verlauf der Arbeit wird Regionalmarketing als umfassendes regionales Standortmarketing zur Entwicklung und Förderung der Region verstanden. Da aber die gesetzlichen Rahmenbedingungen des Öffentlichen Rechts die Integration eines Marketing-Managements in die Kommunalverwaltung etwa in Form eines Amtes oder einer Stabsstelle für Marketing erschweren, schlägt Manschwetus (1995) zur praktischen Umsetzung des Standortmarketings außerhalb der Verwaltung insbesondere die privatrechtlich organisierten kommunalen Wirtschaftsförderungsgesellschaften vor, die damit - neben Marketingagenturen sowie Industrie- und Handelskammern - zu den potentiellen Marketingorganisationen im Rahmen des regionalen Standortmarketings bzw. Regionalmarketings gezählt werden können.[487] Aufgrund einer weitgehenden Kongruenz der originären Aufgaben von kommunalen Wirtschaftsförderungsgesellschaften mit denen des Regionalmarketings sind diese seiner Meinung nach als Träger des

484 Vgl. *Piper, Markus* (1994), S. 219.
485 *Manschwetus, Uwe* (1995), S. 39.
486 Vgl. *Manschwetus, Uwe* (1995), S. 41.
487 Vgl. *Manschwetus, Uwe* (1995), S. 304 ff. (insb. S. 306 ff.)

Regionalmarketings geradezu prädestiniert. Und tatsächlich läßt sich in der Praxis häufig eine starke Übereinstimmung der spezifischen Dienstleistungsangebote kommunaler Wirtschaftsförderungsgesellschaften mit den verschiedenen Instrumenten des regionalen Standort- bzw. Regioanlmarketings feststellen.

Dennoch geht ein konsequent betriebenes und umfassendes Regionalmarketing weit über das herkömmliche Aufgabenspektrum einer traditionellen Wirtschaftsförderungsgesellschaft hinaus und würde insofern eine wesentliche Erweiterung ihres Aufgabenspektrums erfordern. Diesem Verständnis folgend müßten theoretisch die bekannten und bewährten Wirtschaftsförderungsgesellschaften alter Prägung umgewandelt werden zu Marketinggesellschaften neuen Zuschnitts.[488] In der Praxis läßt sich diese Entwicklung durchaus nachvollziehen; dort wurden nämlich in den letzten zehn Jahren nach und nach spezielle regionale Entwicklungs- bzw. Marketinginitiativen und -gesellschaften als Public-Private-Partnership gegründet und damit der Gründung einer eher allgemeineren regionalen Wirtschaftsförderungsgesellschaft vorgezogen.

Als eines der ersten Beispiele für die interkommunale Zusammenarbeit im Rahmen des kommunalen Standortmarketings und der Akquisition kann die bereits im Jahr 1971 auf Initiative der Industrie- und Handelskammer Dortmund ins Leben gerufene „Aktionsgemeinschaft Industrieansiedlung Östliches Ruhgebiet" angesehen werden, der neben der IHK Dortmund auch die Städte Castrop-Rauxel, Dortmund, Lünen und der Kreis Unna angehörten.[489] Allerdings handelte es sich hierbei nicht um eine institutionalisierte Form interkommunaler bzw. öffentlich-privater Zusammenarbeit. Nach eigenem Verständnis hatte sich damals die freiwillige Aktionsgemeinschaft als neue Dimensionen schaffende Antwort auf die mit der Industrieansiedlung zusammenhängenden Fragen in einem gewachsenen und industrieerfahrenenen Gebiet im wesentlichen die nachfolgend genannten Ziele gesetzt: Erstens die Kooperation zwischen den Gebietskörperschaften zur Verhinderung von Fehlentwicklungen der Wirtschaftsförderung, zweitens die Koordination der kommunalen Planungen um Überinvestitionen zu vermeiden und drittens durch die gemeinsame Darstellung der regionalen Standortvorteile entscheidend zur Verbesserung der Position im Standortwettbewerb beizutragen.[490] Aufgrund der erfolgreichen Zusammenarbeit im östlichen Ruhrgebiet, durch die „das Ausreizen der Konditionen durch bestimmte Unternehmen innerhalb dieses Raumes weitgehend eingedämmt werden konnte"[491], sollen auch im benachbarten Münsterland und im Raum Aachen entsprechende Initiativen ergriffen worden sein.[492]

---

488 Vgl. *Manschwetus, Uwe* (1995), S. 307.

489 Vgl. Industrie- und Handelskammer zu Dortmund (1972), Das östliche Ruhrgebiet. Die neue Dimension für Industrieansiedlung, Dortmund.

490 Vgl. *Stark, Klaus-Dieter* (1978), S. 147.

491 *Stark, Klaus-Dieter* (1978), S. 148.

492 Vgl. *Stark, Klaus-Dieter* (1978), S. 149.

Wie bereits im allgemeinen Teil der vorliegenden Untersuchung ausführlich dargestellt, werden die zur kommunalen Wirtschaftsförderung gehörenden Aufgaben bzw. Maßnahmen in der Bundesrepublik Deutschland überwiegend von den bestehenden verwaltungsinternen bzw. öffentlich-rechtlichen Wirtschaftsförderungsdienststellen erledigt. Daneben spielen mehr und mehr eigens aus der Verwaltung ausgegliederte bzw. privatrechtlich organisierte kommunale Wirtschaftsförderungsgesellschaften als Bindeglieder zwischen Wirtschaft und Verwaltung eine bedeutende Rolle, die schwerpunktmäßig mit den Aufgaben der Bestandspflege, der Neuansiedlungswerbung und dem Standortmarketing betraut sind.

Anders als bei den beiden zuvor dargestellten Kooperationsbereichen gibt es hinsichtlich der kommunalen Wirtschaftsförderungsgesellschaften keine aktuelle empirische Untersuchung. Zwar wurden spätestens seit Ende der 80er Jahre wiederholt sowohl bundesweite[493] als auch landesweite[494] Erhebungen durchgeführt, die einen detaillierten Einblick in die Organisation der kommunalen Wirtschaftsförderung geben. So konnte beispielsweise Wrobel (1979) in seiner empirischen Untersuchung[495] insgesamt 51 privatrechtlich organisierte Wirtschaftsförderungsgesellschaften ermitteln.[496] Unter den 40 antwortenden Gesellschaften waren neun städtische und 31 regionale Wirtschaftsförderungsgesellschaften.[497] Dabei stellte sich heraus, daß das Gros der Gesellschaften in den Jahren 1965 bis 1969 gegründet wurde, darunter 3 städtische und 13 regionale. Über die Hälfte dieser Gesellschaften bestand schon mehr als zehn Jahre, d.h. daß der Bestand im Betrachtungszeitraum insgesamt relativ konstant geblieben ist.[498]

Die letzte Erhebung für das Gebiet der alten Bundesländer stammt von Kröll und Ulitzka aus den Jahr 1988 und zählte über 60 Wirtschaftsförderungsgesellschaften in der Bundesrepublik Deutschland.[499] Zieht man von dieser Zahl die damals landesweit tätigen Wirtschaftsförderungsgesellschaften der fünf Flächenstaaten Hessen, Nordrhein-Westfalen, Rheinland-Pfalz, Saarland und Schleswig-Holstein sowie der drei Stadtstaaten Berlin, Bremen und Hamburg ab, kann in Anlehnung an Schiefer (1989) als grober Anhaltspunkt von 55 kommunalen Wirtschaftsförderungsgesellschaften in der Rechtsform einer GmbH ausgegangen werden, die vor der Deut-

---

493 Vgl. zum Beispiel *Wrobel, Bernd* (1979).

494 Vgl. zum Beispiel für Nordrhein-Westfalen: *Stark, Klaus-Dieter* (1978); für das Ruhrgebiet und das Bergische Land: *Grätz, Christian* (1983); für Schleswig-Holstein: *Sartowski, Roman* (1989); für Niedersachsen: *Imhoff-Daniel, Angela* (1994).

495 *Wrobel, Bernd* (1979), Organisation und Aufgaben kommunaler Wirtschaftsförderungsdienststellen und -gesellschaften. Ergebnisse zweier Umfragen, Berlin.

496 Vgl. *Wrobel, Bernd* (1979), S. 257.

497 Vgl. *Worbel, Bernd* (1979), S. 258.

498 Vgl. *Wrobel, Bernd* (1979), S. 259 f.

499 Die unveröffentlichte Erhebung von *Kröll/Ulitzka* (1988) sowie deren Ergebnisse sind bei *Schiefer, Bernd* (1989),S. 78 ff. (insb. FN 78) zitiert.

schen Wiedervereinigung im Jahr 1990 gegründet wurden.[500] Für die neuen Bundesländer liegen hinsichtlich der dort gegründeten kommunalen Wirtschaftsförderungsgesellschaften lediglich aus dem Jahr 1994 offizielle Zahlen vor.[501] Bis zu diesem Zeitpunkt wurden dort insgesamt 44 Wirtschaftsförderungs- und Entwicklungsgesellschaften in der Rechtsform der GmbH oder als GdbR gegründet, davon 17 in Brandenburg, zehn in Sachsen-Anhalt, neun in Mecklenburg-Vorpommern, fünf in Sachsen und drei in Thüringen.

Berücksichtigt man dabei, daß die genannten Zahlen nur grobe Anhaltspunkte darstellen und die tatsächliche Zahl kommunaler Wirtschaftsförderungsgesellschaften in der Bundesrepublik Deutschland wahrscheinlich höher anzusetzen ist, dürfte daher von einem derzeitigen Bestand von weit über 100 verwaltungsexternen bzw. privatrechtlich organisierten kommunalen Wirtschaftsförderungsgesellschaften auszugehen sein. Demgegenüber liegen nach Kenntnisstand des Verfassers über institutionalisierte interkommunale bzw. öffentlich-private Partnerschaften für das regionale Standortmarketing bzw. Regionalmarketing bislang überhaupt keine bundesweiten Erhebungen vor. Die Außnahme bildet lediglich eine von der „Aktion Münsterland e.V." im Herbst 1996 durchgeführte schriftliche Umfrage bei den bekannten Regionalmarketing-Initiativen, deren Ergebnisse jedoch auf Wunsch der befragten Einrichtungen nicht veröffentlich wurden.

Im Anschluß an die Darstellung der interkommunalen bzw. öffentlich-rechtlichen Kooperationsgegenstände im Rahmen der kommunalen Wirtschaftsförderung, die bereits seit rund 10 Jahren in der Praxis zunehmend realisiert werden, folgt der empirische Teil der vorliegenden Arbeit (Teil II) mit dem Ziel, zur Beseitigung des eben beschriebenen Defizits aktueller empirischer Untersuchungen beizutragen.

500 Vgl. *Schiefer, Bernd* (1989), S. 78. Zur Frage, ob es sich bei den landeigenen Wirtschaftsförderungsgesellschaften der Stadtstaaten um *kommunale* Gesellschaften handelt oder nicht vgl. *Koch, Horst Heinrich* (1983), S. 200.

501 Vgl. *Bundesministerium für Wirtschaft* [Hrsg.] (1994), Wirtschaftliche Förderung in den neuen Bundesländern, Bonn zitiert in: *Kühn, Gerd/ Floeting, Holger* (1995), S. 43 (FN 9).

Teil II:

Empirischer Teil

E. Einführung

I. Datengrundlagen: Datenerfassung und Datenerhebung

Es ist in der Statistik eine unabdingbare Voraussetzung, daß es sich - unabhängig, ob es sich dabei um die Datenbeschaffung selbst oder die sich daran anschließende Datenverarbeitung und -analyse handelt - um *relevante Daten* handeln muß.[502] Da aber angesichts des zuvor angesprochenen Mangels einschlägiger empirischer Erhebungen zum Thema „Regionalisierung" in der kommunalen Wirtschaftsförderung zum einen von vornherein nicht auf geeignetes sekundärstatistisches Datenmaterial oder aber offizielle Gründungsstatistiken zurückgegriffen werden konnte, mußte zur Darstellung und Analyse der institutionalisierten „Wirtschaftsregionen" eine eigene Datenerhebung zur Gewinnung des relevanten primärstatistischen Datenmaterials durchgeführt werden. Zum anderen handelt es sich auch um ein organisatorisches Problem, so daß nur von den angesprochenen Einrichtungen selbst die für die Untersuchung relevanten Daten erhoben werden konnten.

Kennzeichnend für die Situation hinsichtlich Organisation der kommunalen Wirtschaftsförderung in Form von Wirtschaftsförderungs- und Marketinggesellschaften und -initiativen ist die fehlende aktuelle Datengrundlage. Die letzte bundesweite Erhebung für das Gebiet der alten Bundesländer datiert - wie bereits erwähnt - aus dem Jahr 1988 und zählt rund 60 kommunale Wirtschaftsförderungsgesellschaften. In den neuen Bundesländern wurden im Jahr 1994 rund 40 kommunale Wirtschaftsförderungsgesellschaften gezählt. Demgegenüber liegen über die institutionalisierten Initiativen des regionalen Standort- bzw. Regionalmarketings mit überwiegend kommunaler Beteiligung und deren Organisation sowohl für die alten als auch für die neuen Bundesländer nach Kenntnisstand des Verfassers bislang überhaupt keine veröffentlichten Untersuchungen vor.[503] Die Schwierigkeit bei der Durchführung der empirischen Erhebung im vorliegenden Fall war, daß die Kommunen grundsätzlich nicht dazu verpflichtet sind, die von ihnen getragenen Wirtschaftsförderungsgesellschaften oder Regionalmarketing-Initiativen den übergeordneten Stellen wie etwa den Wirtschaftsministerien der jeweiligen Länder zu melden. Aufgrund dieser nicht bestehenden Meldepflicht ist es insofern oft allein vom Engagement der landeseigenen Wirtschaftsförderungsgesellschaft abhängig, ob und inwieweit diese eine aktuelle „Bestandsliste" der in ihrem Einzugsbereich tätigen kommunalen Wirtschaftsförderungsgesellschaften bzw.

---

502 Vgl. *Hauser, Siegfried* (1981), S. 49.

503 Lediglich durch die Regionalmarketinginitiative „Aktion Münsterland e.V." wurde - wie bereits erwähnt - im Herbst 1996 eine schriftliche Umfrage durchgeführt, deren Ergebnisse aber auf Betreiben einiger der befragten Einrichtungen nicht veröffentlicht wurden. Insgesamt wurden zum Zeitpunkt der Umfrage im Bundesgebiet über 40 Akteure des Regionalmarketings in Deutschland gezählt (vgl. die Schreiben vom 12. November 1996 und 13. Januar 1997).

regionalen Standortmarketinginitiativen vorlegen kann. Aus diesem Grund wurden in einem ersten Schritt im Frühjahr 1996 zunächst alle landesweit tätigen Wirtschaftsförderungsgesellschaften angeschrieben mit der Bitte um die Überlassung einer - wenn möglich - aktuellen Aufstellung der in ihrem räumlichen Zuständigkeitsbereich existierenden kommunalen bzw. regional tätigen Wirtschaftsförderungsgesellschaften mit kommunaler Beteiligung.

Bereits in dieser Phase kristallisierte sich ein durchaus nachvollziehbarer Ost-West-Kontrast heraus: Während die seit Jahren bzw. Jahrzehnten eingespielten landesweit tätigen Wirtschaftsförderungsgesellschaften in Westdeutschland ohne Ausnahme keine Probleme bei der Beschaffung der gewünschten Informationen hatten, waren einzelne ihrer Pendants in Ostdeutschland - vermutlich aufgrund der vergleichweise jungen kommunalen Wirtschaftsförderungslandschaft und deren Gründungs- und Auflösungs-Dynamik kommunaler Wirtschaftsförderungsgesellschaften - nicht in der Lage, einen aktuellen Überblick über den Bestand regionaler Wirtschaftsförderungsgesellschaften in ihrem Geschäftsbereich wiederzugeben. Zum Teil war es erst nach wiederholtem telefonischen Anfragen möglich, entsprechende Listen, die auf dem aktuellen Stand sind, zu erhalten. Parallel dazu wurden zusätzlich sämtliche Industrie- und Handelskammern, Handerwerkskammern und Regierungsbezirke in Deutschland sowie alle baden-württembergische Regionalverbände angeschrieben und ihrerseits - wenn möglich - um die Angabe der ihnen bekannten regionalen Wirtschaftsförderungsgesellschaften gebeten. Als ein überaus positives Beispiel für die alten Bundesländer sei hier insbesondere auf die vorbildliche Organisation und die angebotenen Dienstleistungen der Gesellschaft für Wirtschaftsförderung in Nordrhein-Westfalen mbH (GfW) verwiesen.

Entsprechend der Zielsetzung der vorliegenden Arbeit, die institutionalisierten „Wirtschaftsregionen“ als Instrumente kommunaler Wirtschaftsförderung in Deutschland zu untersuchen, wurden in die schriftliche Befragung nur die regionalen Einrichtungen für Wirtschaftsförderung und Standort- bzw. Regionalmarketing einbezogen, die auch bzw. überwiegend in *kommunaler* Trägerschaft sind. Nicht berücksichtigt wurden also Einrichtungen, die ausschließlich von privater Hand, öffentlich-rechtlichen Institutionen wie etwa Landesbanken und Sparkassen, Industrie- und Handelskammern oder aber von den Bundesländern selbst getragen werden. Angesichts des begrenzten zeitlichen und finanziellen Budgets sowie der Tatsache, daß die für eine Befragung in Frage kommenden regionalen Einrichtungen über das gesamte Bundesgebiet verteilt sind, kam eine mündliche Befragung der Verantwortlichen vor Ort durch den Verfasser als Erhebungsmethode zur Datengewinnung von vornherein nicht in Frage.[504]

---

504 Lediglich zur fundierten Darstellung der ausländischen Fallbeispiele wurden im Einzelfall Interviews vor Ort vom Verfasser durchgeführt.

Da es sich bei den zu befragenden Einrichtungen hinsichtlich der mit der Zielsetzung der vorliegenden Arbeit im wesentlichen um eine mehr oder weniger homogene Gruppe handelt, wurde daher die postalische Befragung mittels eines standardisierten Fragebogens gewählt.

II. Inhalt und Ablauf der schriftlichen Erhebung

Formal orientiert sich der **Aufbau des Fragebogens** an den allgemeinen Kriterien zur Konstruktion von Fragebögen im Rahmen der empirischen Wirtschafts- und Sozialforschung.[505] Dabei muß allerdings berücksichtigt werden, daß insbesondere im Rahmen postalischer Befragungen auch noch so „kunstvoll ausgedachte Reihenfolgen und Überlistung des Befragten durch sich gegenseitig kontrollierende Fragen (..) wirkungslos“[506] sind. Inhaltlich orientieren sich die Fragen aufgrund der Tatsache, daß es sich bei institutionalisierten „Wirtschaftsregionen“ um ein primär organisatorisches Problem der interkommunalen Zusammenarbeit im Rahmen der kommunalen Wirtschaftsförderung handelt, zum Teil an den bisherigen vorliegenden empirischen Erhebungen zur Organisation kommunaler Wirtschaftsförderung im allgemeinen[507] und zur interkommunalen bzw. öffentlich-privaten Zusammenarbeit im besonderen[508]. Auf dieser Grundlage wurde ein entsprechend modifizierter und ergänzter Fragebogen zur „Regionalisierung in der kommunalen Wirtschaftsförderung“ konzipiert, der aus insgesamt 18 Fragen besteht und über den aktuellen Stand der Institutionalisierung von „Wirtschaftsregionen“ als Instrumente kommunaler Wirtschaftsförderung informieren soll.[509] Dabei wurden die Fragen auf die drei folgenden Fragenkomplexe entsprechend ihrer Zugehörigkeit verteilt:

- Gründungsmotive, Ziele und Aufgaben (Teil A);
- Rechtsform, Gesellschafterstruktur und Organe (Teil B);
- Personalstruktur, Kapitalstruktur und Finanzierung (Teil C).

Um die im allgemeinen mit postalischen schriftlichen Befragungen in Zusammenhang gebrachten Nachteile[510] größtenteils kompensieren zu können und günstige Voraussetzungen für einen hohen Rücklauf zu schaffen, wurden zusätzlich zu den obligatorischen Voraussetzungen für den Versand von Fragebögen weitere Maßnahmen ergriffen, die im folgenden aufgeführt sind:

---

505 Vgl. zur Konstruktion von Fragebögen allgemein *Kreutz, Henrik/ Titscher, Stefan* (1974), S. 24 ff.

506 *Scheuch, Erwin* (1973), S. 125.

507 *Wrobel, Bernd* (1979), Organisation und Aufgaben kommunaler Wirtschaftsförderungsdienststellen und -gesellschaften. Ergebnisse zweier Umfragen, Berlin.

508 *Schwarz-Jung, Silvia R.* (1993), Überkommunale bzw. öffentlich-private Kooperation in der Wirtschaftsförderung. Eine Fragebogen-/Interviewaktion, Sankt Augustin.

509 Siehe Anhang.

510 Vgl. *Friedrichs, Jürgen* (1982), S. 236 ff.

- Ein persönlich gehaltenes Anschreiben an die jeweiligen Geschäftsführer oder die für die Bearbeitung des Fragebogens zuständigen Mitarbeiter; fehlende oder unvollständige Daten wurden über telefonische Direktanfragen bei den zu befragenden Einrichtungen ermittelt und entsprechend aktualisiert.
- Ein Hinweis auf die Möglichkeit der Befragten um kurze telefonische Rücksprache bei für sie unzutreffenden oder unklar formulierter Fragen.
- Eine Kombination von Fragebogen und ergänzenden persönlichen Interviews bei den ausgewählten in- und ausländischen Fallbeispielen.[511]
- Das Angebot einer für die Befragten kostenfreien Zusendung der Umfrageergebnisse bei Interesse nach Abschluß der vorliegenden Arbeit.
- Eine graphisch ansprechende und übersichtliche Gestaltung des gesamten Layouts des Fragebogens.
- Eine klare und prägnante Formulierung der ausschließlich standardisierten Fragen.
- Ein beigefügter, ausreichend frankierter und adressierter Rückumschlag.

Um die Verständlichkeit des Fragebogens, die Art des Anschreibens und den geschätzten erforderlichen Zeitaufwand für die Beantwortung der Fragen zu überprüfen,[512] wurde der schriftlichen Befragung ein **Pretest** vorgeschaltet, der im Juli/August 1996 bei fünf in Frage kommenden regionalen Einrichtungen durchgeführt wurde. Der vollständige Rücklauf der versandten Fragebögen innerhalb kürzester Zeit und die zusätzliche Kontrolle durch telefonische Rückfragen bei den angeschriebenen Personen im Einzelfall bestätigte sowohl die gewählte Form als auch den Inhalt der Fragebögen in ihrer praktischen Anwendbarkeit.

Als sehr positiv wurde dabei von allen Befragten vermerkt, daß durch die kurz gehaltenen und standardisierten Fragestellungen eine überaus zügige Bearbeitung möglich sei; eine angesichts der wahren „Flut" von Fragebögen, die auf die befragten Einrichtungen regelmäßig zukommen und hinsichtlich der geringen Personalkapazitäten für diese Art der Öffentlichkeitsarbeit wichtige und nicht zu unterschätzende Tatsache.[513]

---

511 Diese kombinierte Vorgehensweise wurde insbesondere für die deutschen Fallstudien aufgrund der räumlichen Nähe von Befragten und Umfrageträger in Erwägung gezogen. Bei den ausländischen Fallstudien wurde aufgrund der mehr oder weniger divergierenden Staats- und Verwaltungsstrukturen ganz auf eine postalische Befragung verzichtet und dafür ein intensives persönliches Interview gewählt.

512 Vgl. *Friedrichs, Jürgen* (1982), S. 245.

513 Die kalkulierte Bearbeitungszeit für das Ausfüllen des gesamten Fragebogen hat sich im Zuge der telefonischen Rückfragen als durchaus realistisch bestätigt.

Die **Haupterhebung** wurde im Zeitraum von September bis Dezember 1996 bzw. Januar 1997 durchgeführt. Angeschrieben wurden insgesamt 47 institutionalisierte regionale Wirtschaftsförderungsgesellschaften und Standortmarketing- bzw. Regionalmarketinginitiativen, die sich ausschließlich oder überwiegend in kommunaler Trägerschaft befinden und insofern zu Recht als Instrument kommunaler Wirtschaftsförderung bezeichnet werden können. Zählt man die fünf verschickten Fragebögen des Pretests hinzu, wurden im Rahmen der schriftlichen Erhebung insgesamt 52 regionale Gesellschaften und Initiativen kommunaler Wirtschaftsförderung bzw. des Regionalmarketings mit überwiegend kommunaler Beteiligung im gesamten Bundesgebiet angeschrieben und um die Beantwortung gebeten. Als Zeitrahmen zur Rücksendung des ausgefüllten Fragebogens war ein Monat ab dem Tag der Zustellung per Post vorgesehen.

In der vorliegenden Untersuchung kommen für die Auswertung des empirisch gewonnenen Datenmaterials ausschließlich einfache Verfahren der deskriptiven Statistik zur Anwendung.[514] Da im vorliegenden Fall die Methoden der induktiven Statistik nicht sachgerecht anwendbar sind und durch die Techniken der deskriptiven Datenanalyse keine kausalen Rückschlüsse vom Stichprobenumfang auf die Grundgesamtheit möglich sind, wird dieser grundsätzliche Mangel wenn möglich durch die Heranziehung anderer empirischer Untersuchungsergebnisse ausgeglichen.

III. Rücklauf der Umfrage

Auffällig und auch der Aktualität des Themas „Regionalisierung" entsprechend ist die hohe **Rücklaufquote** der durchgeführten schriftlichen Befragung: Von den insgesamt 52 bundesweit angeschriebenen regionalen Einrichtungen antworteten 44 - das entspricht einer Rücklaufquote von rund 85 %. Betrachtet man den Rücklauf getrennt nach Bundesländern, so ergibt sich daraus zunächst eine geringere Bereitschaft von Einrichtungen in den neuen Bundesländern zu antworten. Während aus den Ländern Mecklenburg-Vorpommern, Nordrhein-Westfalen, Sachsen und Sachsen-Anhalt nur jeweils eine der angeschriebenen Einrichtungen nicht geantwortet hat, ist für Brandenburg überhaupt kein Rücklauf zu verzeichnen. Eine nichtantwortende Einrichtung aus Baden-Württemberg mußte aus organisatorischen Gründen eine Absage an der Untersuchung mitteilen.

---

514 Dies ist bei vergleichbaren empirischen Untersuchungen zur kommunalen Wirtschaftsförderung durchaus üblich, vgl. dazu etwa *Pett, Alexander* (1993), Technologie- und Gründerzentren. Empirische Analyse eines Instruments zur Schaffung hochwertiger Arbeitsplätze, Mainz, Univ., Diss., 1993, S. 130 ff.; ferner *Grabow, Busso* et al.(1990), Lokale Innovations- und Technologiepolitik. Ergebnisse einer bundesweiten Erhebung, Berlin.

Tabelle 5: Teilnahme an der schriftlichen Befragung nach Bundesländern

Bundesland	Zahl der angeschriebenen regionalen Einrichtungen	Zahl der Antworten	
		absolut	in Prozent
Baden-Württemberg	14	13	92,9
Bayern	4	4	100
Brandenburg	3	-	-
Bremen	1	1	100
Hessen	2	2	100
Rheinland-Pfalz	4	4	100
Mecklenburg-Vorpommern	4	3	75
Niedersachsen	1	1	100
Nordrhein-Westfalen	7	6	85,7
Saarland	1	1	100
Sachsen	3	2	66,7
Sachsen-Anhalt	3	2	66,7
Schleswig-Holstein	1	1	100
Thüringen	4	4	100
insgesamt	52	44	84,6

Quelle: Eigene Erhebung 1996.

Für die Auswertung von Fragebögen ist neben der Rücklaufquote auch die gesamte **Rücklaufcharakteristik** von Bedeutung, da durch sie Rückschlüsse auf die befragte Gruppe gezogen werden können.[515] Im Falle der vorliegenden Untersuchung wurden bis auf wenige Ausnahmen alle beantworteten Fragebögen innerhalb des vorgesehenen Bearbeitungszeitraumes von einem Monat ab dem Tag der Zustellung zurückgeschickt. Dabei muß allerdings angemerkt werden, daß sich die Umfrage insgesamt rund ein halbes Jahr hingezogen hat, da einige „Wirtschaftsregionen" - insbesondere in Baden-Württemberg - erst im Laufe der Haupterhebung institutionalisiert worden sind. Diese Tatsache führte zu mehreren „Erhebungswellen", die aber wie der Vergleich von Erst- und Endbeantwortern zeigt, zu keinen signifikanten Unterschieden hinsichtlich der jeweiligen Antworten führten.

Von acht Einrichtungen, darunter allein sechs aus den neuen Bundesländern, kam dagegen überhaupt keine postalische oder telefonische Rückmeldung - weder positiv noch negativ. Erst das telefonische „Nachhaken" bei den Nichtbeantwortern Anfang Januar 1997 ergab, daß zwei Einrichtungen angesichts der wahren Flut von Fragebögen nicht mehr gewillt sind, an derartigen Umfrageaktionen teilzunehmen, während die verbleibenden nichtantwortenden Einrichtungen aus ungeklärter Ursache überhaupt nicht mehr telefonisch zu erreichen waren.

515 Vgl. *Friedrichs, Jürgen* (1982), S. 242.

F. Institutionalisierte kreisübergreifende „Wirtschaftsregionen" in Deutschland - ein Überblick

I. Struktur und räumliche Lage

Im folgenden werden ausschließlich kreisübergreifende Einrichtungen der kommunalen Wirtschaftsförderung und des regionalen Standort- bzw. Regionalmarketings untersucht, die im gesamten Bundesgebiet in einer öffentlich-rechtlichen oder privatrechtlichen Form als „Wirtschaftsregion" institutionalisiert wurden. Auf eine Besonderheit muß in diesem Zusammenhang allerdings zunächst hingewiesen werden: Angesichts der in den neuen Bundesländern seit der Deutschen Wiedervereinigung im Jahr 1990 durchgeführten Kreisreformen haben sich die Verwaltungsgrenzen innerhalb der Länder im Laufe der Zeit entsprechend verändert.[516] Insofern ist es nicht nur möglich, sondern auch wahrscheinlich, daß kommunale Wirtschaftsförderungseinrichtungen, die ursprünglich von zwei oder mehr Landkreisen und kreisfreien Städten gegründet worden sind, heute nur noch von einem einzigen „neuen", größeren Landkreis als Gesellschafter getragen werden. Da zum einen in der vorliegenden Untersuchung der Anteil institutionalisierter kreisübergreifender „Wirtschaftsregionen" in den neuen Bundesländern im Vergleich zu den in den alten Bundesländern ohnehin geringer ist - ihr Anteil liegt knapp über einem Viertel (10 Einrichtungen bzw. 27 %) - und zum anderen die zentralen Überlegungen, die letztlich zur Institutionalisierung der Einrichtung geführt haben, auf Basis kreisübergreifener Aktivitäten erfolgt sind, wurden drei davon Betroffene, d.h. heute kreisbezogen tätige Einrichtungen (6,8 %) in der vorliegenden Untersuchung trotzdem berücksichtigt und in die bundesweite Analyse aufgenommen. Dabei handelt es sich im einzelnen um die regionalen Wirtschaftsförderungsgesellschaften der heutigen Landkreise Ludwigslust, Müritz und Nordwestmecklenburg in Mecklenburg-Vorpommern, die heute jeweils vom Landkreis getragen werden, aber ursprünglich von zwei oder mehr Landkreisen getragen worden sind.

Hinsichtlich der räumlichen Einzugsgebiete fällt die große Heterogenität der untersuchten Einrichtungen auf. Während die größte institutionalisierte Einrichtung, die mit dem gleichnamigen Regierungsbezirk deckungsgleiche Wirtschaftsregion Weser-Ems eine Fläche von über 14.960 km² und eine Bevölkerungsdichte von nur 158 Einwohner je km² aufweist, ist die Region Nürnberg mit 367 km² zwar die flächenmäßig kleinste der untersuchten institutionalisierten „Wirtschaftsregionen"; sie weist aber aufgrund ihrer Lage in einem Ballungszentrum eine Einwohnerdichte von rund 2.017 Einwohner je km² auf, d.h. die entsprechenden Relationen

---

516 Vgl. zur Kreisreform in den neuen Ländern *Püttner, Günter* (1993), S. 193 ff.

wären bezogen auf die Fläche 40:1 und auf die Einwohnerdichte 1:12.[517] Die Lage der 37 untersuchten institutionalisierten kreisübergreifenden „Wirtschaftsregionen" im Bundesgebiet ist in Abbildung 10 dargestellt.[518] In einigen Fällen kommt es auch zu Überschneidungen ihrer räumlichen Geschäftsbereiche.

Abbildung 10: Institutionalisierte kreisübergreifende „Wirtschaftsregionen" in Deutschland

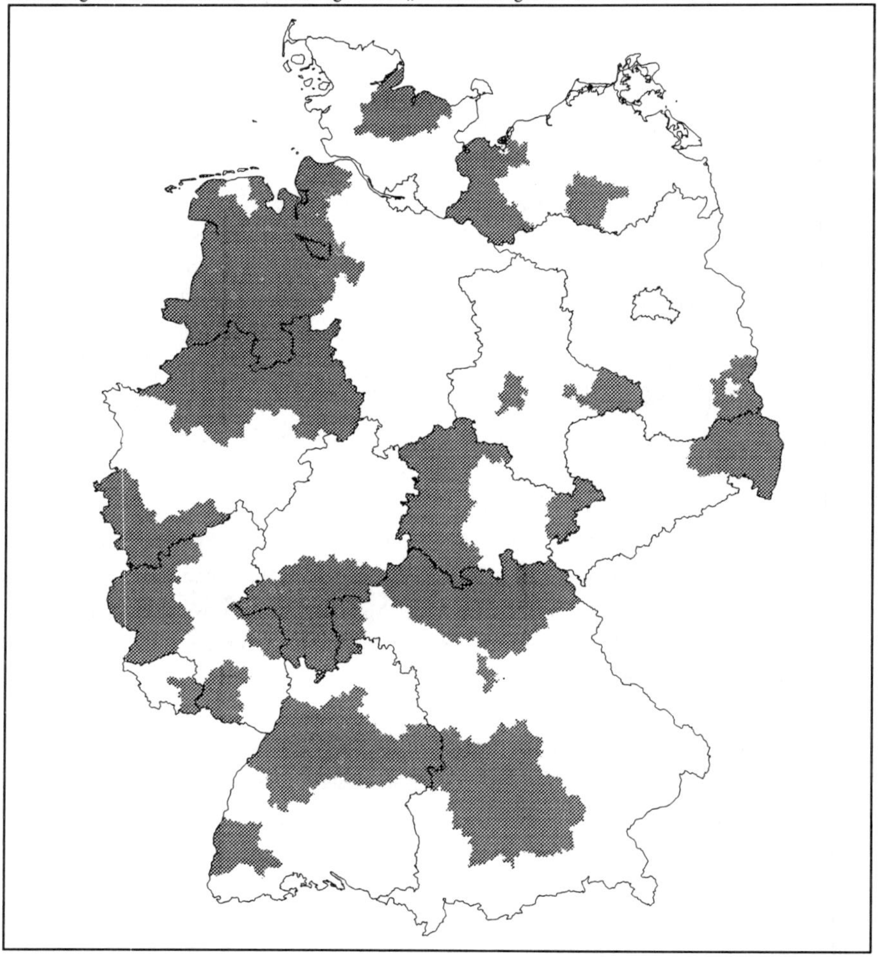

517 Vgl. *Statistisches Bundesamt* (1996); eigene Berechnungen.
518 Eigene Darstellung.

II. Darstellung der empirischen Ergebnisse

1. Gründungsmotive, Ziele und Aufgaben

1.1 Gründungszeitpunkte

Entsprechend der Aktualität des Themas „Regionalisierung" im Rahmen der kommunalen Wirtschaftsförderung und angesichts des bisherigen Defizits diesbezüglicher empirischer Untersuchungen in der Literatur lag zunächst die Vermutung nahe, daß die Mehrheit der bis heute institutionalisierten kreisübergreifenden „Wirtschaftsregionen" vergleichsweise jüngeren Datums sind. Und obwohl vereinzelt bereits jahrzehntelange Erfahrungen mit der interkommunalen Kooperation in der Wirtschaftsförderung - zumindest auf Landkreisebene - vorliegen, wird diese Vermutung bei einer Betrachtung der Gründungszeitpunkte der untersuchten kreisübergreifenden Einrichtungen weitgehend bestätigt.[519] Das Gros der untersuchten kreisübergreifenden Einrichtungen (89,2 % bzw. 33 Einrichtungen) wurde danach im Zeitraum von 1990 bis 1996 institutionalisiert; davor wurden bundesweit lediglich vier kreisübergreifende Einrichtungen gegründet wie aus Tabelle 6 hervorgeht. Bei diesen „Vorreitern" handelt es sich im einzelnen um die „Wirtschaftsförderungsgesellschaft Saar-Ost/Westpfalz/ Bitche mbH" (gegründet 1968), die „Wirtschaftsförderungsgesellschaft Weser-Jade mbH" (1970), die „AGIT - Aacherner Gesellschaft für Innovation und Technologietransfer mbH" (1983) und schließlich die „Technologie-Region Karlsruhe GbdR" (1987).

Tabelle 6: Gründungszeitpunkte

Gründungsjahr	Anzahl der Einrichtungen	Anteil in Prozent
1968	1	2,7
1970	1	2,7
1983	1	2,7
1987	1	2,7
1990	4	10,8
1991	6	16,2
1992	3	18,9
1993	3	8,1
1994	5	13,5
1995	5	13,5
1996	3	8,1
insgesamt	37	100,0

Quelle: Eigene Erhebung 1996.

519 Vgl. Frage Nr. 1 des Fragebogens (Teil A).

Vernachlässigt man die vier kreisübergreifenden Einrichtungen, die bereits vor 1990 institutionalisiert worden sind, so ergibt sich für die übrigen 33 untersuchten Einrichtungen in den alten und neuen Bundesländern die in Abbildung 11 graphisch dargestellte Verteilung gemessen an der Anzahl der auf das entsprechende Jahr entfallenden Gründungen.

Abbildung 11: Gründungen im Zeitraum von 1990 bis 1996

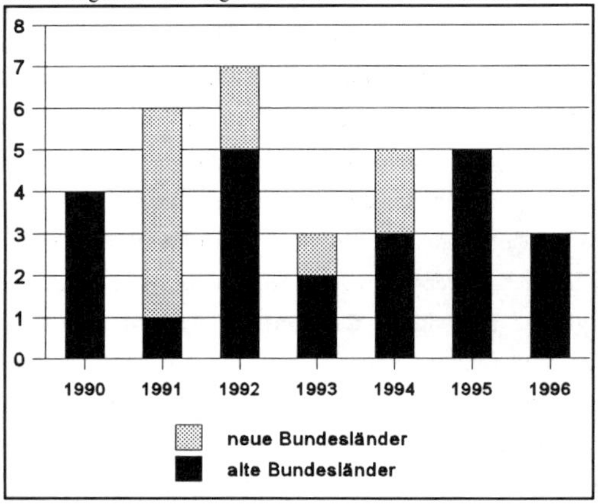

Wie aus der Abbildung ersichtlich ist, können für die alten Bundesländer insgesamt drei „Gründungswellen“ von einmal vier Institutionalisierungen im Jahr der Deutschen Wiedervereinigung sowie jeweils fünf Institutionalisierungen in den Jahren 1992 und 1995 registriert werden, während es in den neuen Bundesländern lediglich im Jahr nach der Vereinigung eine Spitze mit insgesamt 5 Gründungen gab. Die Betrachtung der Gründungszeitpunkte zeigt, daß nicht nur vereinigungsbedingte Institutionalisierungen bei den untersuchten kreisübergreifenden Einrichtungen zu verzeichnen sind. Auch auch die Tatsache, daß es vermutlich auch im Hinblick auf die Vollendung des Europäischen Binnenmarktes im Jahr 1993 insbesondere in den alten Bundesländern zu einem Anstieg der Gründungen gekommen ist, läßt sich daraus ersehen.

1.2 Gründungsmotive

Die Tatsache, daß es sich bei den untersuchten Einrichtungen mehrheitlich um vergleichsweise junge kreisübergreifende Wirtschaftsregionen handelt, hat zwei wesentliche Vorteile: Erstens sind die Bearbeiter der Fragebögen meist von Anfang an dabei und kennen daher aus eigener Erfahrung die Motive, die den Ausschlag zur Gründung der Einrichtung gegeben haben; es muß also diesbezüglich nicht geraten bzw. gemutmaßt werden wie dies bei Einrichtungen der Fall ist, die bereits seit vielen Jahren oder Jahrzehnten bestehen und/oder aber der Personalstamm bis heute einem mehrfachen „Generationswechsel" unterlegen hat. Zweitens spiegeln die persönlichen Einschätzungen der Bearbeiter eine hohe Aktualität der jeweiligen Motive wider.[520]

Die ausschlaggebenden Motive für die Gründung waren die gemeinsame Betroffenheit von einem konkreten Problem wie etwa hohe Arbeitslosigkeit oder gravierende Strukturschwächen, die von 24 der untersuchten regionalen Einrichtungen (64,7 %) als maßgeblich eingeschätzt wurden, dicht gefolgt von dem Ziel einer Bündelung aller gesellschaftlich und wirtschaftlich relevanten Kräfte in der Region, das von 22 Einrichtungen (59,5 %) genannt wurde. Als bedeutend wurden von 21 der befragten Einrichtungen (56,8 %) die Nutzung von Synergieeffekten und von 14 Einrichtungen (37,8 %) die Verbesserung der Koordination und Abstimmung genannt. Während in Tabelle 7 die Verteilung der Nennungen auf die Gründungsmotive dargestellt ist, erfolgt in Abbildung 12 eine entsprechende graphische Darstellung der Untersuchungsergebnisse.

Tabelle 7: Gründungsmotive (n=37)

Aspekte	Anzahl der Nennungen		
	unbedeutend	*bedeutend*	*maßgeblich*
gemeinsame Betroffenheit von einem Problem	6	7	24
Bündelung aller Kräfte in der Region	4	11	22
Problemlösungsdefizite bestehender Institutionen	24	9	4
Nutzung finanzieller Vorteile durch Kooperation	21	10	6
Nutzung von Synergieeffekten eines Netzwerkes	12	21	4
Verbesserung der Koordination und Abstimmung	8	14	15

Quelle: Eigene Erhebung 1996.

520 Vgl. Frage Nr. 3 des Fragebogens (Teil A).

Abbildung 12: Gründungsmotive

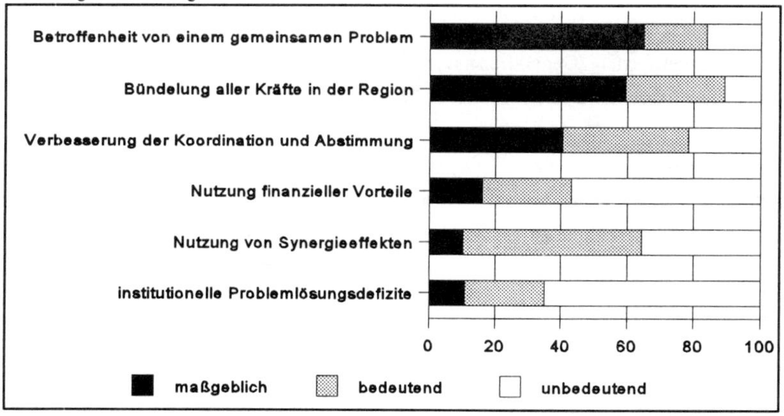

1.3 Vertraglich festgelegter Zweck

Von nahezu allen untersuchten Einrichtungen wurde dem Wortlaut nach gleich oder ähnlich die „Förderung und Verbesserung der Wirtschafts- und Sozialstruktur“ als das Oberziel ihrer vertraglich definierten Geschäftstätigkeit genannt.[521] Am Beispiel der ältesten und der jüngsten untersuchten kreisübergreifenden Einrichtung soll dies im folgenden exemplarisch aufgezeigt werden: Die „Wirtschaftsförderungsgesellschaft Saar-Ost/Westpfalz/Bitche mbH“ wurde bereits Jahr 1968 gegründet und ist grenzenüberschreitend zwischen dem Saarland und der französischen Region Bitche tätig. Als Gegenstand der Gesellschaft wird in § 2 Ziffer 1 des Gesellschaftsvertrages die Schaffung und Erhaltung von Arbeitsplätzen durch die „Verbesserung der wirtschaftlichen Struktur des östlichen Saarlandes einschließlich des Kreises Saarpfalz, des Raumes Zweibrücken in Deutschland und der Region Bitche in Frankreich“ insbesondere durch die Förderung der Industrieansiedlung und der ansässigen Betriebe genannt.

Die jüngste kreisübergreifende Einrichtung, die „Wirtschaftsförderungsgesellschaft mbH Region Ostwürttemberg“, wurde dagegen erst in der zweiten Jahreshälfte 1996 gegründet. In § 2 des Gesellschaftsvertrages wird als Ziel der Gesellschaft die Förderung von Maßnahmen genannt, die der „Entwicklung und Verbesserung der Wirtschaftsstruktur in der Region Ostwürttemberg“ dienen.

---

521 Vgl. Fragen Nr. 4 und 5 des Fragebogens (Teil A).

1.4 Aufgabenfelder

Die Frage nach den Aufgabenfeldern,[522] die zu den Tätigkeiten der untersuchten kreisübergreifenden Einrichtungen gehören, wurde ausnahmslos von allen befragten Einrichtungen beantwortet. Während der Aufgabenkomplex, der mit dem Betrieb oder der Trägerschaft von Standorteinrichtungen wie etwa Technologie- und Gründerzentren, Einrichtungen zur Aus- und Weiterbildung oder sonstige Einrichtungen besetzt ist, lediglich von 12 Einrichtungen überhaupt als bedeutendes bzw. maßgebliches Aufgabenfeld genannt wurde (32,4%), entfielen auf das Bereitstellen von Standortinformationen, das Standort- bzw. Regionalmarketing und die Imagepflege die weitaus meisten Nennungen wie Abbildung 13 zeigt.

Abbildung 13: Aufgabenfelder (in %)

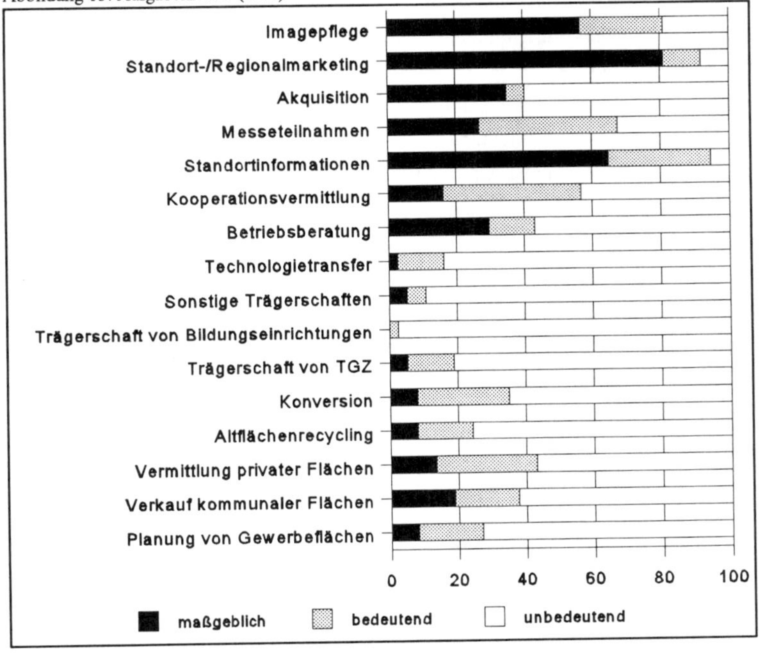

Danach folgen Messeteilnahmen, Kooperationsvermittlung und Betriebsberatung. Die Verteilung der Anworten läßt darauf schließen, daß die untersuchten kreisübergreifenden Einrichtungen mit Aufgaben des Regionalmarketings und der Öffentlichkeitsarbeit im weitesten Sinne beschäftigt

522 Vgl. Frage Nr.7 des Fragebogens (Teil A).

sind, demgegenüber risikoreiche und kapitalintensive Trägerschaftsaufgaben oder aber Planung, Verkauf und Vermittlung im Rahmen des regionalen Flächenmangements weniger zu den spezifischen Aufgabenfeldern gehören.

1.5 Gründungs- und Startschwierigkeiten

Wie eine vergleichbare Studie zeigen konnte,[523] sehen sich Einrichtungen im Rahmen der interkommunalen Zusammenarbeit insbesondere während der Gründungs- und Startphase sehr oft mehr oder weniger großen Schwierigkeiten gegenüber. Auch die hier untersuchten kreisübergreifenden Einrichtungen wurden hinsichtlich der im Zuge ihrer Gründungs- und Startphase aufgetretenen Probleme um eine Beurteilung gebeten,wobei mit einer Ausnahme alle untersuchten kreisübergreifenden Einrichtungen diesbezüglich nähere Angaben gemacht haben; die Frage[524] wurde demzufolge von 97,3 % der Befragten beantwortet. Wie aus den Angaben in Tabelle 8 und der entsprechenden graphischen Darstellung in Abbildung 14 zu entnehmen ist, stellen bei den untersuchten Einrichtungen mehrheitlich die Abgrenzung des eigenen Aufgabenbereichs sowie die Sicherstellung der Finanzierung der Gründung bzw. Tätigkeit die bedeutensten bzw. maßgeblichen Probleme in der Anfangsphase dar (21 bzw.22 Nennungen). Die Suche nach geeigneten Kooperationspartnern und die Wahl der Rechtsform wurde von der Mehrheit der 37 untersuchten kreisübergreifenden Einrichtungen in Deutschland als unbedeutend eingeschätzt (jeweils 21 Nennungen). Als noch unbedeutender stellt sich in der Praxis die Wahl des räumlichen Einzigsbereichs dar (14 Nennungen).

Tabelle 8: Probleme während der Gründungs- und Startphase (n=36)

Probleme	Anzahl der Nennungen		
	unbedeutend	*bedeutend*	*maßgeblich*
Wahl des optinalen räumlichen Einzugsbereichs	27	9	-
Abgrenzung des Aufgabenbereichs	15	13	8
Suche nach geeigneten Kooperationspartnern	21	10	5
Wahl der Rechtsform	21	10	5
Finanzierung der Gründung bzw. Tätigkeit	14	12	10

Quelle: Eigene Erhebung 1996.

523 Vgl. *Schwarz-Jung, Silvia R.* (1993), S. 30.
524 Vgl. Frage Nr. 6 des Fragebogens (Teil A).

Abbildung 14: Probleme während der Gründungs- und Startphase (in %)

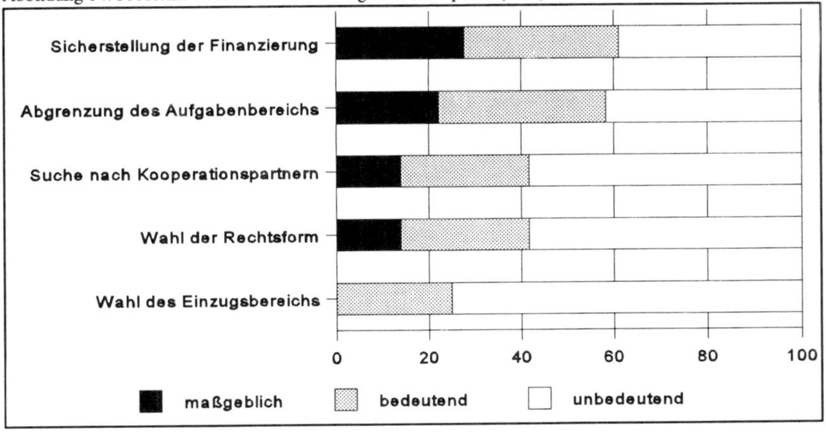

2. Rechtsform, Gesellschafterstruktur und Organe

2.1 Rechtsform

Bis auf eine Ausnahme werden alle untersuchten kreisübergreifenden Einrichtungen in Organisations- bzw. Rechtsformen des Privatrechts geführt,[525] wie sie im allgemeinen Teil der vorliegenden Arbeit ausführlich dargestellt wurden. Wie in Abbildung 15 graphisch dargestellt, dominiert dabei eindeutig die Rechtsform der GmbH, die von 21 Einrichtungen (56,8 %) zur Institutionalisierung der interkommunalen Zusammenarbeit gewählt wurde, gefolgt von der des eingetragenen Vereins (e.V.), die bei 14 der untersuchten kreisübergreifenden Einrichtungen (37,8 %) anzutreffen ist. Eine BGB-Gesellschaft (GdbR) wurde demgegenüber nur einmal gewählt (2,7 %) und die Errichtung einer öffentlich-rechtlichen kommunalen Arbeitsgemeinschaft nach dem Gesetz über kommunale Zusammenarbeit des Freistaates Bayern (KomZG) war zum Untersuchungszeitpunkt ab 1997 vorgesehen.

Es wurde an anderer Stelle bereits angesprochen, daß es insbesondere für den Bereich der kommunalen Wirtschaftsförderung nicht die beste institutionelle organisatorische Lösung schlechthin gibt und geben kann; es kommt vielmehr auf die jeweilige Situation, die konkreten Gegebenheiten vor Ort, eventuell sogar auf die persönlichen Präferenzen der verantwortlichen

525 Vgl. Frage Nr. 8 des Fragebogens (Teil B).

Entscheidungsträger an, so daß eine allgemeingültige Antwort bezüglich der Wahl der Rechts- bzw. Organisationsform nicht gegeben werden kann. Wohl aber lassen sich allgemeine Tendenzen aus empirischen Untersuchungen aufzeigen.[526] Im vorliegenden Fall kann für die untersuchten kreisübergreifenden Einrichtungen festgestellt werden, daß die für die Gesellschafter vertraglich „bindendere" GmbH-Form insbesondere bei den traditionellen Wirtschaftsförderungs- und Entwicklungsgesellschaften überwiegt, während bei den eher umfassenderen regionalen Standort- bzw. Regionalmarketinginitiativen die vertraglich „offenere" Organisationsform des eingetragenen Vereins (e.V.).

Abbildung 15: Rechtsformen (n=37)

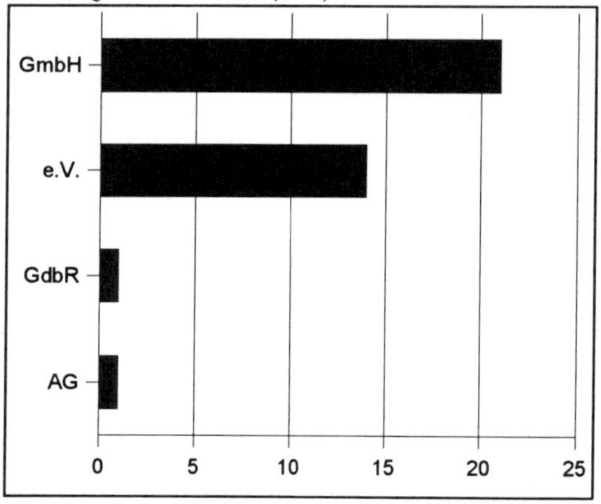

Mit der gewählten Rechtsform der untersuchten kreisübergreifenden Einrichtungen unmittelbar in Zusammenhang steht die Frage, welche Aspekte bei der Institutionalisierung der interkommunalen bzw. öffentlich-privaten kreisübergreifenden Einrichtung für die Wahl der Rechts- bzw. Organisationsform tatsächlich eine Rolle spielten.

2.2 Aspekte der Rechtsformwahl

Auf die Frage[527], welche Aspekte bei der Wahl der Rechtsform eine wesentliche Rolle gespielt haben, antworteten bis auf eine Ausnahme alle untersuchten kreisübergreifenden Einrichtungen.

526 So konnte beispielsweise Schwarz-Jung in ihrer Studie zur interkommunalen Zusammenarbeit feststellen, daß insbesondere der weite Aufgabenbereich der „allgemeinen Wirtschaftswerbung" meist in der Rechtsform der GmbH betrieben wird, vgl. *Schwarz-Jung, Silvia R.* (1993), S. 47.

527 Vgl. Frage Nr. 9 des Fragebogens (Teil B).

Ähnlich wie bereits bei den Gründungsmotiven kommt auch hier der Vorteil zum tragen, daß die meisten Einrichtungen erst in den letzten 6 Jahren gegründet wurden und die Einschätzungen der Befragten letztendlich auch den aktuellen Stand der Diskussion hinsichtlich der Rechtsformwahl im Rahmen der interkommunalen Zusammenarbeit widerspiegelt. Wie die in Tabelle 9 dargestellten Ergebnisse zeigen, wird die Rechtsformwahl eindeutig dominiert von der Frage nach einer möglichst umfassenden, breiten Beteiligung aller gesellschaftlich und wirtschaftlich relevanten Kräfte in der Region; für 17 Einrichtungen ist dieser Aspekt gar maßgeblich gewesen für die Wahl der heutigen Rechtsform. An zweiter Stelle wird von 7 Einrichtungen die Gewährleistung der institutionellen Dauerhaftigkeit als maßgeblich beurteilt, gefolgt von den steuerrechtlichen Aspekten, die von 6 der befragten Einrichtungen als maßgeblich bei der Entscheidung für Rechtsform eingeschätzt werden. Eine graphische Darstellung der Untersuchungsergebnisse zeigt Abbildung 16.

Tabelle 9: Aspekte der Rechtsformwahl (n=36)

Aspekte	Anzahl der Nennungen		
	unbedeutend	*bedeutend*	*maßgeblich*
steuerrechtliche Aspekte	17	13	6
haftungsrechtliche Aspekte	27	7	2
Beteiligungsmöglichkeit	10	9	17
dauerhafte Geschäftstätigkeit	20	9	7
Finanzierungsmöglichkeit	31	4	1
Glaubwürdigkeit	21	11	4
Aspekte der Publizitätspflicht	36	-	-

Quelle: Eigene Erhebung 1996.

Abbildung 16: Aspekte der Rechtsformwahl (Anteil in Prozent)

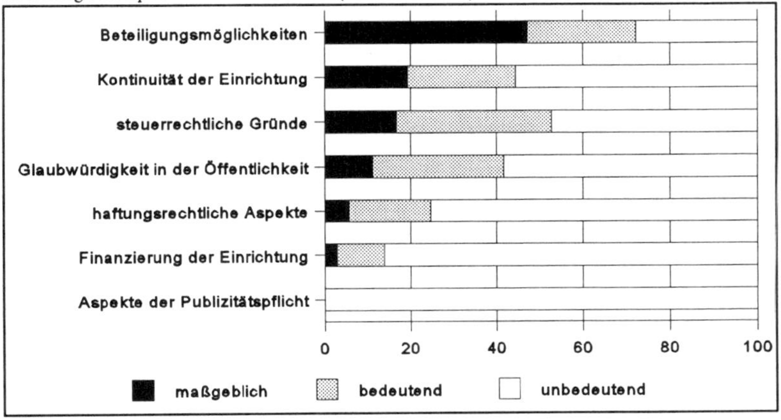

2.3 Initiatoren

Die Frage nach den Initiatoren wurden von den 37 untersuchten kreisübergreifenden Einrichtungen unterschiedlich beantwortet,[528] wobei unabhängig von der gewählten Rechts- bzw. Organisationsform Mehrfachnennnungen die Regel waren. Als Initiatoren von „innen" wurden in insgesamt 13 Fällen die jeweiligen Landkreise (35,1 %), in 11 Fällen die kreisfreien Städte (29,7 %), in 10 Fällen Industrie- und Handelskammern (27 %) und in jeweils 2 Fällen die Handwerkskammern und Hochschulen genannt (jeweils 5,4 %). In 3 Fällen wurde die interkommunale Zusammenarbeit durch sog. Regionalkonferenzen angeregt (8,1 %) und einmal durch einen Regionalverband bzw. dem entsprechenden Regionalparlament (2,7 %). Als weitere Initiatoren von „außen" wurden in 6 Fällen die jeweiligen Landesregierungen genannt (16,2 %), in 3 Fällen die entsprechenden Bezirksregierungen (8,1 %), in 2 Fällen der Bund in Form des Bonn-Berlin-Beschlusses und des Bundesministeriums für Wirtschaft (5,4 %). Jeweils einmal gaben eine Landesbank und ein Fremdgutachten die Anregung für die Regionalisierung im Rahmen der kommunalen Wirtschaftsförderung bzw. des Standortmarketings (jeweils 2,7 %).

2.4 Gesellschafterstruktur

Bei der Konzeption des Fragebogens war hinsichtlich der Frage nach den an den institutionalisierten „Wirtschaftsregionen" Beteiligten Institutionen, Personen oder Gruppen ursprünglich vorgesehen, die Auswertung danach vorzunehmen, welcher Art die Beteiligung ist, also danach, ob jeweils eine Beteiligung beratender, finanzieller und/oder personeller Art ist.[529] Aufgrund der größtenteils unvollständigen oder ungenauen Angaben wurde aber davon abgesehen. Statt dessen wird im folgenden lediglich auf die jeweils finanziell Beteiligten und damit die eigentlichen Träger bzw. Gesellschafter und Mitglieder der untersuchten Einrichtungen eingegangen.

Die Betrachtung der Zusammensetzung der Gesellschafter zeigt zunächst, daß zum Zeitpunkt der Umfrage lediglich in 36 Fällen (97,3 %) auch Kommunen beteiligt sind. Begründen läßt sich diese Tatsache damit, daß eine Einrichtung bis Ende 1995 zunächst von zwei Landkreisen getragen worden ist, also interkommunal bzw. regional institutionalisiert war, die Gesellschaft aber ab Januar 1996 durch den früheren Geschäftsführer als neuem Alleingesellschafter übernommen wurde und mit dem gleichen (öffentlichen) Auftrag weitergeführt wird.Schlüsselt man die vorliegenden Zahlen innerhalb dieser Gesellschaftergruppe weiter auf, so ergibt sich folgendes

528 Vgl. Frage Nr. 10 des Fragebogens (Teil B).
529 Vgl. Frage Nr. 11 des Fragebogens (Teil B).

Bild: Unter den insgesamt 36 kommunalen Beteiligungen sind danach finanzielle Trägerschaften von 34 Landkreisen, 16 kreisangehörigen Gemeinden und Städten sowie 27 kreisfreien Städten bzw. Stadtkreisen zu finden.

Bei 22 Einrichtungen (59,5 %) sind Kreditinstitute beteiligt und bilden damit den zweiten großen Gesellschafterkreis im Rahmen der Regionalisierung in der kommunalen Wirtschaftsförderung in Form von institutionalisierten „Wirtschaftsregionen“. Wie die weitere Aufschlüsselung der Zahlen zeigt, setzt sich diese finanzielle Beteiligung bei 22 Einrichtungen zu einem Drittel aus privaten Banken zusammen (11 Nennungen bzw. 33,3 %) und zu zwei Dritteln aus öffentlichen Sparkassen (22 Nennungen bzw. 66,6 %). Auch hier zeigt sich, daß die öffentlichen Sparkassen nicht nur - wie berteits ausgeführt - prädestiniert sind für eine interkommunale Zusammenarbeit im Rahmen der Wirtschaftsförderung und Regionalentwicklung, sondern auch tatsächlich in der Praxis eine große Bedeutung haben.

Als dritte große Gesellschaftergruppe fallen die Kammern und Verbände ins Gewicht, die bei 17 der untersuchten kreisübergreifenden Einrichtungen (45,9 %) als Gesellschafter finanziell beteiligt sind, dicht gefolgt von der regionalen Wirtschaft, die bei 16 Einrichtungen (43,2) als finanzieller Partner einer Public-Private-Partnership im Rahmen der Wirtschaftsförderung bzw. Regionanentwicklung mitwirken. Innerhalb der Gesellschaftergruppe der Kammern und Verbände engagieren sich die Industrie- und Handelskammern in 16 Einrichtungen noch vor den Handwerkskammern, die bei insgesamt 11 Einrichtungen beteiligt sind. Und während Gewerkschaften in 6 Fällen finanziell beteiligt sind, trifft dies nur in 4 Fällen für die Arbeitgeberverbände zu. Lediglich in jeweils einem Fall ist ein Landesbauernverband sowie ein Landeselektroverband finanziell beteiligt. In der Gesellschaftergruppe der regionalen Wirtschaft stehen 9 Fälle finanzieller Beteiligungen öffentlicher Unternehmen insgesamt 13 Fällen gegenüber, in denen auch private Unternehmen beteiligt sind.

Die Regionalplanung ist nur in 6 untersuchten Fällen in der Funktion eines Gesellschafters involiert gewesen und Einzelpersonen wurden nur in 4 Fällen als Gesellschafter genannt. Schließlich sind in 8 Fällen unter Sonstige weitere finanziell beteiligte Institutionen zusammengefaßt, darunter eine Landeswirtschaftsförderungsgesellschaft, eine Landesbank, eine Landessparkasse, ein Gewerbepark-Zweckverband, zwei Landesentwicklungsgesellschaften und zwei nicht näher bezeichnete Gesellschafter. Die zahlenmäßige Zusammensetzung der Gesellschafter bei den insgesamt 37 untersuchten kreisübergreifenden Einrichtungen ist in Tabelle 10 aufgeführt und durch Abbildung 17 graphisch dargestellt.

Tabelle 10: Gesellschafter, Mitglieder und Träger (n=37)

Gesellschafter/Mitglieder	Anzahl der Nennungen	Anteil in Prozent
Bund	1	2,7
Land	2	5,4
Kommunen	36	97,3
Kammern und Verbände	17	45,9
Kreditinstitute	22	59,5
Wirtschaft	16	43,2
Regionalplanung	6	16,2
Wissenschaft	1	2,7
Einzelpersonen	4	10,8
Sonstige	8	21,6

Quelle: Eigene Erhebung 1996.

Abbildung 17: Gesellschafter, Träger und Mitglieder (Anzahl)

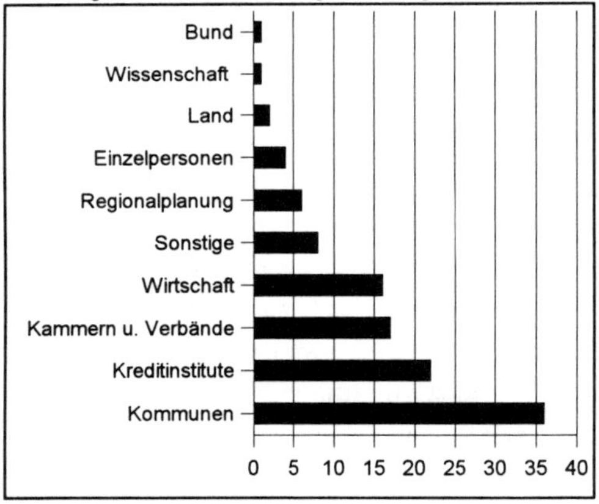

2.5 Steuerungs-, Kontroll und Beratungsorgane

Die untersuchten 37 kreisübergreifenden Einrichtungen verfügen bis auf eine Ausnahme, die zu dieser Frage keine Angaben machte, über eine Geschäftsführung bzw. Vorstand sowie eine Gesellschafter- bzw. Mitgliederversammlung (97,3 %).[530] Über einen Aufsichtsrat verfügen 20 Einrichtungen (55,6 %) und über einen Beirat immerhin 16 Einrichtungen (44,4 %). Sind zusätzliche Steuerungs-, Kontroll- und Beratungsgremien wie etwa Aufsichtsrat oder Beirat vorhanden, die gesetzlich nicht vorgeschrieben sind, setzen sie sich im Fall der Aufsichtsräte

530 Vgl. Fragen Nr. 12 und 13 des Fragebogens (Teil C).

vorzugsweise aus den Vertretern der jeweiligen Gesellschafter zusammen, im Fall der Beiräte kommen zusätzlich noch Vertreter aus Bürgerschaft, Kultur und Wissenschaft hinzu. Lediglich 7 von 36 antwortenden Einrichtungen (18,9 %) verfügen demgegenüber weder über einen Aufsichtsrat noch einen Beirat.

3. Personalstruktur, Kapitalstruktur und Finanzierung

3.1 Personalstruktur

Bevor auf die Personalstruktur näher eingegangen werden kann, muß zunächst geklärt werden, ob die untersuchten kreisübergreifenden Einrichtungen überhaupt über eine eigene Geschäftsstelle verfügen und wenn ja, ob diese Geschäftsstelle auch mit eigenen Mitarbeitern bestetzt ist.[531] Von den insgesamt 37 untersuchten kreisübergreifenden Einrichtungen verfügen 35 Einrichtungen (98,6 %) über eine eigene Geschäftsstelle, darunter sind allein 34 Einrichtungen, die auch über eigenes Personal verfügen können. Bei der einzigen Einrichtung, die zwar über eine eigene Geschäftsstelle, jedoch über keine eigenen Mitarbeiter verfügt, nimmt der ehrenamtliche Geschäftsführer alle anfallenden Tätigkeiten allein wahr. Die personelle Besetzung der Geschäftsstellen, aufgeschlüsselt nach den Positionen Geschäftsführung, wissenschaftliche Mitarbeit, Sachbearbeitung und Schreibkräfte ist in Tabelle 11 wiedergegeben.

Interessant ist hierbei auch die Tatsache, daß die meisten der 14 in der Rechtsform einer GmbH geführten Einrichtungen über 10 Mitarbeiter beschäftigen, während die Mehrheit der in der Rechtsform eines eingetragenen Vereins geführten Einrichtungen drei oder vier Mitarbeiter vorweisen kann.

Tabelle 11: Anzahl der Mitarbeiter nach Organisationsformen (n=37)

Mitarbeiterzahl von ... bis ...	Organisationsformen			
	GmbH	e.V.	GdbR	AG
1 bis 2	1	4	-	-
3 bis 4	6	8	1	1
5 bis 10	6	2	-	-
10 und mehr	8	-	-	-
insgesamt	21	14	1	1

Quelle: Eigene Erhebung 1996.

531 Vgl. Fragen Nr. 14 und 15 des Fragebogens (Teil C).

3.2 Kapitalstruktur

Die Frage nach der Höhe des Gesellschaftskapitals konnte nur von 24 der bundesweit untersuchten kreisübergreifenden Einrichtungen beantwortet werden;[532] dies entspricht einem Anteil von 64,9 %.

Diese Tatsache läßt sich zunächst darauf zurückführen, daß die Mehrzahl derjenigen, die keine Angaben machen konnten, entweder in der privatrechtlichen Form eines eingetragenen Vereins (11 Einrichtungen bzw. 29,7 %), als Gesellschaft des bürgerlichen Rechts firmieren oder aber - ab Anfang 1997 - in der Form einer kommunalen Arbeitsgemeinschaft (jeweils 1 Einrichtung bzw. 2,7 %) geführt werden und im Gegensatz zu einer GmbH über kein gesetzlich zwingend vorgeschriebenes Gesellschaftskapital in Höhe von 50.000 DM verfügen müssen.

Dennoch gaben von den 14 in der Rechtsform eines eingetragenen Vereins geführten Einrichtungen immerhin drei an, über eigenes „Gesellschaftskapital" zu verfügen (21,4 %); darunter befand sich allein ein Verein, der nach eigenen Angaben über Kapital in Höhe von mehr als 10 Mio. DM verfügt. Die auf die einzelnen Betragsgruppen entfallenen Nennungen sind aus Tabelle 12 zu entnehmen und werden in Abbildung 18 zusätzlich graphisch präsentiert.

Tabelle 12: Kapitalstruktur (n= 37)

Höhe des Gesellschaftskapitals von ... bis ...			Anzahl der Nennungen	Anteil in Prozent
		0 DM	13	35,1
1 TDM	bis unter	50 TDM	-	-
50 TDM	bis unter	100 TDM	9	24,3
100 TDM	bis unter	200 TDM	5	13,5
200 TDM	bis unter	500 TDM	2	5,4
500 TDM	bis unter	1.000 TDM	1	2,7
1.000 TDM	bis unter	5.000 TDM	3	8,1
5.000 TDM	bis unter	10.000 TDM	2	5,4
10.000 TDM	und mehr		2	5,4
insgesamt			37	100,0

Quelle: Eigene Erhebung 1996.

532 Vgl. Frage Nr. 16 des Fragebogens (Teil C).

Abbildung 18: Kapitalstruktur (Anzahl der Nennungen)

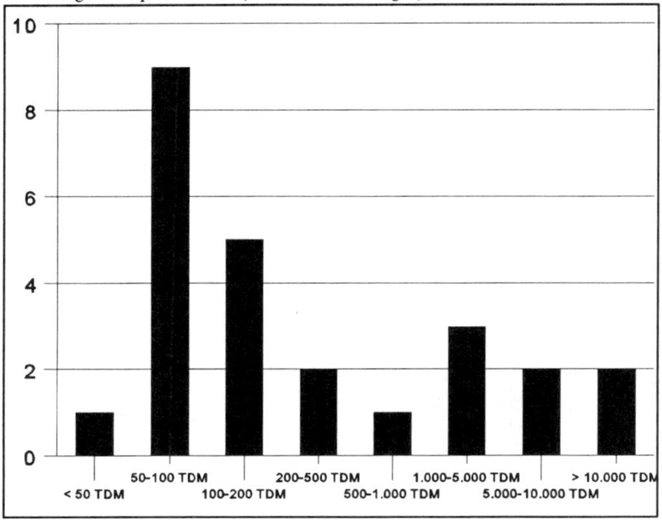

3.3 Budgetierung

Zur Fragenach der Höhe des durchschnittlichen Jahresbudgets machten mit Ausnahme von sechs Einrichtungen alle untersuchten kreisübergreifenden Einrichtungen nähere Angaben,[533] was einem Anteil von 83,8 % entspricht.

Die Spannweite der Budgets reicht dabei von lediglich 20.000 DM bis maximal ca. 7 Mio. DM. Daß hierbei der niedrigste Betrag von einer kreisübergreifenden Einrichtung genannt wurde, die erstens in der Rechtsform eines eingetragenen Vereins geführt wird und zweitens über keine eigene Geschäftsstelle - und insofern auch über kein eigenes Personal - verfügt, sei an dieser Stelle angemerkt. Demgegenüber wurde der höchste angegebene Betrag von einer in der Rechtsform der GmbH geführten kreisübergreifenden Wirtschaftsförderungsgesellschaft angegeben, die sowohl über eine eigene Geschäftsstelle als auch über insgesamt 29 vollzeit- und 7 teilzeitbeschäftigte Mitarbeiter verfügt. Die Verteilung der Nennungen ist in Abbildung 19 graphisch dargestellt.

533 Vgl. Frage Nr. 17 des Fragebogens (Teil C).

Abbildung 19: Jahresbudget (Anzahl der Nennungen)

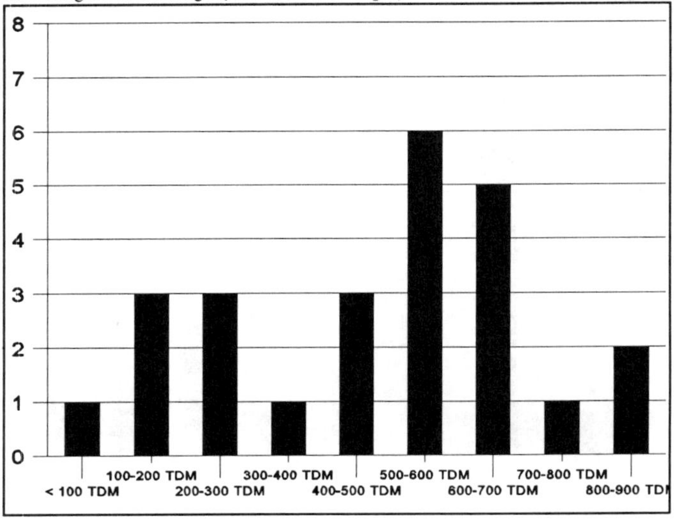

3.4 Finanzierungsarten

Bis auf eine Ausnahme machten alle untersuchten Einrichtungen nähere Angaben hinsichtlich der Art der Finanzierung ihrer Geschäftstätigkeit,[534] was einem Anteil von 97,3 % entspricht. Die meisten der untersuchten Einrichtungen finanzieren sich bzw. ihre Tätigkeiten unter anderem durch Zuschüsse (20 Nennungen) und Mitgliedsbeiträge (21 Nennungen). Zusätzlich dienen im Einzelfall auch eigene Einnahmen aus der Geschäftstätigkeit zum Beispiel in Form von Vermittlungsprovisionen für Gewerbegrundstücke (9 Nennungen) zur Finanzierung der laufenden Geschäftstätigkeit, hauptsächlich bei Wirtschaftsförderungs- und Entwicklungsgesellschaften mit entsprechender Aufgabenstellung. Aber auch das Eigenkapital (3 Nennungen) und die Aufnahme von Krediten (1 Nennung) wurden als Finanzierungsquellen genannt wie Tabelle 13 zeigt. Während sich lediglich eine einzige Entwicklungsgesellschaft (2,7 %) ausschließlich, d.h. zu 100 % durch Einnahmen aus der Geschäftstätigkeit finanziert, wurde eine ausschließliche Finanzierung durch Zuschüsse von 6 Einrichtungen (16,2 %) und durch Beiträge duch 10 Einrichtungen (27,0 %) angezeigt.

534 Vgl. Frage Nr. 18 des Fragebogens (Teil C).

Als sonstige Finanzierungarten der laufenden Geschäftstätigkeit wurden von 12 untersuchten Einrichtungen (32,4 %) Spenden bzw. Sponsoring in insgesamt 4 Fällen, akquirierte Projektmittel im Rahmen regionaler Förderprogramme in 4 Fällen und in 2 Fällen eine durch Umlagen finanzierte Geschäftstätigkeit angegeben. Die Kostenerstattung der Sekretariatsfunktion im Rahmen des regionalen EU-Förderprogramms INTERREG und Einnahmen im Rahmen eines Dienstleistungsvertrages zur Vermarktung eines interkommunalen Industrie- und Gewerbegebietes wurden je einmal als sonstige Finanzierungsquelle genannt.

Tabelle 13: Finanzierungsarten (n=37)

Finanzierungsart	Anzahl der Nennungen	Anteil in Prozent
Eigenkapital	3	8,1
Kredite	1	2,7
Zuschüsse	20	54,1
Beiträge	21	56,8
eigene Einnahmen	9	24,3
sonstige Quellen	12	32,4

Quelle: Eigene Erhebung 1996.

G. Institutionalisierte kreisübergreifende und -bezogene „Wirtschaftsregionen" in Baden-Württemberg - ein Vergleich

I. Struktur und räumliche Lage

Ein Vergleich ausgewählter Strukturdaten der untersuchten sechs kreisübergreifenden und sieben kreisbezogenen institutionalisierten „Wirtschaftsregionen" in Baden-Württemberg zeigt, daß in der Gruppe der kreisbezogenen Einrichtungen die flächenmäßig kleinste mit rund 618 km² zwar dreimal so klein ist als die größte mit rund 1.860 km², dafür ist deren Bevölkerungsdichte mit 568 Einwohner pro km² gegenüber 215 Einwohner pro km² aber über zweieinhalb mal größer wie aus Tabelle 14 entnommen werden kann. Auch bei den sechs untersuchten kreisübergreifenden Einrichtungen ist das Verhältnis der Fläche der kleinsten institutionalisierten „Wirtschaftsregion" gegenüber der größten mit ca. 1.200 km² bzw. 3.655 km² gut 1:3, das Verhältnis der Bevölkerungsdichten liegt demgegenüber bei knapp 1:2 (siehe Tabelle 15).

Tabelle 14: Strukturdaten der kreisbezogenen Einrichtungen (Stand: 01. Januar 1996)

„Wirtschaftsregion"	Fläche in km²	Bevölkerung insgesamt	Bevölkerungs-dichte
Friedrichhafen	664,67	192 947	290
Böblingen	617,82	351 027	568
Göppingen	642,34	255 203	397
Lörrach	806,82	212 122	263
Offenburg/Mittelbaden	1 860,72	399 133	215
Schwäbisch-Hall	1 484,01	180 648	122
Zollernalbkreis	917,80	192 862	210

Tabelle 15: Strukturdaten der kreisübergreifenden Einrichtungen (Stand: 01. Januar 1996)

„Wirtschaftsregion"	Fläche in km²	Bevölkerung insgesamt	Bevölkerungs-dichte
Freiburg	2 211,33	576 530	261
Heilbronn	1 199.57	425 022	354
Karlsruhe	2 137,32	953 212	446
Ostwürttemberg	2 138,71	448 425	210
Nordschwarzwald	2 340,28	581 918	249
Stuttgart	3 654,35	2 566 950	702

Quelle: *Statistisches Bundesamt* (1996); eigene Berechnungen.

In Abbildung 20 sind die 13 untersuchten institutionalisierten „Wirtschaftsregionen" in ihrer räumliche Lage in Baden-Württemberg kreisscharf abgebildet.[535] Auch hierbei kommt es vereinzelt zu Überschneidungen der räumlichen Geschäftsbereiche der untersuchten Einrichtungen.

Abbildung 20: Institutionalisierte kreisübergreifende und kreisbezogene „Wirtschaftsregionen" in Baden-Württemberg

535 Eigene Darstellung.

II. Darstellung der empirischen Ergebnisse

1. Gründung, Ziele und Aufgaben

1.1 Gründungszeitpunkte

Mit Ausnahme von einer einzigen Einrichtung, die bereits Ende der 80er Jahre gegründet wurde, sind die übrigen 12 kreisübergreifenden und kreisbezogenen Einrichtungen erst seit 1992 nach und nach institutionalisiert worden. Bei der ältesten institutionalisierten „Wirtschaftsregion" in Baden-Württemberg handelt es sich um die im Jahr 1987 gegründete kreisübergeifende „TechnologieRegion Karlsruhe GbdR". Von den übrigen untersuchten baden-württembergischen Einrichtungen wurden eine im Jahr 1992, zwei im Jahr 1994, fünf weitere im Jahr 1995 und schließlich vier im Jahr 1996 gegründet wie aus den Angaben in Tabelle 16 entnommen werden kann.[536]

Tabelle 16: Gründungszeitpunkte

Jahr	kreisbezogene Einrichtungen		kreisübergreifende Einrichtungen	
	Anzahl	*Anteil in Prozent*	*Anzahl*	*Anteil in Prozent*
1987	-	-	1	16,7
1992	1	14,3	-	-
1994	1	14,3	1	16,7
1995	3	42,9	2	33,3
1996	2	28,6	2	33,3
insgesamt	7	100,0	6	100,0

Quelle: Eigene Erhebung 1996.

Die Tatsache, daß auch in Baden-Württemberg 92,3 % der untersuchten Einrichtungen erst seit 1992 und später institutionalisiert wurden, mag mit zur Erklärung des bislang vorhandenen Literaturdefizits im Hinblick auf den Stand der Regionalisierung kommunaler Wirtschaftsförderung in Baden-Württemberg dienen.

Die Frage, ob die Einrichtung zeitlich befristet bzw. als Projekt angelegt ist,[537] wurde von acht Teilnehmern mit „Nein" (61,5 %) und von fünf mit „Ja" (38,5 %) beantwortet. Unter diesen zeitlich befristet angelegten regionalen Einrichtungen waren zwei kreisbezogene Gesellschaften

536 Dabei ist zu beachten, daß von den insgesamt 14 angeschriebenen regionalen Wirtschaftsförderungs- bzw. Standortmarketing-Gesellschaften nur 13 den Fragebogen beantwortet haben. Die im Herbst des Jahres 1996 neugegründete kreis- und länderübergreifende „Regionalmarketing Rhein-Neckar-Dreieck GmbH" konnte aus organisatorischen Gründen keine näheren Angaben machen (vgl. das Schreiben vom 20. Januar 1997).

537 Vgl. Frage Nr. 2 des Fragebogens (Teil A).

und drei kreisüberschreitende Einrichtungen, die alle in der Rechtsform der GmbH geführt werden. Die Spannweite der angegebenen Projektdauer liegt zwischen drei und fünf Jahren, das arithmetische Mittel bei 3,6 Jahren. Auch von der Mehrheit der zeitlich befristet angelegten Einrichtungen in Baden-Württemberg wird eine „Verlängerungsoption“ bei entsprechendem Erfolg durchaus erwünscht, vereinzelt sind sogar bereits konkrete Finanzierungszusagen der Gesellschafter vorhanden.

1.2 Gründungsmotive

Der landesweite Vergleich am Beispiel Baden-Württemberg zeigt, daß es hinsichtlich der Gründungsmotive keine wesentlichen Unterschiede zwischen kreisbezogenen und kreisübergreifenden Einrichtungen gibt.[538] Während von den kreisübergreifenden Einrichtungen mehrheitlich die Betroffenheit von einem gemeinsamen Problem, die Verbesserung der Koodination und Abstimmung, die Bündelung aller Kräfte in der Region sowie die Nutzung von Synergieeffekten als bedeutend oder gar maßgeblich eingeschätzt werden, gehören die mangelnde Problemlösungsfähigkeit bestehender Institutionen sowie die Nutzung finanzieller Vorteile mehrheitlich zu den eher unbedeutenden Gründungsmotiven bei der Institutionalisierung einer kreisübergreifenden Einrichtung (siehe Tabelle 17 und Abbildung 21). Bei den untersuchten kreisbezogenen Einrichtungen steht dagegen die Nutzung finanzieller Vorteile als Motiv zur Gründunger eher im Vordergrund, demgegenüber ist die Verbesserung der Koordination und Abstimmung auf der Kreisebene gemessen an den Nennungen nicht von Bedeutung (siehe Tabelle 18 und Abbildung 22). Als Gründungsmotiv wurde von zwei kreisbezogenen Einrichtungen auch die finanzielle Unterstützung der Kreissparkasse angegeben.

Tabelle 17: Gründungsmotive der kreisübergreifenden Einrichtungen (n=6)

Motive	Anzahl der Nennungen		
	unbedeutend	*bedeutend*	*maßgeblich*
gemeinsame Betroffenheit von einem Problem	-	1	5
Bündelung aller relevanten Kräfte in der Region	-	3	3
Problemlösungsdefizite bestehender Institutionen	4	2	-
Nutzung finanzieller Vorteile durch Kooperation	5	1	-
Nutzung von Synergieeffekten eines Netzwerks	2	3	1
Verbesserung der Koordination und Abstimmung	-	2	4

Quelle: Eigene Erhebung 1996.

538 Vgl. Frage Nr. 3 des Fragebogens (Teil A).

Tabelle 18: Gründungsmotive der kreisbezogenen Einrichtungen (n=7)

Motive	Anzahl der Nennungen		
	unbedeutend	*bedeutend*	*maßgeblich*
gemeinsame Betroffenheit von einem Problem	1	4	2
Bündelung aller relevanten Kräfte in der Region	2	4	1
Problemlösungsdefizite bestehender Institutionen	3	1	2
Nutzung finanzieller Vorteile durch Kooperation	2	2	2
Nutzung von Synergieeffekten eines Netzwerks	2	4	-
Verbesserung der Koordination und Abstimmung	5	-	2

Quelle: Eigene Erhebung 1996.

Abbildung 21: Gründungsmotive der kreisübergreifenden Einrichtungen (in %)

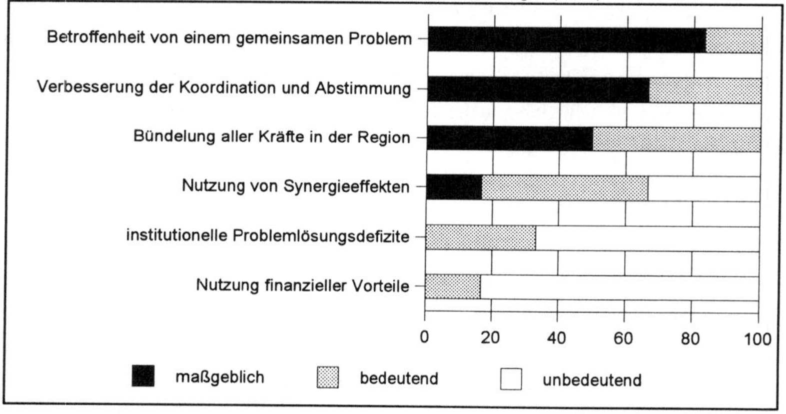

Abbildung 22: Gründungsmotive der kreisbezogenen Einrichtungen (in %)

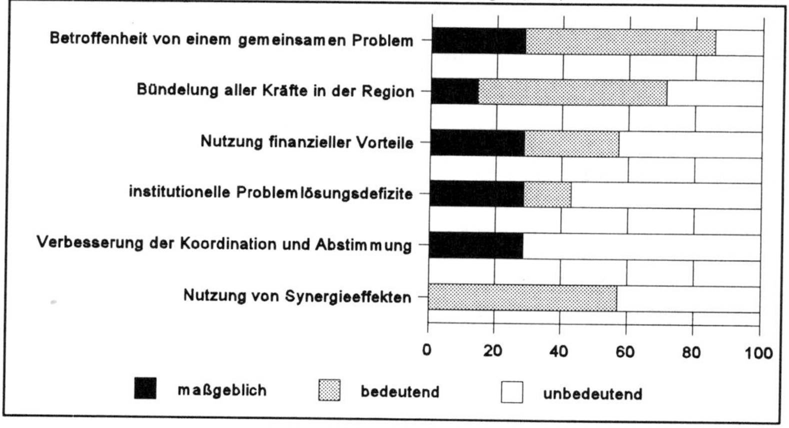

1.3 Vertraglich festgelegter Zweck

Die Mehrheit der befragten Unternehmen war bis auf eine Ausnahme sofort und ohne Vorbehalte bereit, dem beantworteten Fragebogen eine vollständige oder zumindest auszugsweise Kopie des Gesellschaftsvertrages bzw. der Vereinssatzung beizulegen. Durch eine vergleichende Anaylse der einzelnen Vertragswerke war es möglich, die vielfältigen Gesellschaftszwecke[539] inhaltlich grob zu strukturieren. Als Oberziel findet sich bei allen befragten Einrichtungen unisono die „Verbesserung der Wirtschafts- und Sozialstruktur" in der Region, wobei der Wortlaut weitgehend ähnlich ist. Erreicht werden soll dieses Oberziel insbesondere durch geeignete Maßnahmen, die insofern den Gegenstand des Unternehmens bzw. der Gesellschaft bilden. Ohne im einzelnen auf die teilweise sehr heterogenen und auf die örtlichen bzw. regionalen Gegebenheiten bezogenen Aussagen im Detail einzugehen, lassen sich mit den nachfolgend aufgezählten Oberbegriffen die wesentlichen Gesellschaftszwecke und insbesondere die gemäß Gesellschaftsvertrag bzw. Vereinssatzung durchzuführenden Maßnahmen im Rahmen der regionalbedeutsamen bzw. „regionalisierten" kommunalen Wirtschaftsförderung strukturieren. Im einzelnen sind dies:

- regionales Flächenmanagement;
- regionales Standortmarketing;
- Bestandspflege und Akquisition;
- Information, Kooperation und Koordination;
- Interessenvertretung der Gesellschafter bzw. der Region.

Dabei konnte auch hier festgestellt werden, daß im Einzelfall bereits in den vertraglichen Bestimmungen der regionalen Wirtschaftsförderungsgesellschaften bzw. Standortmarketing-Initiativen eine Vermischung von Zielen, Aufgaben und Maßnahmen der kommunalen Wirtschaftsförderung erfolgt. Diese Tatsache ist allerdings in der kommunalen Praxis durchaus keine Seltenheit.

1.4 Aufgabenfelder

Unabhängig von den vertraglich oder satzungsmäßig vorgeschriebenen Zwecken und Aufgaben bzw. den durchzuführenden Maßnahmen der untersuchten Einrichtungen wurde die Frage nach den in der Praxis konkret wahrgenommenen Aufgaben- bzw. Tätigkeitsbereichen gestellt.[540] Den

539 Vgl. Fragen Nr. 4 und 5 des Fragebogens (Teil A).
540 Vgl. Frage Nr. 7 des Fragebogens (Teil A).

Angaben zufolge sind ausnahmslos alle untersuchten Einrichtungen vorzugsweise im Bereich des regionalen Standort- bzw. Regionalmarketing tätig. Die Ergebnisse der Auswertung der beantworteten Fragebögen sind in den Abbildungen 23 und 24 dargestellt.

Abbildung 23: Aufgabenfelder der kreisübergreifenden Einrichtungen (in %)

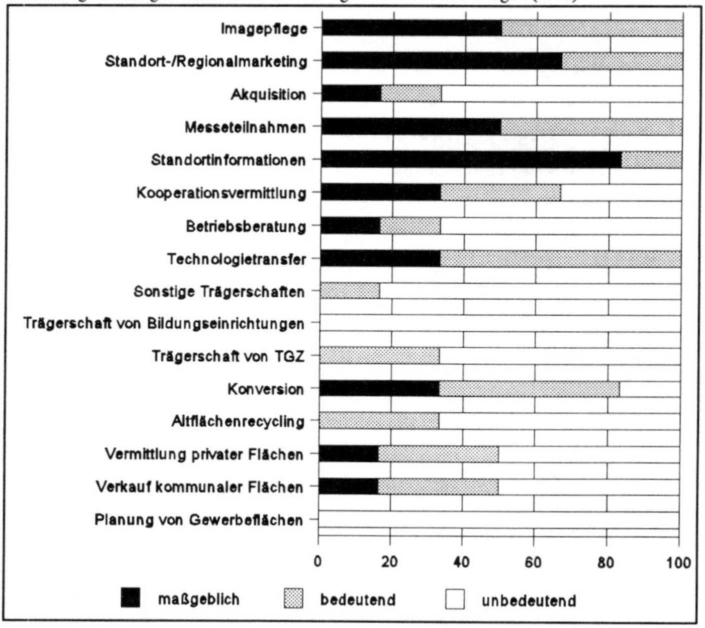

Danach sind Imagepflege und Standort- bzw. Regionalmarketing sowohl bei den kreisübergreifenden als auch bei den kreisbezogenen Einrichtungen von großer Bedeutung, während das regionale Flächenmanagement, insbesondere in Form der Konversion ehemaliger militärischer Standorte deutlich stärker als Aufgabenfeld ausgeprägt ist als bei den kreisbezogenen. Auch der Technologietransfer wird von den kreisübergreifenden Einrichtungen stärker bewertet als von den kreisbezogenen.

Abbildung 24: Aufgabenfelder der kreisbezogenen Einrichtungen (in %)

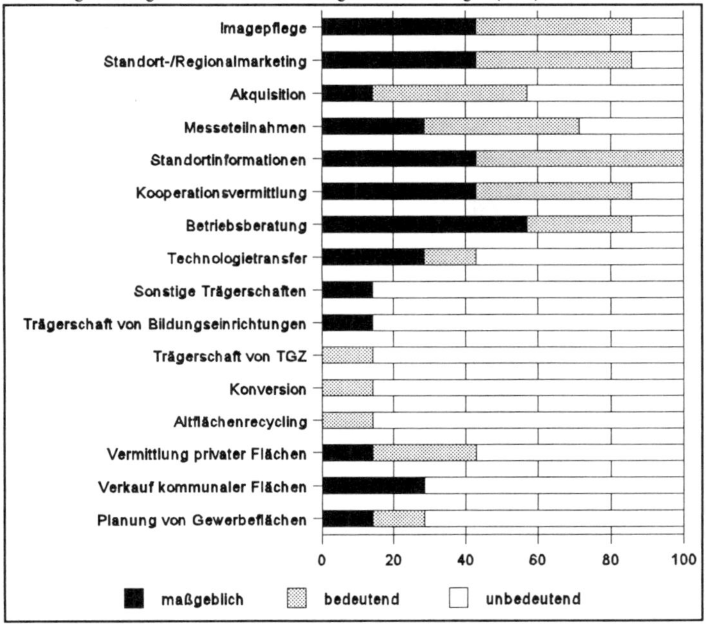

1.5 Gründungs- und Startschwierigkeiten

Ähnlich wie zuvor bei den Gründungsmotiven ist auch bei der Frage nach den Problemen, die während der Gründungs- und Startphase der regionalen Einrichtung eine wesentliche Rolle gespielt haben,[541] die Tatsache, daß es sich bei den befragten Einrichtungen mit Ausnahme von zwei Gesellschaften um vergleichsweise junge Einrichtungen handelt, die nicht älter als 5 Jahre sind, hinsichtlich der Aktualität der gemachten Angaben von großem Vorteil. Wie die Auswertung der Fragebögen ergab, wird insbesondere die Wahl der Rechtsform, die Sicherstellung der Finanzierung sowie die Abgrenzung des Aufgabenbereichs sowohl bei den kreisbezogenen als auch bei den kreisübergreifenden Einrichtungen als bedeutendes oder gar maßgebliches Problem eingeschätzt wie aus den Tabellen 19 und 20 sowie den entsprechenden Abbildungen 25 und 26 hervorgeht. Dagegen ist die Wahl des optimalen räumlichen Einzugsbereiches den Angaben nach zu urteilen bei der überwiegenden Mehrheit der untersuchten Einrichtungen nicht von Bedeutung.

541 Vgl. Frage Nr. 6 des Fragebogens (Teil A).

Tabelle 19: Probleme während der Gründungs- und Startphase bei den kreisübergreifenden Einrichtungen (n=6)

Probleme	Anzahl der Nennungen		
	unbedeutend	*bedeutend*	*maßgeblich*
Wahl des optimalen räumlichen Einzugebereiches	6	-	-
Abgrenzung des Aufgabenbereiches	2	2	2
Suche nach geeigneten Kooperationspartnern	3	-	3
Wahl der Rechtsform	-	3	3
Finanzierung der Gründung bzw. Tätigkeit	1	2	3

Quelle: Eigene Erhebung 1996.

Tabelle 20: Probleme während der Gründungs- und Startphase bei den kreisbezogenen Einrichtungen (n=7)

Probleme	Anzahl der Nennungen		
	unbedeutend	*bedeutend*	*maßgeblich*
Wahl des optimalen räumlichen Einzugebereiches	6	1	-
Abgrenzung des Aufgabenbereiches	4	3	-
Suche nach geeigneten Kooperationspartnern	4	1	2
Wahl der Rechtsform	3	4	-
Finanzierung der Gründung bzw. Tätigkeit	3	2	2

Quelle: Eigene Erhebung 1996.

Abbildung 25: Probleme während der Gründungs- und Startphase bei den kreisübergreifenden Einrichtungen (in %)

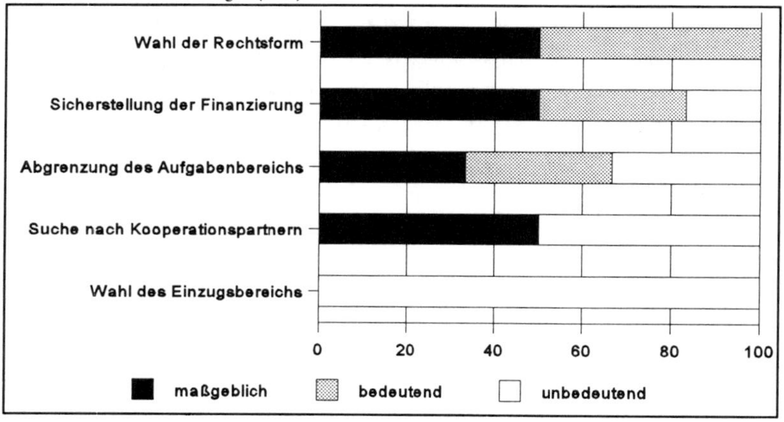

Abbildung 26: Probleme während der Gründungs- und Startphase bei den kreisbezogenen Einrichtungen (in %)

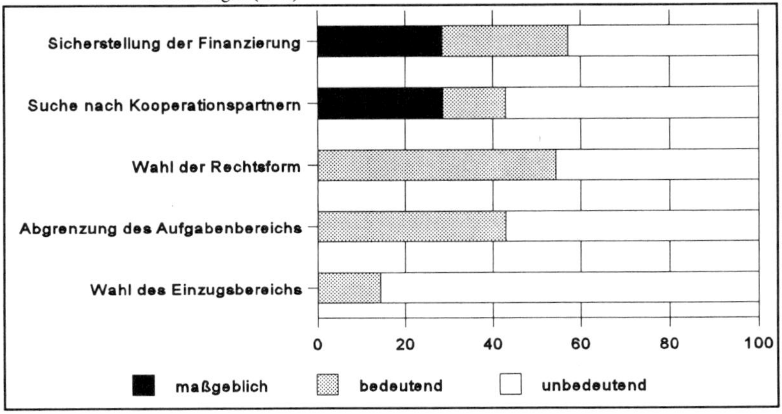

2. Rechtsform, Gesellschafterstruktur und Organe

2.1 Rechtsform

Von den insgesamt 13 untersuchten baden-württembergischen Einrichtungen werden neun Einrichtungen in der Rechtsform einer GmbH (69,2 %), zwei Einrichtungen in der Rechtsform einer BGB-Gesellschaft (15,4 %) und zwei Einrichtungen in der Rechtsform eines eingetragen Vereins (15,4 %) geführt.[542] Wie die vergleichende Betrachtung der untersuchten kreisübergreifenden und kreisbezogenen Einrichtungen hinsichtlich der gewählten Rechtsform in Tabelle 21 zeigt, dominiert bei den kreisbezogenen Einrichtungen eindeutig die Rechtsform der GmbH (85,7 %), während die BGB-Gesellschaft (GdbR) nur einmal (14,3 %) und der eingetragene Verein (e.V.) als Rechtsform dagegen überhaupt nicht vertreten sind. Bei den kreisübergreifenden Einrichtungen ist die „Streuung" hinsichtlich der gewählten Rechtsform vergleichweise größer: Hier werden von den sechs untersuchten Einrichtungen drei als GmbH geführt (50 %), zwei Einrichtungen als eingetragener Verein (33,3 %) und nur eine kreisübergreifende Einrichtung bedient sich der Rechtsform der GdbR (16,7 %). In Abbildung 27 sind die Rechtsformen der untersuchten kreisübergreifenden und kreisbezogenen Einrichtungen graphisch dargestellt.

---

542 Vgl. Frage Nr. 8 des Fragebogens (Teil B).

Tabelle 21: Rechtsformen

Rechtsform	kreisbezogene Einrichtungen		kreisübergreifende Einrichtungen	
	Anzahl	*Anteil in Prozent*	*Anzahl*	*Anteil in Prozent*
GmbH	6	85,7	3	50,0
GdbR	1	14,3	1	16,7
e.V.	-	-	2	33,3
insgesamt	7	100,0	6	100,0

Quelle: Eigene Erhebung 1996.

Abbildung 27: Rechtsformen (Anzahl)

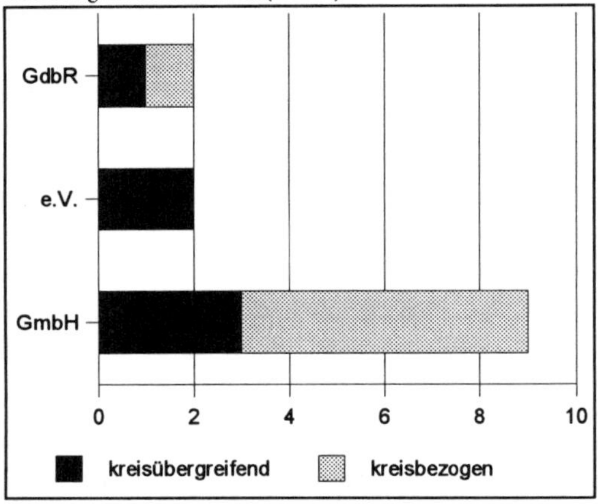

2.2 Aspekte der Rechtsformwahl

Auf die Frage, welche Aspekte bei der Wahl der Rechtsform eine entscheidende Rolle gespielt haben,[543] anworteten bis auf eine Ausnahme alle untersuchten Einrichtungen, was einem Anteil von 92,3 % entspricht. Wie sich aus der Auswertung der Antworten ergibt, dominieren bei den kreisübergreifenden Einrichtungen eindeutig steuerrechtliche Aspekte sowie die Möglichkeit bzw. Gewährleistung einer umfassenden Beteiligung aller gesellschaftlich relevanten Gruppen der Region im Rahmen der Rechtsformwahl: Von jeweils drei kreisübergreifenden Einrichtungen (50 %) wurden diese beiden Aspekte als maßgeblich eingeschätzt und lediglich von jeweils einer Einrichtung (16,7 %) als bedeutend beurteilt.

543 Vgl. Frage Nr. 9 des Fragebogens (Teil B).

Die Möglichkeit, durch die gewählte Rechtsform eine erhöhte Glaubwürdigkeit in der Öffentlichkeit zu erzielen, wurde nur von zwei kreisübergreifenden Einrichtungen (33,3 %) als bedeutend eingeschätzt. Haftungsrechtliche Aspekte und die Aspekte der Publizitätspflicht spielten bei den kreisübergreifenden Einrichtungen bei der Wahl der Rechtsform demgegenüber überhaupt keine Rolle - ähnlich wie auch bei den kreisbezogenen Einrichtungen. Eine graphische Darstellung der Angaben hinsichtlich der Aspekte, die bei der Wahl der Rechtsform eine Rolle gespielt haben - oder auch nicht -, geben die Abbildungen 28 und 29.

Abbildung 28: Aspekte der Rechtsformwahl bei den kreisübergreifenden Einrichtungen (in %)

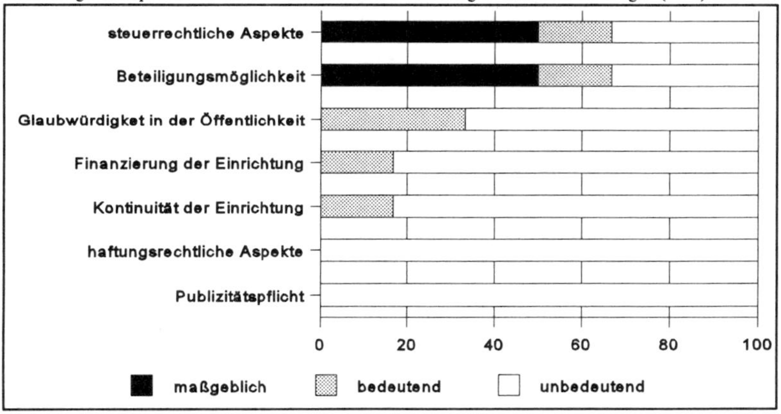

Abbildung 29: Aspekte der Rechtsformwahl bei den kreisbezogenen Einrichtungen (in %)

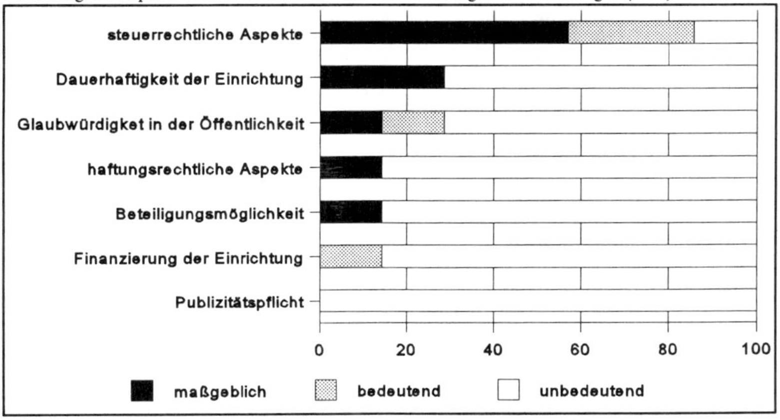

2.3 Initiatoren

Danach gefragt, von wem bzw. welcher Institution die Initiative zur Gründung der regionalen Einrichtung ursprünglich ausging,[544] wurden von den Befragten zum größten Teil mit Mehrfachnennungen verbunde Angaben gemacht. Aber anders als bei der Darstellung der bundesweiten Unfrageergebnisse ausschließlich kreisübergreifender Einrichtungen wurden im Fall des landesweiten Vergleichs am Beispiel Baden-Württemberg von den untersuchten Einrichtungen keine Initiatoren „von außen" genannt. Diese Tatsache ist vermutlich nicht unwesentlich darin begründet, daß vom baden-württembergischen Wirtschaftsministerium - im Unterschied zu anderen Bundesländern - die Errichtung regionaler Wirtschaftsförderungsgesellschaften lediglich für „wünschenswert" gehalten wird, „soweit eine entsprechende regionale Einigkeit und Trägerschaft für diese Aufgabe erzielt werden kann"[545].

Wie die Auswertung der Fragebögen ergab, entfielen von den insgesamt 14 Nennungen der sieben kreisbezogenen Einrichtungen jeweils fünf Nennungen auf Landkreise und Sparkassen (jeweils 35,7 %), drei Nennungen auf Städte bzw. Gemeinden (21,4 %) und lediglich eine Nennung auf eine nicht näher bezeichnete Standort-Initiative (7,1 %). Von den ingesamt zehn Nennungen der sechs kreisübergreifenden Einrichtungen entfielen jeweils drei Nennungen auf die Landkreise und die Städte bzw. Gemeinden (jeweils 42,9 %), zwei Nennungen auf die Industrie- und Handelskammern (33,3 %) und jeweils eine Nennung auf den Regionalverband (Regionalparlament) und eine städtische Wirtschaftsförderungsgesellschaft (jeweils 16,7 %). Dieses Ergebnis zeigt, daß im vorliegenden Fall die Industrie- und Handelskammern als regionale Institutionen im Rahmen der Wirtschaftsförderung ausschließlich die Institutionalisierung von kreisübergreifenden, vorzugsweise mit ihrem eigenen Bezirk kongruenten „Wirtschaftsregionen" initiieren. Interessant ist auch die Tatsache, daß über ein Drittel der kreisbezogenen Einrichtungen auch von öffentlichen Kreissparkassen initiiert wurden, während dies bei keiner der untersuchten kreisübergreifenden Einrichtungen der Fall ist.

2.4 Gesellschafterstruktur

Hinsichtlich der Struktur ihrer Gesellschafter unterscheiden sich die kreisbezogenen nicht wesentlich von den kreisübergreifenden Einrichtungen.[546] Wie aus Tabelle 29 ersichtlich ist, ist

544 Vgl. Frage Nr. 10 des Fragebogens (Teil B).

545 Wirtschaftsministerium Baden-Württemberg (1996), S. 72. „Besonders bei der Organisation regionaler Wirtschaftsförderung *über die Kreisgrenzen hinaus* kommt der Errichtung von Wirtschaftsförderungsgesellschaften eine besondere Bedeutung zu."; Hervorhebungen durch den Verfasser.

546 Vgl. Frage Nr. 11 des Fragebogens (Teil B).

das Land Baden-Württemberg - entsprechend seiner selbstauferlegten Zurückhaltung - an keiner einzigen untersuchten Einrichtung als Gesellschafter beteiligt. Dagegen stellen die Kommunen ausnahmslos bei allen untersuchten regionalen Einrichtungen - wenn auch unterschiedlich stark - einen Teil der Gesellschafter; im Fall einer kreisbezogenen Einrichtung ist ein Landkreis sogar der Alleingesellschafter. Dabei lag die Zahl der Beteiligten pro Einrichtung bei den Landkreisen zwischen 1 und 6, bei den kreisangehörigen Gemdeinden und Städten zwischen 6 und 53 und bei den kreisfreien Städten bzw. Stadtkreisen zwischen 1 und 8. Kammern und Verbände waren an insgesamt 10 der antwortenden Einrichtungen beteiligt (76,9 %). Kreditinstitute in Form von öffentlichen Sparkassen sowie privaten Kreditinstituten und Banken waren in ebenfalls 10 Fällen beteiligt (76,9 %). Die Wirtschaft der Region, vertreten durch öffentliche und private Unternehmen, war demgegenüber nur in fünf Fällen beteiligt (38,5 %).

Tabelle 22: Gesellschafter, Mitglieder und Träger

Gesellschafter	kreisbezogene Einrichtungen (n=7)		kreisübergreifende Einrichtungen (n=6)	
	Anzahl der Nennungen	*Anteil in Prozent*	*Anzahl der Nennungen*	*Anteil in Prozent*
Land	-	-	-	-
Kommunen	7	100,0	6	100,0
Kammern und Verbände	5	71,4	5	83,3
Kreditinstitute	7	100,0	4	66,7
Wirtschaft	2	28,6	3	50,0
Regionalplanung	2	28,6	4	66,7
Wissenschaft	2	28,6	3	50,0

Quelle: Eigene Erhebung 1996.

Abbildung 30: Gesellschafter, Mitglieder und Träger (Anzahl)

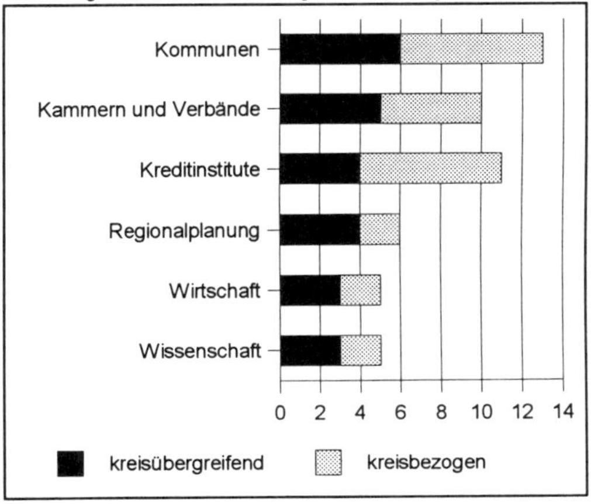

Bei einer getrennten Betrachtung wird deutlich (siehe Abbildung 30), daß bei den kreisbezogenen Einrichtungen die Zahl der Gesellschafter aus den Bereichen Wissenschaft, Regionalplanung und Wirtschaft deutlich geringer ist (jeweils 28,6 %) als dies bei den untersuchten kreisübergreifenden Einrichtungen der Fall ist. Auffällig ist auch, daß Kreditinstitute - neben den Landkreisen - in ausnahmslos allen Fällen bei den untersuchten kreisbezogenen Einrichtungen die Funktion eines Gesellschafters übernehmen, während dies bei den kreisübergreifenden Einrichtungen deutlich weniger oft der Fall ist (66,7 %); dies resultiert vermutlich nicht zuletzt auch aus der Tatsache, daß die jeweiligen Einzugsgebiete der institutionalisierten kreisübergreifenden „Wirtschaftsregionen" größer sind als die räumlichen Geschäftsbereiche der Banken und Sparkassen. Wie bereits gezeigt wurde, sind vor allem die kommunalen Sparkassen und ihre Tätigkeiten aufgrund des sog. Regionalprinzips auf das Gebiet ihres Gewährträgers bezogen.

2.5 Steuerungs-, Kontroll- und Beratungsgremien

Neben einer Geschäftsführung verfügen mit einer einzigen Ausnahme alle untersuchten Einrichtungen auch über eine Gesellschafterversammlung bzw. analog dazu über einen Vorstand bei den eingetragenen Vereinen. Die Ausnahme bildet eine kreisbezogene Einrichtung, die zwar in der Rechtsform einer GmbH geführt wird, aber lediglich den Landkreis als alleinigen Gesellschafter hat.[547] Darüber hinaus verfügen die meisten der befragten Einrichtungen zusätzlich über weitere, gesetzlich zwar nicht vorgeschriebene aber dennoch zulässige Steuerungs-, Kontroll- und Beratungsgremien (siehe Tabelle 23).[548]

Tabelle 23: Steuerungs-, Kontroll- und Beratungsgremien

Kontroll-, Steuerungs- und Beratungsgremien	kreisbezogene Einrichtungen (n=7)		kreisübergreifende Einrichtungen (n=6)	
	Anzahl der Nennungen	*Anteil in Prozent*	*Anzahl der Nennungen*	*Anteil in Prozent*
Gesellschafterversammlung	6	100,0	6	100,0
Aufsichtsrat	4	57,1	5	83,3
Beirat	4	57,1	3	50,0
Ausschuß	3	42,9	1	16,7
Regionalkonferenz	-	-	1	16,7

Quelle: Eigene Erhebung 1996.

547 In diesem Fall wird auch von einer sog. Ein-Mann-GmbH gesprochen.

548 Für regionale Wirtschaftsförderungsgesellschaften wird dieses Ergebnis bestätigt, vgl. dazu *Wrobel, Bernd* (1979), S. 271 f.

Bestätigt wird durch die vorliegende Untersuchung auch die aus einer vergleichbaren empirischen Umfrage gewonnene Erfahrung, daß die beratende Funktion von Aufsichtsrat und Beirat insbesondere durch die mehr oder weniger breite Beteiligung von Nicht-Gesellschaftern zum Ausdruck kommt.[549] Obwohl sich diese zusätzlich eingerichteten Kontroll-, Steuerungs- und Beratungsgremien auch bei den untersuchten Einrichtungen in Baden-Württemberg mehrheitlich aus den Vertretern der entsprechenden Gesellschafter - insbesondere aus den Bereichen Politik, Verwaltung und Wirtschaft - zusammensetzen, wurden von kreisübergreifenden Einrichtungen in drei Fällen auch Gewerkschaftsvertreter und jeweils einmal Vertreter wissenschaftlicher Einrichtungen und der Bürgerschaft genannt.

3. Personalstruktur, Kapitalstruktur und Finanzierung

3.1 Personalstruktur

Bevor überhaupt auf die Personalstruktur näher eingegangen werden kann, muß auch hier zunächst die Frage geklärt werden, ob die 13 untersuchten baden-württembergischen Einrichtungen überhaupt über eine eigene Geschäftsstelle verfügen und wenn ja,wie stark diese personell besetzt ist und welche Positionen von den Mitarbeitern begleitet werden.[550] Den Angaben zufolge verfügen 12 der untersuchten Einrichtungen demnach über eine eigene Geschäftsstelle, was einem Anteil von 92,3 % entspricht. Lediglich eine einzige kreisbezogene Einrichtung verfügt über keine eigene Geschäftstelle; in diesem Fall werden sämtliche Aufgaben vom alleinigen Geschäftsführer selbst wahrgenommen, der zugleich in Personalunion auch der beamtete Wirtschaftsbeauftragte des Landkreises ist. Eine weitere Ausnahme bildet auch der Fall einer kreisübergreifenden Einrichtung, die zwar über eine eigene Geschäftsstelle verfügt, aber zur Erledigung der Aufgaben dennoch keine eigenen Mitarbeiter zur Verfügung stehen. Hier werden sämtliche anfallenden Arbeiten von Mitarbeitern der städtischen Wirtschaftsförderungsgesellschaft des finanziell beteiligten Stadtkreises im Rahmen eines pauschalen Dienstleistungsvertrages quasi nebenbei und ohne entsprechende Vergütung miterledigt.

Wie aus Tabelle 24 entnommen werden kann, ist der Anteil wissenschaftlicher Mitarbeiter und Sachbearbeiter bei den kreisbezogenen Einrichtungen deutlich geringer als bei den kreisübergreifenden.

549 Vgl. *Wrobel, Bernd* (1979), S. 271.
550 Vgl. Fragen Nr. 14 und 15 des Fragebogens (Teil C).

Tabelle 24: Positionen der Mitarbeiter

Positionen	kreisbezogene Einrichtungen (n=7)		kreisübergreifendeEinrichtungen (n=6)	
	Anzahl der Nennungen	*Anteil in Prozent*	*Anzahl der Nennungen*	*Anteil in Prozent*
Geschäftsführung	7	100,0	6	100,0
wiss. Mitarbeit	2	28,6	5	83,3
Sachbearbeitung	2	28,6	3	50,0
Sekretariat	4	57,1	5	83,3

Quelle: Eigene Erhebung 1996.

Insgesamt ist die Zahl der Mitarbeiter bei den untersuchten baden-württembergischen Einrichtungen - einschließlich der Teilzeit- und ehrenamtlich Beschäftigten - unterschiedlich hoch. Sie reicht bei den kreisübergreifenden Einrichtungen von 2 (eine Nennung) über 3 bzw. 4 (jeweils zwei Nennungen) bis zu maximal 16 Mitarbeitern (eine Nennung) und bei den kreisbezogenen von 1 bzw. 1½ Mitarbeitern (jeweils eine Nennung) über 2 (drei Nennungen) und 3 Mitarbeitern (eine Nennung) bis zu maximal 4 Mitarbeitern (eine Nennung).

Eine weitere vergleichende Übersicht über die Art der Beschäftigungsverhältnisse der Mitarbeiter getrennt nach kreisbezogenen und kreisübergreifenden Einrichtungen bietet Tabelle 25. Von den insgesamt 13 antwortenden Einrichtungen wurde die Geschäftsführung bei zehn Einrichtungen (sechs kreisbezogenen, vier kreisübergreifenden) von vollzeitbeschäftigten Geschäftsführern wahrgenommen. Lediglich drei Einrichtungen (eine kreisbezogene, zwei kreisübergreifende) gaben an, daß diese ausschließlich von teilzeitbeschäftigten Geschäftsführern wahrgenommen wird.[551] Über wissenschaftliche Mitarbeiter bzw. Projektleiter verfügen insgesamt sieben der befragten Einrichtungen (zwei kreisbezogene, fünf kreisübergreifende), während zur reinen Sachbearbeitung nur in fünf Einrichtungen (zwei kreisbezogene, drei kreisübergreifende) eigene Mitarbeiter zur Verfügung stehen, wobei es sich in einem Fall um freie Mitarbeiter handelt. Für die anfallenden Arbeiten im Sekretariat wurden von insgesamt neun der antwortenden Einrichtungen (vier kreisbezogene, fünf kreisübergreifende) eigene Mitarbeiter angezeigt; in einem Fall war dies jedoch lediglich ein Praktikant.

551 Für städtische Wirtschaftsförderungsgesellschaften kommt Wrobel in seiner bundesweiten Untersuchung aus dem Jahr 1979 zu einem völlig anderen Ergebnis. Dort wurde die Geschäftsführung in 6 von insgesamt 9 Fällen nebenamtlich wahrgenommen, dagegen lediglich in 3 Fällen hauptamtlich, vgl. dazu *Wrobel, Bernd* (1979), S. 278.

Tabelle 25: Mitarbeiter nach Art des Beschäftigungsverhältnisses

Tätigkeiten der Mitarbeiter	kreisbezogene Einrichtungen (n=7)		kreisübergreifende Einrichtungen (n=6)	
	Vollzeit-beschäftigte	*Teilzeit-beschäftigte*	*Vollzeit-beschäftigte*	*Teilzeit-beschäftigte*
Geschäftsführung	6	1	4	2
wiss. Mitarbeit	2	-	12	-
Sachbearbeitung	2	-	4	1
Sekretariat	-	5	3	6
insgesamt	10	6	23	9

Quelle: Eigene Erhebung 1996.

3.2 Kapitalstruktur

Zur Höhe des Gesellschaftskapitals[552] haben zehn der insgesamt 13 untersuchten Einrichtungen nähere Angaben gemacht, was einem Anteil von 76,9 % entspricht; darunter sind vier kreisübergreifende und sechs kreisbezogene Einrichtungen wie aus Tabelle 26 entnommen werden kann. Dabei muß allerdings berücksichtigt werden, daß es sich bei den drei Fällen, die keine Angaben gemacht haben, um Einrichtungen handelt, von denen zwei in der Rechtsform eines eingetragenen Vereins (e.V.) und eine in der Rechtsform einer Gesellschaft des bürgerlichen Rechts (GdbR) geführt werden und insofern grundsätzlich über kein gesetzlich vorgeschriebenes Gesellschaftskapital in Höhe von mindestens 50.000 DM wie etwa eine GmbH verfügen müssen.

Vor diesem Hintergrund ist auch die Tatsache zu verstehen, daß von sechs in der Rechts- bzw. Organisationsform einer GmbH geführten kreisbezogenen Einrichtungen, die nähere Angaben machen konnten, allein fünf einen Betrag zwischen 50.000 und 100.000 DM als Gesellschaftskapital angegeben haben und lediglich eine einzige GmbH über ein Gesellschaftskapital zwischen 100.000 und 200.000 DM verfügt. Aufgrund der Anzahl der Nennungen (71,4 %) kann also zu Recht von einer „üblichen" Kapitalausstattung bei kreisbezogenen Einrichtungen in Höhe des für eine GmbH gesetzlich vorgeschriebenen Mindestbetrags von 50.000 DM gesprochen.[553]

552 Vgl. Frage Nr. 16 des Fragebogens (Teil C).

553 Für städtische Wirtschaftsförderungsgesellschaften kommt Wrobel dagegen zu einem anderen Ergebnis, vgl. dazu *Wrobel, Bernd* (1979), S. 275.

Tabelle 26: Kapitalstruktur

Tabelle 26: Kapitalstruktur

Gesellschaftskapital	kreisbezogene Einrichtungen (n=7)		kreisübergreifende Einrichtungen (n=6)	
	Anzahl der Nennungen	*Anteil in Prozent*	*Anzahl der Nennungen*	*Anteil in Prozent*
0 TDM	1	14,3	2	33,3
unter 50 TDM	-	-	1	16,7
50 TDM bis unter 100 TDM	5	71,4	1	16,7
100 TDM bis unter 200 TDM	1	14,3	1	16,7
200 TDM bis unter 500 TDM	-	-	-	-
500 TDM bis unter 1.000 TDM	-	-	-	-
1.000 TDM bis unter 5.000 TDM	-	-	1	16,7
insgesamt	7	100,0	6	100,0

Quelle: Eigene Erhebung 1996.

Quelle: Eigene Erhebung 1996.

Bei den kreisübergreifenden Einrichtungen kann - soweit überhaupt vorhanden - demgegenüber überhaupt nicht von einer typischen Kapitalausstattung gesprochen werden. Abgesehen von den drei kreisübergreifenden Einrichtungen, die über kein Kapital verfügen, verteilen die die Beträge von 50.000 bis unter 100.000 DM, von 100.000 bis unter 200.000 DM sowie schließlich auf den Betrag von über 1 Mio. DM gleichmäßig mit jeweils einer Nennung. Erwähnenswert ist in diesem Zusammenhang noch die Tatsache, daß es sich bei der kreisübergreifenden GmbH, der ein Gesellschaftskapital von über 1 Mio. DM zur Verfügung steht, zugleich mit insgesamt 16 Mitarbeitern um die personell am stärksten besetzte regionale Einrichtung in Baden-Württemberg handelt.

3.3 Budgetierung

Zur Frage der Finanzierung machten ausnahmslos alle untersuchten Einrichtungen in Baden-Württemberg Angaben, die aber hinsichtlich des an sich erwünschten Detaillierungsgrades äußert differenziert waren.[554] Das duchschnittliche Jahresbudget ist den Angaben der insgesamt 13 antwortenden Einrichtungen zufolge unterschiedlich hoch; die Spannweite reicht dabei von unter 50.000 DM bei einer kreisbezogenen Einrichtung (GdbR) bis knapp unter 5 Mio. DM bei einer kreisübergreifenden Einrichtung (GmbH). Die getrennte Betrachtung der von den Einrichtungen gemachten Angaben in Tabelle 27 zeigt, daß bei den insgesamt sechs kreisübergreifenden Einrichtungen als niedrigster Betrag einmal ein durchschnittliches Jahresbudget in Höhe von

554 Vgl. Frage Nr. 17 des Fragebogens (Teil C).

knapp über 200.000 DM angegeben wurde, gefolgt von drei Nennungen von jeweils 500.000 DM, einer Nennung von 600.000 DM und schließlich einer Nennung in Höhe von 4,8 Mio. DM.

Während also von der Hälfte der untersuchten kreisübergreifenden Einrichtungen ein jährliches Budget von rund 500.000 DM angezeigt wurde, kamen die kreisbezogenen Einrichtungen in Baden-Württemberg mit deutlich weniger aus; hier lag der angegebene Betrag zwischen 100.000 und 700.000 DM. Insgesamt betrachtet wurde somit von vier der insgesamt 13 untersuchten Einrichtungen in Baden-Württemberg ein Budget von durchschnittlich 500.000 DM p.a. angezeigt (30,8 %), darunter eine kreisbezogene und drei kreisübergreifende Einrichtungen.

Tabelle 27: Jahresbudget

Höhe des Budgets			kreisbezogene Einrichtungen (n=7)		kreisübergreifende Einrichtungen (n=6)	
			Anzahl der Nennungen	*Anteil in Prozent*	*Anzahl der Nennungen*	*Anteil in Prozent*
	unter	50 TDM	-	-	-	-
50 TDM	bis unter	100 TDM	-	-	-	-
100 TDM	bis unter	200 TDM	2	28,6	-	-
200 TDM	bis unter	300 TDM	-	-	1	16,7
300 TDM	bis unter	400 TDM	1	14,3	-	-
400 TDM	bis unter	500 TDM	1	14,3	3	50,0
500 TDM	bis unter	600 TDM	2	28,6	1	16,7
600 TDM	bis unter	700 TDM	-	-	-	-
700 TDM	bis unter	800 TDM	1	14,3	-	-
800 TDM	und mehr		-	-	1	16,7
insgesamt			7	100,0	6	100,0

Quelle: Eigene Erhebung 1996.

3.4 Finanzierungsarten

Auch zur Art der Finanzierung ihrer laufenden Geschäftstätigkeit machten ausnahmslos alle untersuchten Einrichtungen nähere Angaben.[555] Die Ergebnisse der Auswertung der Fragebögen können aus Tabelle 28 entnommen werden. Daraus ergibt sich zunächst, daß keine der insgesamt 13 Einrichtungen, gleichgültig ob kreisbezogen oder kreisübergreifend, sich bzw. ihre Geschäftstätigkeit ausschließlich oder anteilig über das Eigenkapital oder durch Kreditaufnahmen finanziert. Während bei den mehrheitlich als GmbH geführten kreisbezogenen Einrichtungen die Finanzierung durch Zuschüsse im Rahmen der sog. Nachschußpflicht der Gesellschafter domi-

555 Vgl. Frage Nr. 18 des Fragebogens (Teil C).

niert (5 Nennungen bzw. 55,6 %), finanzieren sich die kreisübergreifenden Einrichtungen überwiegend über die Beiträge ihrer Mitglieder bei Vereinen bzw. der Gesellschafter im Falle der BGB-Gesellschaft (jeweils 3 Nennungen bzw. 37,5 %). Lediglich zwei kreisbezogene Einrichtungen konnten auf zusätzliche eigene Einnahmen aus der Geschäftstätigkeit verweisen. Als sonstige Quellen der Finanzierung wurden jährliche Umlagen, Spenden bzw. Sponsoring sowie Einnahmen aus einem Dienstleistungsvertrag genannt. Diese sonstigen Quellen haben bei den kreisbezogenen Einrichtungen einen Anteil von 11,1 % an der Gesamtfinanzierung und bei den kreisübergreifenden Einrichtungen von 37,5 %.

Erwähnenswert ist in diesem Zusammenhang abschließend auch die Tatsache, daß von den insgesamt sieben untersuchten kreisbezogenen Einrichtungen immerhin vier ausschließlich durch die Zuschüsse ihrer Gesellschafter (57,1 %) und lediglich eine ausschließlich durch jährliche Umlagen (14,3 %) ihre jährliche Finanzierung bestreiten. Von den insgesamt sechs untersuchten kreisübergreifenden Einrichtungen finanzierten drei Einrichtungen ihre laufende Geschäftstätigkeit ausschließlich durch die „Beiträge" ihrer Mitglieder (50 %), eine Einrichtung durch entsprechende Zuschüsse (16,7 %) und schließlich zwei Einrichtungen durch jährliche Umlagen (33,4 %).

Tabelle 28: Finanzierungsarten

Art der Finanzierung	kreisbezogene Einrichtungen		kreisübergreifende Einrichtungen	
	Anzahl der Nennungen	*Anteil in Prozent*	*Anzahl der Nennungen*	*Anteil in Prozent*
Zuschüsse	5	55,6	2	25,0
Beiträge	1	11,1	3	37,5
eigene Einnahmen	2	22,2	-	-
sonstige Quellen	1	11,1	3	37,5
insgesamt	9	100,0	8	100,0

Quelle: Eigene Erhebung 1996.

Im Anschluß an die Darstellung der empirischen Ergebnisse der bundes- und landesweiten Umfrage, in Form eines Überblicks über kreisübergreifend institutionalisierte „Wirtschaftsregionen" in Deutschland in Kapitel F sowie eines Vergleichs von kreisübergreifenden und kreisbezogenen institutionalisierten „Wirtschaftsregionen" am Beispiel Baden-Württemberg in Kapitel G, werden im folgenden Kapitel H einige ausgewählte Fallbeispiele aus der trinationalen Region am Oberrhein vorgestellt. Um die bisher gewonnenen Ergebnisse, die ausschließlich die derzeitige Situation in der Bundesrepublik Deutschland widerspiegeln, abschließend einem - wenn auch eingeschränkten - internationalen Vergleich innerhalb Europas unterziehen zu können, wird zum einen aus Gründen der räumlichen Nähe des Verfassers und damit verbunden Möglichkeit einer verbesserten Literatur- und Datenbeschaffung auf die trinationale Region am Oberrhein zurückgegriffen; zum anderen spiegelt sich auch und gerade in dieser traditionsreichen Region das in Kapitel D einleitend zitierte „Europa der Regionen" und - parallel dazu - der „Wettbewerb der Regionen" mit am deutlichsten wider.

Bevor jedoch die regional tätigen Wirtschaftsförderungsgesellschaften in der Région Alsace und der Nordwestschweiz vorgestellt werden können, bedarf es einer kurzen, einführenden Erläuterung der lokalen und regionalen Gebietskörperschaften in Frankreich und der Schweiz, die aus diesem Grund der Darstellung der ausländischen Fallbeispiele zum besseren Verständnis jeweils vorangestellt ist. Im Anschluß daran wird dann abschließend auf ausgewählte inländische Fallbeispiele aus der Region am Oberrhein eingegangen, die auch an der bundes- und landesweiten Erhebung beteiligt waren.

H. Ausgewählte in- und ausländische Fallbeispiele aus der trinationalen Region am Oberrhein

I. Die Region am Oberrhein - ein trinationaler Wirtschaftsraum

1. Räumliche Abgrenzung

Im Rahmen der vorliegenden Untersuchung wird im folgenden unter der betrachteten „Region am Oberrhein" auf deutscher Seite das Gebiet der Region Südlicher Oberrhein und ein Teil der Region Hochrhein mit den Landkreisen Breisgau-Hochschwarzwald, Emmendingen, Lörrach, dem Ortenaukreis sowie dem Stadtkreis Freiburg im Breisgau, auf französischer Seite die Région Alsace mit den beiden Départements Bas-Rhin und Haut-Rhin und schließlich auf schweizer Seite die Nordwestschweiz mit den Kantonen Basel-Stadt, Basel-Landschaft sowie Teilen der beiden Kantone Aargau und Solothurn verstanden.

2. Interregionale Konkurrenz und Zusammenarbeit

Die Region am Oberrhein ist eine alte europäische Grenzregion und liegt geographisch gesehen im äußersten Südwesten Deutschlands direkt an der Grenze zu Frankreich und der Schweiz. Trotz ihrer „Trinationalität" bildet die Region am Oberrhein *einen* gemeinsamen Kultur-, Lebens- und Wirtschaftsraum für Deutsche, Franzosen und Schweizer gleichermaßen, der mithin auch als „Paradies am Oberrhein" oder gar „Modell für Europa" bezeichnet wird. Trotz vieler Gemeinsamkeiten und einer insgesamt ausgewogenen Wirtschaftsstruktur vertreten die drei nationalen Grenzregionen Elsaß, Nordwestschweiz und Südbaden politisch und wirtschaftlich andere Schwerpunkte.[556]

Grenzüberschreitende interregionale Konkurrenz und Zusammenarbeit im Rahmen der Wirtschaftsförderung gibt es aber auch in dieser europäischen Modellregion; an zwei aktuellen und plakativen Beispielen soll dies im folgenden kurz erläutert werden: Zum einen stehen die drei Teilregionen Elsaß, Nordwestschweiz und Südbaden aller Gemeinsamkeiten zum Trotz mitunter in harter **Konkurrenz** um Unternehmen, und die Gunst des Erfolgs auf der einen Seite schürt nicht selten gleichzeitig auch Neid und Mißgunst auf der anderen.[557] So war im Jahr 1995 die in

---

556 Vgl. *Münzer, Christoph* (1992),

557 Vgl. zum folgenden *Klotz, Franziska* (1995), Fabriken anlocken - darf man das nicht?, in: Dreilandzeitung vom 24. November 1995, Nr. 47, S. 1 f.; *Kistler, Petra* (1996), Harter Wettbewerb gilt als „ganz normal", in: Badische Zeitung vom 30. Januar 1996, Nr. 24, S. 11; *Schwitalla, Thomas* (1996), EU-Kommission

einem Kommunalrundbrief der Handwerkskammer Freiburg vertretene Auffassung, daß von den elsäßischen Wirtschaftsförderern eine „äußerst agressive Abwerbung" gegenüber südbadischen Unternehmen betrieben werde, Ausgangspunkt einer Eingabe des zuständigen deutschen Europaabgeordneten bei der Kommission der Europäischen Union in Brüssel.

Geklärt werden sollte durch diese offizielle Eingabe die Frage, ob es sich bei den von den elsässischen Gebietsköperschaften südbadischen Unternehmen offerierten „Fördermaßnahmen" generell um wettbewerbsrechtlich unbedenkliche und damit erlaubte Beihilfen nach den EU-rechtlichen Bestimmungen handle oder nicht. Nach Ansicht des mittlerweile eingeschalteten baden-württembergischen Wirtschaftsministeriums sei an der „Abwerbepolitik" der elsässischen Wirtschaftsförderung grundsätzlich nichts auszusetzen. Auch das abschließende Urteil der EU-Kommission kam im Ergebnis zu einem „Freispruch erster Klasse"[558] für die elsäßischen Wirtschaftsförderer, denn weder am Erlaß der Gewerbesteuer für eine Dauer von maximal fünf Jahren, noch an den Zuschüssen in einer Höhe von bis zu 100.000 FF pro geschaffenem Arbeitsplatz oder den zinsfreien Darlehen für gewerbliche Immobilien war irgend etwas auszusetzen.

Zum anderen kooperieren aber auch alle drei Teilregionen der trinationalen Region am Oberrhein in der Wirtschaftsförderung mehr oder weniger eng und eher projektbezogen wie das Beipiel der grenzüberschreitenden **Zusammenarbeit** im Rahmen des Forums „BioValley Oberrhein" zeigt. So wurde im Juli 1996 in Colmar anläßlich einer Tagung an der trinationalen Managerschule Centré Européen de Management unter dem Titel „Biovalley am Oberrhein" quasi offiziell der „mentale" Startschuß gegeben für eine Vision, für die ansässigen und neu hinzukommenden biotechnologischen Firmen in der Region am Oberrhein eine eigene, gemeinsame und grenzüberschreitende Plattform zu schaffen.[559]

Einige Monate später im Oktober 1996 schließlich fand das zweite Treffen zum Thema statt mit Vertretern von der Universität, Politik, Industrie- und Handelskammern, KMU, lokalen Technologietransferstellen, Vertretern von Funk und Fernsehen und nicht zuletzt auch mit den Vertretern der trinationalen Wirtschaftsförderungsinstitutionen.[560] Gleichzeitig wurde auch die Gründung eines „BioValley Promotion Teams" einstimmig beschlossen, das sich aus drei Vertretern der Universitäten Basel, Freiburg im Breisgau und Strasbourg, je einem Vertreter der

---

segnet Subventionspraxis ab, in: Badische Zeitung vom 25. April 1996, Nr. 96, S. 9.

558 Vgl. *Schwitalla, Thomas* (1996), EU-Kommission segnet Subventionspraxis ab, in: Badische Zeitung vom 25. April 1996, Nr. 96, S. 9.

559 Vgl. *Schwitalla, Thomas* (1996), Die Vision vom „Biovalley" am Oberrhein, in: Badische Zeitung vom 2. Juli 1996, Nr. 150.

560 Vgl. *Schwitalla, Thomas* (1996), Das „Biovalley" nimmt Gestalt an, in: Badische Zeitung vom 10. Oktober 1996, Nr. 235.

lokalen Biotechnologie-Gruppierungen „Biotech-Plattform Basel“, der neugegründeten „Stiftung BioMed Freiburg“, des noch zu gründenden „Réseau Biotech d'Alsace“ sowie einem gewählten Generalsekretär zusammensetzt. Dieses trinationale Promotion-Team soll in Zukunft unter dem Namen „BioValley Oberrhein“ die grenzüberschreitende Zusammenarbeit in der Biotechnologie koordinieren und intensivieren.[561] Neben Informationsveranstaltungen ist die Planung und Realisierung eines regionalen bzw. trinationalen Biovalley-Netzwerks gleichberechtigter Partner vorgesehen - auch im Rahmen dieser strategischen Allianz kann insofern zu Recht von einer echten Public-Private Partnership gesprochen werden. Zum Beispiel wurden bereits anläßlich der internationalen Basler High-Tech-Messe ILMAC im November 1996 Diskussionsrunden mit Vertretern aus Industrie, Hochschulen und Politik unter dem Motto „BioValley-Arena“ veranstaltet.[562]

Die geplante Vernetzung hin zum grenzüberschreitenden „BioValley Oberrhein“ wurde auch von der Jury bei der Bewertung des südbadischen Konzepts „Produktionsoffensive der BioRegio Freiburg“ im Rahmen des vom Bundesministeriums für Bildung, Wissenschaft, Forschung und Technologie (BMBF) bundesweit ausgeschriebenen BioRegio-Wettbewerbs besonders hervorgehoben.[563] Angesichts dieser Möglichkeiten ist auch die sonst für ihre kritische Haltung gegenüber der kommunalen bzw. regionalen Wirtschaftsförderung bekannte Industrie- und Handelskammer Südlicher Oberrhein voll des Lobes:[564] „Dieser neue gemeinsam entwickelte Schwung kommt zeitig, da neben bestehenden und bestandenen Biotech-Regionen sich jetzt in Europa ein harter Konkurrenzkampf für neue Biotech-Standorte anbahnt.“

Ein direkter Vergleich der regionalen Wirtschaftsförderungsinstitutionen in der trinationalen Region Oberrhein wird aber durch die unterschiedlichen Organisationsstrukturen der Staatswesen bzw. Verwaltungssysteme in Deutschland, Frankreich und der Schweiz sowie der sich daraus ableitenden Kompetenzen der einzelnen Ebenen wesentlich erschwert.

---

561 o.V. (1996), Biovalley-Initiative in Colmar gegründet, in: Wirtschaft im Südwesten, Heft 11 (1996).

562 Vgl. *Hicklin, Martin* (1996), Meeting Point Rhein Valley: Ilmac geht biowärts, in: Basler Zeitung vom 18. November 1996, Nr. 270.

563 Vgl. *hal.* (1996), Die Bio-Regionen und ihre Bewertung, in: Frankfurter Allgemeine Zeitung vom 18. Dezember 1996, Nr. 295.

564 o.V. (1996), Biovalley-Initiative in Colmar gegründet, in: Wirtschaft im Südwesten, Heft 11 (1996).

I. Frankreich

1. Lokale und regionale Gebietskörperschaften in Frankreich - ein Überblick

Frankreich ist das einzige Land in Europa, das über einen vierstufigen Verwaltungsaufbau verfügt.[565] Neben dem dominierenden Zentralstaat wird die lokale Ebene heute durch Régions, Départements und Communes gebildet. Nachhaltig geprägt von dem historisch bedingten zentralistischen Staatsaufbau wurde im Zuge mehrerer Reformanstöße der Versuch unternommen, die bis dahin unfexiblen und trägen zentralstaatlichen Verwaltungsstrukturen im Rahmen einer mehr oder weniger umfassenden Dezentralisierung auf die Verwaltung eines modernen und wirtschaftlich prosperierenden Staates auszurichten.[566] Als eine solche Reform ist die Schaffung der Regionen im Jahr 1955 anzusehen, die aus jeweils zwei bis sieben Departements bestanden. Zu ihren originären Aufgaben zählte von Beginn an die Investitionsförderung. Aber erst im Jahr 1972 erhielten die Regionen durch ein Gesetz den Status einer eigenständigen Gebietskörperschaft mit Selbstverwaltung und eigenem Haushalt, was einer Aufwertung ihres Rechtsstatus bedeutete; ihr Aufgabenvolumen blieb aber weiterhin begrenzt.[567]

Mit den unter der Präsidentschaft von François Mitterand seit 1981 erlassenen Dezentralisierungsgesetzen hatte man versucht, die bis dahin nur ansatzweise bestehende „Dezentralisierung“ weiter voranzutreiben.[568] Durch diese neuerliche Reform, die bis dahin wohl als die einschneidenste in das französische Verwaltungssystem bezeichnet werden kann, wurde die Rolle der K-ommunen wieder erheblich gestärkt, deren Selbständigkeit und Unabhängigkeit durch die Schaffung der Regionen im Jahr 1955 negativ beeinflußt wurde.[569] Infolge der Dezentralisierungsgesetze aus den frühen 80er Jahren orieniert sich der organisatorische Aufbau der Regionen und Departements an dem durch die Kommunen vorgegebenen Muster.[570] Am Beispiel der Region soll dies kurz dargestellt werden:[571] Die Regionen werden jeweils von einem auf sechs Jahre gewählten sog. Regionalrat (*Conseil Régional*) sowie von einem sog. Wirtschafts- und Sozialausschuß *(Comité Economique et Social*) geleitet. Während dem direkt von der Bevölkerung gewählten Regionalrat ein aus seiner Mitte gewählter Präsident vorsteht, ist der

---

565 Vgl. *Malibeau, Albert* (1996), S. 40. Dabei ist der Staat mitberücksichtigt, von den interkommunalen Zweckverbänden wird hier aber abgesehen.

566 Vgl. *Thedieck, Franz* (1992), S. 25.

567 Vgl. *Thedieck, Franz* (1992), S. 27.

568 Vgl. *Fromont, Michel* (1983), S. 397 ff.

569 Vgl. *Thedieck, Franz* (1992), S. 28.

570 Die politische Organisation einer Gemeinde in Frankreich besteht aus einer Exekutive (*municipalité*), die sich durch einen Bürgermeister (*marie*) und zwei oder mehreren Beigeordneten zusammensetzt sowie dem Gemeinderat als der beschlußfassenden Versammlung, vgl. dazu *Preuschoff, Beate* (1993), S. 54 ff.

571 Vgl. zum folgenden *Becquart-Leclercq, Jeanne* (1994), S. 79 f.

Wirtschafts- und Sozialausschuß eine rein beratende Versammlung, deren Mitglieder durch verschiedene regionale Einrichtungen benannt werden.

Im einzelnen sind den französischen Regionen, Departements und Gemeinden durch die Dezentralisierungsgesetze insbesondere auf dem Gebiet der „Entwicklung der lokalen Wirtschaft" folgende Kompetenzen und Aufgaben übertragen worden, die letzlich zu einer entscheidenden Erweiterung des bis dahin bestehenden Tätigkeitsbereiches geführt haben:

- Die **Regionen** besitzen im Rahmen der Entwicklung der lokalen Wirtschaft die Planungshoheit über die regionale Wirtschafts- und Sozialplanung (Regionalpläne). Sie sind nun ausdrücklich für die Förderung der wirtschaftlichen, gesundheitlichen, kulturellen und wissenschaftlichen Entwicklung veranwortlich.[572] Neben einer vereinzelt betriebenen eigenen Kultur- und Außenpolitik (in- und ausländlische Partnerschaften), der Strukturierung des ÖPNVs, dem Bau von Schulen und der Zusammenarbeit mit dem Departements bei der Abfallbeseitigung betreiben sie insbesondere eine *Wirtschaftsförderung für die Region* durch die Gewährung von finanziellen Hilfen und Anreizen für Unternehmen, verschiedener Beihilfen für die Schaffung von Arbeitsplätzen bzw. Ansiedlung von Unternehmen und durch die Übernahme von Sicherheiten und Bürgschaften.[573]

- Die **Departements** gelten als die eigentlichen Gewinner der Dezentralisierung und sind für die Aufstellung von Plänen zur Finanzierung von Bauarbeiten und zur Umlegung von Landwirtschaftsflächen zuständig.[574]

- Die **Gemeinden** haben schließlich das Recht zur Aufstellung von Flächennutzungs- und Bebauungsplänen (*schéma directeur, plan d'occupation des sols*) im Rahmen des Städtebaus. Gerade auf diesem Gebiet ist die Dezentralisierung sogar weiter als in Deutschland gegangen. Sie sind im Einzelfall auch zur Erteilung der Baugenehmigungen befugt. Zudem können sich die Gemeinden mit dem Ziel der Aufstellung gemeinsamer Entwicklungspläne (*chartes intercommunales de développement et d'aménagement*) zusammenschließen. Diese Entwicklungspläne müssen aber grundsätzlich sowohl miteinander als auch mit dem Nationalplan koordiniert werden.[575]

---

572 Vgl. *Thedieck, Franz* (1992), S. 30 f.
573 Vgl. *Becquart-Leclercq, Jeanne* (1994), S. 79 f.
574 Vgl. *Thedieck, Franz* (1992), S. 31.
575 Vgl. *Fromont, Michel* (1983), S. 401.

Ähnlich wie in Deutschland haben auch in Frankreich die Kommunen das Recht, ihre örtlichen Angelegenheiten (*affaires de la commune*) selbst zu regeln.[576] Der Gesetzgeber hat auch hier keine abschließende Definition derjenigen Aufgaben, die im einzelnen den kommunalen Angelegenheiten zuzurechnen sind, vorgegeben.[577] Grundsätzlich zählt aber auch in Frankreich die zum Bereich der gemeindlichen Daseinsvorsorge gehörende Aufgabe der *Wirtschaftsförderung* mit zu den örtlichen Selbstverwaltungsaufgaben.[578]

Infolge der Dezentralisierung erhielten die Gemeinden durch die Neuordnung des kommunalen Aufgabenbestandes neue Zuständigkeiten. In den letzten Jahren wurden so die traditionellen Aufgabengebiete der Kommunen insbesondere um Kompetenzen im wirtschaftlichen und sozialen Bereich, namentlich in der Beschäftigungspolitik, der Industrieansiedlung und der Raumplanung erweitert - eine ausschließliche Aufgabenzuweisung war damit aber nicht verbunden. Vielmehr müssen sie die zugewiesenen Aufgaben in gemeinschaftlicher Zusammenarbeit mit höheren Verwaltungsebenen wie etwa den Departements, den Regionen und dem Staat erfüllen. Da sich jedoch nicht wenige Gemeinden durch die Errichtung von Gewerbegebieten, die Beteiligung an mischfinanzierten Gesellschaften und die Förderung bzw. Unterstützung von wirtschaftlichen Aktivitäten selbst in erhebliche finanzielle Schwierigkeiten manövrierten, wurden die wirtschaftlichen Zuständigkeiten der Kommunen durch ein Gesetz im Jahre 1988 verkleinert. Fortan war die Zahlung von Darlehen an in Schwierigkeiten geratene Unternehmen und die Gewährung von Krediten an äußerst strenge Bedingungen gebunden.[579] Das grundsätzliche Verhältnis von lokaler und nationaler Ebene in Frankreich zeichnet sich aber durch seine Ambivalenz aus. Während die politische Konzeption und Entscheidungsfindung auf der zentralstaatlichen Ebene geschieht, stellt die lokale Ebene lediglich ein Instrument der praktischen Umsetzung der Regierungspolitik dar.[580]

Ein Blick auf die Kommunalstruktur in Frankreich offenbart die gegenwärtigen Hauptprobleme: „Die kommunale Zersplitterung des französischen Systems steht in scharfen Gegensatz zur Rationalität der kommunalen Verwaltung."[581] Zu Beginn der 90er Jahre gab es in Frankreich

---

576 Vgl. Art. L. 121-126 der französischen Gemeindeordnung (*code des communes*). Der Code des Communes ist aber nicht mit der deutschen Gemeindeordnung vergleichbar. Er enthält vielmehr alle Gesetze, Dekrete und Verordnungen bezüglich der Rechte und Pflichten der Gemeinden, die in fünf verschiedenen Büchern zusammengefaßt sind, vgl. dazu *Gilbert, C.* (1988), S. 81. Die Definition dessen, was in den Bereich der lokalen Angelegenheiten fällt, steht aber den Gebietskörperschaften nicht zu. Vielmehr obliegt es dem französischen Zentralstaat durch Gesetz die obligatorischen Aufgaben der nachgeordneten Ebenen vorzugeben.

577 Vgl. *Preuschoff, Beate* (1993), S. 52.

578 Vgl. *Preuschoff, Beate* (1993), S. 53 FN 26.

579 Vgl. *Becquart-Leclercq, Jeanne* (1994), S. 75.

580 Vgl. *Mabileau, Albert* (1996), S. 16 f.

581 *Malibeau, Albert* (1996), S. 42.

insgesamt 36.769 Kommunen, von denen fast drei Viertel (25.792 Gemeinden) weniger als 700 Einwohner zählen. Knapp ein Fünftel der Gemeinden (6.621) haben weniger als 2.000 Einwohner und nur 0,1 % der Gemeinden (31) weisen Einwohnerzahlen zwischen 100.000 und 300.000 auf.[582] Die Folge davon sind mehr denn je eine mangelnde Effizienz der Kommunalverwaltungen, unzulängliche Gebietszuschnitte, territoriale Zersplitterung sowie eine akute Finanzschäche vieler Gemeinden, die eine angemessene Erfüllung vieler Aufgaben nicht mehr gewährleisten können.[583] Angesichts der mangelnden personellen und technischen Kapazität der meisten Kommunen wurde in Frankreich bewußt eine „Politik der Interkommunalität" gefahren, die gleichzeitig zum Abbau der Unterschiede zwischen den Kommunen beitragen sollte.[584] Die vehemente und erfolgreiche Weigerung der französischen Kommunen gegenüber den staatlichen Fusionsplänen war hauptsächlich im mentalen Bereich begründet.

Dennoch existieren heute in Frankreich verschiedene Formen der institutionalisierten interkommunalen Zusammenarbeit, die grundsätzlich auf dem Prinzip der Freiwilligkeit des Bei- und Austritts der betroffenen Kommunen beruhen. Interkommunale Zusammenarbeit in Frankreich[585] unterscheidet sich dennoch sehr von der in Deutschland praktizierten.[586] Das ältere französische System erlaubt den Kommunen bereits seit dem Stadtgesetz von 1884 die Konstituierung von interkommunalen Zweckverbänden zur Erledigung *einer* bestimmten Aufgabe (*Syndicat Intercommunnal à Vocation Unique, S.I.V.U.*) etwa zur Wasser- oder Müllentsorgung. Die Bildung von interkommunalen Zweckverbänden mit *mehreren* Aufgabenbereichen (*Syndicat Intercommunnal à Vocation Multiple, S.I.V.O.M.*) ist demgegenüber erst seit dem Erlaß vom 5. Januar 1959 zulässig, ebenso wie die von Verwaltungsgemeinschaften (*Districts*) für städtische Gebiete.[587]

In Frankreich kommen traditionell im Rahmen der Wirtschaftsförderung den zentralstaatlichen Hilfen und Förderungen die weitaus größte Bedeutung zu. Aber auch gerade auf lokaler bzw. regionaler Ebene, d.h. auf der Ebene der Region, der Departements und der Kommunen treten insbesondere in neuerer Zeit neben der klassischen Infrastrukturverbesserung auch direkte Förderungen an Unternehmen wie etwa die Bereitstellung von Fabrikgebäuden (*usines relais*)

---

582 Alle Angaben zum Stand 1. Juli 1989, vgl. dazu *Preuschoff, Beate* (1993), S. 44.

583 Vgl. *Preuschoff, Beate* (1993), S. 46.

584 Vgl. dazu und zum folgenden *Preuschoff, Beate* (1993), S. 46 f.

585 Vgl. *Siedentopf, Heinrich* (1967), Interkommunale Zusammenarbeit in Frankreich, in: Der Städtetag (1967), Heft 6, S. 308-312; *Bartholomé, Ernst* (1968), Die zwischengemeindliche Zusammenarbeit in Frankreich, Bonn, Univ., Diss., 1968.

586 Vgl. *Gilbert, C.* (1988), S. 41.

587 Daneben gibt es auch Stadtdistrikte (*districts urbains*) für Gemeinden innerhalb eines Verdichtungsraumes und die 1966 durch ein entsprechendes Gesetz zwangsweise geschaffenen Stadt-Umland-Verbände (*Communautés urbaines,C.U.*) in den vier Metropolen Lille, Bordeaux, Strasbourg und Lyon, vgl. dazu *Malibeau, Albert* (1996), S. 58 f

oder finanzielle Zuschüsse.[588] Im folgenden werden die institutionalisierten regionalen Wirtschaftsförderungseinrichtungen bzw. „Wirtschaftsregionen" am Beispiel der Région Alsace dargestellt.

2. Fallbeispiele

2.1 Agence de développement économique de Haute-Alsace (C.A.H.R.)[589]

Die „Agence de développement économique de Haute-Alsace" (C.A.H.R.) wurde im Jahr 1954 als wirtschaftspolitisches Instrument auf Initiative des lokalen Parlaments des Departements Oberelsaß (*Conseil Général du Haut-Rhin*) sowie führender Vertreter aus der Wirtschaft gegründet und ist eine der ältesten und damit traditionsreichsten regionalen Wirtschaftsförderungseinrichtungen in Frankreich überhaupt.

Die Tätigkeit des C.A.H.R. liegt heute schwerpunktmäßig in den folgenden drei Aufgabengebieten: Erstens in der Aufbereitung und Belebung der Wirtschaftsstruktur (*Préparation du tissu économique*), zweitens in der Unterstützung der ansässigen Unternehmen (*Soutien aux Entreprises*) und drittens in der Ansiedlung neuer Unternehmen (*Implantation d'Entreprises*). Diesen Aufgabengebieten entsprechend umfangreich ist auch das vom C.A.H.R. angebotene Dienstleistungsangebot, daß sich von der allgemeinen Präsentation der Teilregion Oberelsaß, der umfassenden Information und Beratung bei der Ansiedlung sowie Betreuung über Kontaktanbahnung bzw. -vermittlung und aktiven Unterstützung bei der Beantragung von projektbezogenen finanziellen Fördermittel bis hin zur Hilfe bei der Integration des angesiedelten Unternehmens sowie dessen Mitarbeiter in das lokale Millieu erstreckt.

Seit seiner Gründung wird das C.A.H.R. in der Rechtsform eines eingetragenen Vereins auf der Grundlage des im Department Oberelsaß gültigen *Droit Local* (1908) geführt.[590] Im Jahr 1995 wurde eine Namensänderung beschlossen: Einerseits wollte man den nach eigener Aussage

---

588 Vgl. im folgenden *Schmidt-Ott, Rainer* (1982), S. 19.

589 Der Verfasser dankt Herrn *Thibaut Zumsteeg*, Projektleiter (*Chargé de Mission*) beim C.A.H.R., für seine Bereitschaft zur Unterstützung der vorliegenden Arbeit. Den folgenden Ausführungen liegen im wesentlichen die Ergebnisse eines ca. einstündigen persönlichen Gesprächs in Mulhouse am 5. Feburar 1997 sowie die Auswertungen verschiedener schriftlicher Quellen zugrunde.

590 Dabei ist zu berücksichtigen, daß es in Frankreich kein einheitliches Vereinsrecht gibt. Vielmehr können die einzelnen Droit Locales von Region zu Region rechtlich verschieden ausgestaltet sein - und damit auch die rechtlich zulässigen Möglichkeiten der Vereine. Im Fall des C.A.H.R. handelt es sich nicht um einen ausschließlich gemeinnützigen Verein, sondern er hat auch das Recht, erwerbswirtschaftliche Tätigkeiten wahrzunehmen.

antiquiert klingenden ursprünglichen Namen „Comité d'action pour le progrés économice et social Haut-Rhinois" in eine etwas zeitgemäßere Form bringen, so daß heute unter dem offiziellen Namen: „Agence de développement économique de Haut-Alsace (C.A.H.R.)" firmiert wird.[591] Andererseits wollte man auch den insbesondere im Ausland vorhandenen hohen Wiedererkennungswert der Région Alsace nutzen, was schließlich zum Wegfall des ursprünglichen Zusatzes „Haut-Rhinois" geführt hat.

Aufgrund des über 40jährigen Bestehens des C.A.H.R. und der überwiegend aus jüngeren Mitarbeitern bestehenden Belegschaft waren Auskünfte sowohl über die Hauptmotive, die damals zur Gründung der Einrichtung geführt haben als auch über die in der Startphase aufgetretenen Probleme nicht mehr ohne weiteres zu erhalten. Die interne Befragung eines älteren Mitarbeiters ergab aber, daß die maßgeblichen Gründe zu Gründung des C.A.H.R. zum einen in der gemeinsamen Betroffenheit vom Problem der wirtschaftlichen Strukturschwäche und zum anderen in dem Versuch gesehen werden müssen, möglichst alle gesellschaftlich relevanten Kräfte im Departement zu bündeln. Als bedeutend wurde in diesem Zusammenhang auch die Möglichkeit eingeschätzt, im Rahmen des C.A.H.R. Synergieeffekte eines lokalen bzw. regionalen Netzwerks nutzen zu können. Das Hauptproblem während der gesamten Startphase und auch in den ersten Jahren nach der Gründung war aber die strikte Oppositionshaltung des französischen Staates gegenüber dem C.A.H.R. und seinen Tätigkeiten, repräsentiert durch den damaligen Präfekten, der darin einen Kompetenzverlust gesehen hatte.

Die ursprünglichen Gründe für die Wahl der Rechtsform sind dagegen nach wie vor offensichtlich. Den entscheidenden Ausschlag für die gewählte Vereinsform hatten bereits damals die im allgemeinen mit dieser Organisationsform verbundenen Vorteile, insbesondere die Flexibilität hinsichtlich der als zu starr empfundenen Bürokratie des Conseil Général du Haut-Rhin. Die Möglichkeit zur Beteiligung anderer gesellschaftlich und wirtschaftlicher relevanter Akteure des Departements als den Conseil Général ist bis heute nicht vorgesehen - vor allem zur Wahrung einer möglichst weitgehenden Unabhänigkeit und Flexibilität. Als Verein verfügt das C.A.H.R. über eine Gesellschafterversammlung und einen Vorstand (*Conseil d'Administration*). Der Vorstand setzt sich aus insgesamt 25 Mitgliedern zusammen, darunter 18 gewählte Mitglieder aus dem Conseil Général (*Conseils Généraux*) und 7 Vertreter von Unternehmen und Einrichtungen (*Socio-Professionnels*). Der derzeitige Vorsitzende (*Président*) ist zugleich stellvertretender Vorsitzender (*1er Vice-Président*) des Conseil Général.

591 Im Vereinsregister bleibt aber trotz dieser Änderung der urspüngliche Name verzeichnet.

Das C.A.H.R verfügt weiterhin über zwei eigene Geschäftsstellen mit Sitzen in Colmar, dem administrativen Zentrum, und Mulhouse, dem wirtschaftlichen Zentrum des Départements. In beiden Geschäftsstellen sind insgesamt 35 Mitarbeiter tätig, darunter 28 eigene, d.h. nicht-beamtete; sieben weitere beamtete Mitarbeiter wurden vom Departement überlassen. Von diesen insgesamt 35 Mitarbeitern stehen allein für die Wirtschaftsförderung 11 Mitarbeiter zum Verfügung. Darunter sind zwei in der Geschäftsführung der C.A.H.R. tätig (*Président, 1er Président*), sechs als wissenschafliche Mitarbeiter bzw. Projektleiter (*Chargé de mission*) und schließlich drei weitere in der Funktion als Assistenten bzw. Schreibkräfte. Jeweils ein Projektleiter und eine Schreibkraft sind nur teilzeitbeschäftigt. Das durchschnittliche Jahresbudget der C.A.H.R. liegt bei insgesamt 12,5 Mio. FF. Davon werden rund 12 Mio. FF als Zuschüsse vom alleinigen Gesellschafter, dem Conseil Général du Haut-Rhin getragen. Den Rest in Höhe von rund 0,5 Mio. FF steuert das C.A.H.R. durch Einnahmen aus der eigenen Geschäftstätigkeit (*Auto-finacement*) bei, die allein durch Tätigkeiten im Rahmen der Aus- und Weiterbildung von Führungskräften ansässiger Unternehmen erzielt werden.[592]

2.2 Association de développement du Bas-Rhin (A.D.I.R.A.)

Im Gegensatz zum C.A.H.R. wurde die „Association de développement du Bas-Rhin" (A.D.I.R.A) bereits vier Jahre füher im Jahr 1950 auf Initiative des lokalen Parlaments im Departement Nordelsaß (*Conseil Géneral du Bas-Rhin*) als regionale Wirtschaftsförderungs-gesellschaft gegründet, die ihren Sitz in Straßburg hat. Auch in diesem Fall ist die Tätigkeit der Gesellschaft fest in die Wirtschafts- und Sozialpolitik des Departements integriert. Unterstützung findet die A.D.I.R.A. dabei von der Région Alsace, dem Straßburger Kommunalverbund, der Industrie- und Handelskammer Straßburg/Unterrhein und von diversen privaten Unternehmen.[593] Da sich die A.D.I.R.A. sowohl hinsichtlich ihrer Konzeption als auch ihrer Aufgabengebiete und Dienstleistungsangebote nicht oder nur unwesentlich vom oberelsässischen C.A.H.R. unterscheidet und eine funktionelle Arbeitsteilung ohnehin üblich ist, kann auf eine ausführliche Darstellung an dieser Stelle verzichtet und auf die dortigen Ausführungen verwiesen werden.

592 Die von der staatlichen Präfektur im Rahmen des Projekts Kalibecken (*Bassin potassique*) finanzierten Gehälter für drei Mitarbeiter der „Société de diversifikation du Bassin Potassique" (SODIV) sind hierbei nicht enthalten.

593 Vgl. o.V. (1995), ADIRA - Im Dienst des Unternehmens und der Region, in: Wirtschaft am Oberrhein, S. 49.

2.3 Agence de développement de l'Alsace (A.D.A.)[594]

Die „Agence de développement de l'Alsace" (A.D.A.) mit Sitzen im oberelsässischen Colmar und im nordelsässischen Straßburg ist die regionale Wirtschaftsförderungsgesellschaft der Région Alsace. Die A.D.A. ist eine vergleichsweise junge regionale Einrichtung und wurde erst am 8. Februar 1995 auf Initiative des Regionalrats bzw. des regionalen Parlaments (*Conseil Régional d'Alsace*) gegründet. Die Aufgaben der A.D.A. werden in ihren Statuten wie folgt umschrieben:[595]

> *„Elle a pour objet d'assurer la promotion générale de l'Alsace et de renforcer son image de marque en vue de faciliter et de soutenir son développement dans tous les domaines: économiques, touristiques, culturels et universitaires. Faciliter, par sa mission de sensibilisation, les actions des organismes départementaux et locaux de développement. Gérer les financements affectés à ces types d'actions et assurer, à ce titre, en association avec le CAHR et l'ADIRA le suivi opérationnel des antennes à l'étranger. D'une manière générale, mener toutes réflexions et faire toutes propositions se rapportant à ces missions"*

Die darin angesprochene Zusammenarbeit mit dem C.A.H.R. einerseits und der A.D.I.R.A. andererseits drückt sich insbesondere in einer strikten Aufgabenteilung im Rahmen der Auslandsrepräsentanz des Wirtschaftsstandorts Région Alsace aus. So werden die Benelux-Länder, Italien und Korea vom oberelsässischen C.A.H.R. als der federführenden Einrichtung (*Chef de file*) betreut, während die nordelsässische A.D.I.R.A. für die Vereinigten Staaten und Skandinavien zuständig ist. In Australien sind allerdings beide Einrichtungen zuständig. Nur in Japan ist die A.D.A. selbst federführend tätig.[596]

Im Rahmen ihrer Wirtschaftsförderungstätigkeit vermittelt und gewährt die A.D.A. selbst finanzielle Förderungen im Rahmen staatlicher und regionaler Förderprogramme für interessierte ansiedlungswillige Unternehmen, die einen neuen Standort im Elsaß suchen, neue Arbeitsplätze schaffen und den Förderrichtlinien entsprechen. Interessant ist in diesem Zusammenhang die Tatsache, daß diese von der Région Alsace selbst aufgelegten Förderprogramme bewußt nicht mit dem in der Öffentlichkeit überwiegend negativ behafteten Begriff der Subvention belegt werden, sondern in einem positives Sinne als regionale „Prämien" (*prime régionale*) bezeichnet

---

594 Der Verfasser dankt Herrn *Jean-Claude Haupert*, Projektleiter (*Chargé de Mission*) bei der A.D.A., für seine Bereitschaft zur Unterstützung der vorliegenden Arbeit. Den folgenden Ausführungen liegen im wesentlichen die Ergebnisse eines ca. einstündigen persönlichen Gesprächs in Colmar am 31. Januar 1997 sowie die Auswertungen verschiedener schriftlicher Quellen zugrunde.

595 Vgl. dazu und im folgenden A.D.A. (1996), Rapport d'activités Intermédiaire Fév. 95-Juin 96, S. 1.

596 Vgl. *C.A.H.R.* (1995), S. 2.

werden. Ohne im Detail auf die einzelnen regionalen Prämien einzugehen, seien an dieser Stelle nur die wesentlichen genannt wie zum Beispiel die staatliche Raumordnungsprämie *(Prime d'Aménagement du Territoire, PAT)*, die regionale Beschäftigungsprämie (*Prime régionale à l'emploi, PRE*), die regionale Unternehmensgründungsprämie (*Prime Régionale à la Création d'Entreprise, PRCE*) oder die Unterstützungsmaßnahmen für Beschäftigung und Ausbildung durch die Region.

Die Wirtschaftsförderung (*promotion économique*) ist aber nur eine Aufgabe der A.D.A. Als regionale Entwicklungsgesellschaft ist sie zusätzlich für die wirtschaftliche und institutionelle Kooperation in der Region (*coopération économique et institutionnelle*) im Rahmen der sog. *Plate-Forme Est-Sud*, die seit Anfang 1996 in die A.D.A. intergriert ist, das gesamte Regionalmarketing (*promotion générale*) sowie für die Durchführung gebietsbezogener Aktionen (*l'action territorialisée*) zuständig, die sich derzeit noch in der operationellen Phase befinden.

II. Schweiz

1. Lokale und regionale Gebietskörperschaften in der Schweiz - ein Überblick

Der Staatsaufbau der Schweiz ist ähnlich dem der angrenzenden Bundesrepublik Deutschland föderalistisch geprägt und verfügt über die drei institutionellen Ebenen Bund, Kantone und Gemeinden. Charakteristisch für den ersten Bundesstaat Europas (1848) und eines seiner wesentlichen Strukturelemente ist das sog. Milizsystem.[597] Um die für einen Kleinstaat typischen personellen Ressourcenprobleme überhaupt bewältigen zu können, ist in der Schweiz die parallele Ausübung verschiedener Rollen und Funktionen in Gesellschaft, Politik und Verwaltung durchaus üblich und weitverbreitet. Dabei tritt das ehrenamtliche Nebenamt der Bürger häufig an die Stelle formaler, professionalisierter Verwaltungen nicht nur in den Kantonen, sondern auch und gerade in den Gemeinden (Milizverwaltung).[598] Insofern kann das Schweizer Milizsystem zu Recht auch als „ressourcensparende Strategie kleiner Kontexte mit wachsender funktionaler Komplexität"[599] interpretiert werden.

Die insgesamt 26 **Kantone** bilden die Gliedstaaten des Bundesstaates Schweiz. Im Gegensatz zu den französischen Departements verfügen sie über eine eigene Verfassungs- und Gesetzgebungs-

597 Vgl. *Ruegg, Erwin* (1995), S. 49.
598 Schätzungen zufolge sind in der Schweiz neben den rund 30.000 politischen Ämtern weit mehr als 100.000 Personen auf kommunaler Ebene in der Milizverwaltung tätig, vgl. dazu *Ruegg, Erwin* (1995), S. 49.
599 *Ruegg, Erwin* (1995), S. 61.

autonomie,[600] d.h. es obliegt ihnen, etwa über ihre Organisation oder auch die Gemeindeorganisation selbst zu entscheiden. Zu den klassischen kantonalen Aufgabenbereichen zählen insbesondere der Bereich des Schul- und Gesundheitswesens, der Kulturbereich und das Gemeindewesen. Daneben besitzen die Kantone auch eine eigene Finanzhoheit, die sie zur Festsetzung von Steuern oder aber zur Gewährung von Darlehen berechtigt.[601]

In der Schweiz ist die Gemeindeautonomie nicht in der Bundesverfassung, sondern - stillschweigend oder explizit - lediglich in den jeweiligen Verfassungen der Kantone geregelt. Insofern verfügt jeder Kanton praktisch über eine eigene Kommunalverfassung. Anders als in Deutschland liegt in der Schweiz die abschließende Kompetenz zur Regelung der inneren Organisation einer Gemeinde allein bei den Kantonen, die davon in der Praxis regen Gebrauch gemacht haben. Folgerichtig herrscht heute dort „eine bunte Vielfalt von kantonalen Erlassen zu Kompetenzen, Aufgaben, Pflichten und innerer Organisation der Kommunen."[602] Und während in Deutschland die kommunale Selbstverwaltung eine hohe Wertschätzung genießt, ist dies in der Schweiz die sog. Gemeindeautonomie, die bereits eine lange Tradition aufweist und deren Wurzeln bis ins Mittelalter und in die Zeit kurz nach der französischen Revolution zurückreichen.[603]

Die über 3.000 **Gemeinden** in der Schweiz sind insofern durch kantonales Recht geschaffene lokale Gebietskörperschaften, die zu Erfüllung typisch lokaler öffentlicher Aufgaben dienen.[604] Als solche „typisch lokale Aufgaben" verbleiben den Gemeinden aber nur diejenigen, die nicht bereits vom Staat bzw. vom Bund oder Kanton erledigt werden. Bei deren Erfüllung verfügen sie aber mitunter über sehr weitgehende Autonomien. Im allgemeinen liegen die wichtigsten Aufgabenschwerpunkte der eidgenössischen Gemeinden vor allem in den Bereichen der eigenen Organisation und Verwaltung, dem Steuer- und Finanzwesen, der Ortsplanung, der Ortspolizei, dem Schul- und Fürsorgewesen, dem Umweltschutz, der Ver- und Entsorgung sowie im gesamten Kultur-, Sport- und Freizeitbereich.[605]

Hinsichtlich ihrer Struktur weisen die insgesamt 26 Kantone untereinander - zumindest was ihre Fläche und Bevölkerungsdichte betrifft - große Unterschiede auf: So beträgt die Fläche des

---

600 Vgl. *Speiser, Béatrice* (1993), S. 100.

601 Vgl. *Speiser, Béatrice* (1993), S. 101.

602 *Ruegg, Erwin* (1994), S. 47 f.

603 Vgl. *Rüegg, Erwin* (1994), S. 45. Zur historischen Herausbildung der Gemeinden in der Schweiz vgl. insbesondere *Ladner, Andreas* (1991), S. 30 ff.

604 Vgl. *Speiser, Béatrice* (1993), S. 102. Als „typisch lokal" gilt eine Angelegenheit immer dann, wenn „sie die lokalen Interessen der Gemeinde berührt, sich zur örtlichen Regelung und Durchführung eignet sowie mit den Mitteln und politischen Kräften der Gemeinde bewältigt werden kann."

605 Vgl. *Ladner, Andreas* (1991), S. 39 f.

kleinsten Kantons (Basel-Stadt) gerade 37,0 km², während der größte Kanton (Graubünden) eine Fläche vo 7.105,3 km² aufweist. Ähnlich stellt sich die Situation bei der Bevölkerungsdichte (Einwohner je km²) dar, die eine Spannweite zwischen 5,9 im Kanton Graubünden und 5.325,8 im Kanton Basel-Stadt besitzt.[606] Ähnlich wie die kantonale Ebene ist auch die Ebene der Gemeinden unterschiedlich stark ausgeprägt: Mit ihrer Fülle von Klein- und Kleinstgemeinden ähnelt die Situation der Schweiz eher der Frankreichs als Deutschlands - und damit sehen sich auch die Schweizer Gemeinden einem wachsenden finanziellen und personellen Problemdruck gegenüber. Zum 1. Januar 1991 zählte die Schweiz insgesamt 3.019 Gemeinden mit einer durchschnittlichen Wohnbevölkerung von rund 2.200 Personen. Dabei reicht die Spannweite von der kleinsten Gemeinde mit gerade 17 Einwohnern (Largario) bis zur größten Stadt mit 360.000 Einwohnern (Zürich). Und während rund 45 % aller Gemeinden weniger als 500 Einwohner zählten, registrieren 90 % weniger als 5.000.[607]

Diese zum Teil erheblichen strukturellen Unterschiede innerhalb der kantonalen und gemeindlichen Ebene führen in der Praxis zu mehr oder weniger großen Problemen im Rahmen der Aufgabenerfüllung.[608] Auch in der Schweiz ist insbesondere auf der unteren Ebene die Abhängigkeit von potenten Steuerzahlern bei gleichzeitig starker gegenseitiger Konkurrenz deutlich zu spüren. Auch hier müssen die Gemeinden Anreize bieten, um einkommen- bzw. umsatzstarke Steuerzahler anziehen zu können. Die Palette reicht dabei von günstigen Steuersätzen, erschlossenem Bauland, Industriegleisanschlüssen bis hin zu einer gut ausgebauten Infrastruktur. Infolge des ausgeprägten Milizsystems insbesondere auf der Gemeindeebene fließen gesellschaftliche Beziehungen, wirtschaftliche Interessen und politische Entscheidungen ineinander über; sachlich an sich gerechtfertigte Entscheidungen und Fälle aktiver Begünstigung sind nicht mehr auseinanderzuhalten. Gemeindliche Wirtschaftsförderung hat sich deshalb über viele Jahre in der nahezu vollbeschäftigten Schweiz ungefähr wie folgt abgespielt und kann vereinzelt auch als „Freundschaftssubvention“[609] im Rahmen der Gemeindepolitik bezeichnet werden:[610]

> *„Die Rücksichtnahme auf das eigene Gewerbe (v.a. Bauunternehmungen) und die fehlende Sachkenntnis können dazu führen, dass bei Bauprojekten (Strassenkreuzungen, Kläranlagen, Schulhäuser usw.) da und dort 'mit der grossen Kelle angerührt' wird. Das ist besonders dann der Fall, wenn ein Grossteil der Kosten von Bund und Kanton bezahlt wird und eine wirksame Kontrolle fehlt.“*

606 Vgl. *Bundesamt für Statistik* [Hrsg.] (1995), S. 40.

607 Vgl. *Rüegg, Erwin* (1994), S. 45 f. Gemessen an den in der Bundesrepublik Deutschland bei den umfassenden Gebietsreformen zugrundegelegten Kriterien der Mindesgröße einer Gemeinde könnte man auch sagen, daß rund drei Viertel der selbständigen Gemeinden in der Schweiz nicht mehr existieren dürfte bzw. eingemeindet sein müßte. Vgl. ferner *Ladner, Andreas* (1991), S.42 ff. und 46 ff.

608 Vgl. zum folgenden *Bussmann, Werner* (1986), S. 17 ff. (insb. S.19 f.)

609 *Neidhart, Leonhard* (1975), S. 13.

610 *Bussmann, Werner* (1986), S. 19.

Obwohl die kantonale Politik mit der Gemeindepolitik viele Gemeinsamkeiten hat, zeigt sie jedoch ein etwas anders Gesicht.[611] Durch die Kleinräumigkeit zahlreicher Kantone können Großunternehmen der Region quasi ihren Stempel aufdrücken wie dies etwa im Kanton Basel-Stadt in der Vergangenheit durch die ehemaligen „drei Großen“ in der Basler Chemie, die traditionsreichen Chemiekonzerne Ciba-Geigy, Hoffmann-La Roche und Sandoz der Fall war und in Zukunft durch die jüngste „Megafusion“[612] Novartis, der Ciba Spezialitätenchemie (CSC), Roche und Clariant nach der Neuordnung weiterhin der Fall sein wird. Auch sind hier im Unterschied zur gemeindlichen Ebene die wirtschaftlichen Interessen bereits in freiwilligen Verbänden organisiert, die einem Trichter gleich verschiedene Einzelanliegen filtern und verstärken, um sie dann ins politische System einspeisen.

2. Fallbeispiel: Verein Wirtschaftsförderung Basel-Stadt und Basel-Landschaft[613]

Zu Beginn des Jahres 1996 wurde die gemeinsame regionale „Wirtschaftsförderung Basel-Stadt und Basel-Landschaft“ (WIBB) von den beiden gleichnamigen Kantonen gegründet - bis heute ein Unikum in der Schweiz.[614] Zum gleichen Zeitpunkt stellten die beiden bis dahin separat agierenden kantonalen Wirtschaftsförderungsstellen, nämlich die verwaltungsinterne Stelle für Wirtschaftsförderung des Kantons Basel-Landschaft und der gemischtwirtschaftliche Verein „Wirtschafts- und Innovationsberatung Basel-Stadt“ (WIBS)[615], ihren Betrieb ein. Deren Aufgabengebiet beschränkte sich ausschließlich auf die Bestandspflege bzw. die Beratung und Betreuung ansässiger Unternehmen sowie die Vermittlung von Adressen und Kontakten; im Kanton Basel-Landschaft kam sogar teilweise die Gewährung von Steuerermäßigungen hinzu. Aufgrund dieser Tatsache war auch die personelle Ausstattung der beiden kantonalen Wirtschaftsförderungstellen mit 1,7 Mitarbeitern im Kanton Basel-Stadt und 1,5 Mitarbeitern im Kanton Basel-Landschaft vergleichsweise klein.[616]

---

611 Vgl. zum folgenden *Bussmann, Werner* (1986), S. 20.

612 Vgl. *Schmider, Franz* (1997), Eine Megafusion und zwei neue Unternehmen, in: Badische Zeitung vom 21. Februar 1997.

613 Der Verfasser dankt Herrn *Werner R. Resch*, Geschäftsführer des Vereins „Wirtschaftsförderung Basel-Stadt und Basel-Landschaft“ (WIBB), für seine Bereitschaft zur Unterstützung der vorliegenden Arbeit. Den folgenden Ausführungen liegen im wesentlichen die Ergebnisse eines ca. einstündigen persönlichen Gesprächs in Basel am 5. Feburar 1997 sowie die Auswertungen verschiedener schriftlicher Quellen zugrunde.

614 Vgl. zum folgenden *Sutter, Markus* (1995), Basler Wirtschaftsförderung: Alle dürfen ein Wort mitreden, in: *Basler Zeitung* vom 30.11.1995.

615 Der Verein „Wirtschafts- und Innovationsberatung Basel-Stadt“ (WIBS) wurde 1988 gegründet und hatte im Jahr 1995 ein Jahresbudget von insgesamt 260.000 SFr.

616 Vgl. *Hess, Hanspeter* (1995), Wirtschaftsförderung in der Region Basel - ein Vergleich, in: Basler Handelskammer [Hrsg.], Info 6/95, S. 6.; Wirtschaftsförderung BS und BL (1996), Neuorganisation und neuer Standort der Wirtschaftsförderung Basel-Stadt und Basel-Land. Mitteilung an die Medien - April 1996, Basel.

Die Überlegungen zur konzeptionellen Neuorientierung der kantonalen Wirtschaftsförderung beider Basel hinsichtlich einer regionalen Kooperation sind relativ neu.[617] Noch zwei bis drei Jahre vor Gründung der heutigen WIBB bestand in der Region Basel weitgehend Einigkeit darüber, daß zur Akquisition neuer, auswärtiger Unternehmen aufgrund des akuten Gewerbeflächenmangels und eines völlig ausgetrockneten regionalen Arbeitsmarktes überhaupt keine Notwendigkeit bestünde. Erst im Jahr 1994 hat sich die Basler Handelskammer gemeinsam mit dem Basler Volkswirtschaftsbund (VBU) angesichts der auch in der Schweiz zunehmend spürbaren Auswirkungen der Globalisierung und Internationalisierung von Unternehmen und Märkten, der voranschreitenden westeuropäischen Integration sowie der Öffnung Mittel- und Osteuropas in Form zunehmender Arbeitslosigkeit und beträchtlichen Direktinvestitionen einheimischer Unternehmen im Ausland dafür ausgesprochen, die Tätigkeiten der kantonalen Wirtschaftsförderung in Basel-Stadt durch ein aktives Standortmarketing mit regionaler Ausrichtung im Ausland zu ergänzen, dessen Aktionsradius weit über die Kantonsgrenzen hinaus geht.

Bei der neugegründeten WIBB, die in der Rechtsform eines Vereins gemäß Art. 60 Zivilgesetzbuch (ZGB) geführt wird, handelt es sich um eine echte Public-Private Partnership, die sowohl von den Verwaltungen der Kantone Basel-Stadt und Basel-Landschaft als auch durch die regionale Wirtschaft, repräsentiert durch fünf Wirtschaftsverbände der beiden Basel und zweier Gewerkschaften, ideel und finanziell getragen wird. Andere interessierte Institutionen können sich satzungsgemäß lediglich an der Finanzierung von Projekten beteiligen, nicht aber dem Verein beitreten.[618] Die WIBB gliedert sich derzeit in die drei Bereiche Dienstleistungszentrum, Technologietransfer und Marketing. Der von der Trägerschaft formulierte Leistungsauftrag dieser regionalen Wirtschaftsförderungsinstitution für die laufende Periode 1996 bis 1998 umfaßt dabei im wesentlichen die folgenden vier Dienstleistungen: Bestandspflege, Förderung von Neugründungen, Technologie- und Wissenschaftstransfer sowie Standortmarketing und Akquisition. Als Organe verfügt die WIBB über eine Mitgliederversammlung, einen Vorstand und eine Kontrollstelle. Die Mitgliederversammlung setzt sich aus den Vertretern aus Verwaltung, Wirtschaft und Verbänden zusammen. Die eigene Geschäftsstelle in Basel-Stadt ist derzeit personell mit insgesamt drei vollzeitbeschäftigten Mitarbeitern besetzt, darunter zwei Sachbearbeiter und ein Geschäftsführer. Für die beiden Bereiche Technologietransfer und Standortmarketing sind zwei bzw. drei Mandate vorgesehen, wovon derzeit allerdings jeweils ein Mandat noch vakant ist.

617 Vgl. zum folgenden *Füeg, Rainer* (1995), Warum eine Neuorientierung der Wirtschaftsförderung?, in: Basler Handelskammer [Hrsg.], Info 6/1995, S. 1.

618 Vgl. dazu und im folgenden Wirtschaftsförderung BS und BL (1996), Organisation, Basel, S. 1 ff.

Die Geschäftstätigkeit der WIBB wird durch eine Grundfinanzierung ihrer Träger in Form eines sog. Globalbudgets sichergestellt, welches die anfallenden Personal-, Sach- und Projektkosten umfaßt. Für die Periode 1996 bis 1998 beläuft sich dieses Globalbudget auf 675.000 SFr. p.a. Die Finanzierung erfolgt jeweils zur Hälfte durch die beteiligten Kantone und den Wirtschaftsverbänden beider Basel. Dabei regeln die beiden Kantone die interne Aufteilung ihres zu übernehmenden 50-prozentigen Finanzierungsanteils individuell. Vom Management bzw. der Geschäftsführung der WIBB können und sollen zusätzlich Drittmittel zur (Co-)Finanzierung bzw. Realisierung spezieller Projekte beschafft werden. In Frage kommt hier beispielsweise die Einrichtung eines Finanzpools für Gründungskapital (regionaler Risikokapitalfonds) oder etwa spezielle Finanzierungen für eine gemeinsame Standortwerbung zusammen mit anderen Interessenten (Verbundwerbung).

Um die für die Schweiz bestehende Einmaligkeit und damit auch die Besonderheit der im Rahmen dieser Arbeit exemplarisch vorgestellten WIBB würdigen zu können, soll abschließend kurz auf die Situation der Wirtschaftsförderung in den beiden übrigen Kantonen eingegangen werden, deren Gebiet zum Teil noch dem Wirtschaftsraum Nordwestschweiz angehört.

Im **Kanton Aargau**, dem viertstärksten Kanton in der Schweiz, ist aktive Wirtschaftsförderung bisher jedenfalls ein politisches Fremdwort.[619] Dort existiert lediglich eine kantonale *Stabsstelle für Wirtschaftsfragen*, die beim Finanzdepartement des Kantons eingerichtet ist und den Zweck hat, interessierten Unternehmen entsprechende Dienstleistungen anzubieten und zu informieren. Da insbesondere der Aargau als Grenzkanton in der Bodenseeregion die zunehmende Konkurrenz benachbarter europäischer Regionen wie Baden-Württemberg oder Österreich in jüngster Vergangenheit deutlich zu spüren bekommen hat,[620] steht heute im Rahmen der Wirtschaftsförderung auch die Verbesserung der Vermarktung des Wirtschaftsstandortes Aargau zur Debatte.

Dagegen betreibt der **Kanton Solothurn** angesichts der dort herrschenden gravierenden strukturellen Probleme bereits seit Jahren eine aktive Wirtschaftsförderung[621] - allerdings stehen hierfür vergleichsweise bescheidene Mittel zur Verfügung (für 1995 insgesamt 2,5 Mio. SFr.).[622]

---

619 Vgl. zum folgenden *ght.* (1995), Aargau: Gegen eine aktive Förderung, in: Basler Zeitung vom 30.11.1995.

620 Vgl. hierzu den Artikel „Petri Heil am Bodensee. Österreich und Schweiz angeln erfolgreich nach deutschen Unternehmen", in: Wirtschaftsstandort (1997), Nr. 2, S. 32-38.

621 Vgl. zur Wirtschaftsförderung des Kantons Solothurn *Rossi, Angelo* (1995), S. 243.

622 Vgl. zum folgenden *ums.* (1995), Solothurn: Anlaufstelle und Drehscheibe, in: Basler Zeitung vom 30.11.1995. Die dort gemachten Angaben wurden durch eine telefonische Anfrage des Verfassers vom 6. Februar 1997 bei der Wirtschaftsförderung des Kanton Solothurns in ihrer Aktualität bestätigt.

Dort fungiert die mit drei Personen besetzte *Abteilung für Wirtschaftsförderung*, die organisatorisch im Amt für Wirtschaft und Arbeit des Kantons Solothurn eingegliedert ist, primär als Anlauf- und Vermittlungsstelle sowie als Dienstleistungs- und Informationsdrehscheibe sowohl für ansiedlungswillige als auch bereits ansässige Unternehmen.

III. Deutschland

1. Fallbeispiel: Wirtschaftsregion Freiburg e.V.

Die „Wirtschaftsregion Freiburg e.V." wurde am 28. Januar 1994 von der Stadt Freiburg im Breisgau, den beiden umliegenden Landkreisen Breisgau-Hochschwarzwald und Emmendingen sowie 16 weiteren Gründungsmitgliedern, darunter eine große Kreisstadt, 4 kreisangehörigen Gemeinden und Städte sowie einem Gemeindeverwaltungsverband gegründet, nachdem das Fehlen einer professionellen Anlaufstelle für die gesamte Region in Baden in der Vergangenheit immer wieder kritisiert wurde.[623]

Die satzungsmäßigen Aufgaben des eingetragenen Vereins, der eine eigene Geschäftsstelle bei der Wirtschaftsförderungsgesellschaft der Stadt Freiburg im Breisgau hat, sind die bundesweite und internationale Image- und Standortwerbung, das Innen- und Außenmarketing der Wirtschaftsregion Freiburg in allen wirtschaftlich relevanten Bereichen sowie die Förderung eines wirtschaftsfreundlichen Klimas.[624] Als vom Verein durchzuführende Maßnahmen werden die gezielte Öffentlichkeitsarbeit und Akquisition, die Aufbereitung der Standortfaktoren der Region, die Intensivierung des Informations- und Erfahrungsausstausches zwischen den Mitgliedern einerseits und den wirtschaftsrelevanten Nicht-Mitgliedern wie zum Beispiel den Unternehmen der Region andererseits sowie die gemeinsame Vertretung wirtschaftlicher und struktureller Interessen nach außen genannt.[625]

Die Organe gemäß der Satzung sind der Vorstand und die Mitgliederversammlung. Ein Beirat, bestehend aus Fachleuten der Wirtschaft, kann bei Bedarf vom Vorstand bestellt werden. Zur Finanzierung der „Wirtschaftsregion Freiburg e.V." wurde für die Stadt Freiburg im Breisgau zwar ein jährlicher Mitgliedsbeitrag in Höhe von 60.000 DM festgesetzt; tatsächlich muß die Stadt aber nur 10.000 DM zahlen, die übrigen 50.000 DM werden lediglich umgeleitet, da dieser

623 Vgl. *Münzer, Christoph* (1992), S. 21.
624 Vgl. § 3 Abs. 1 der Satzung.
625 Vgl. § 3 Abs. 2 der Satzung.

Betrag ohnehin für die städtische Wirtschaftsförderungsgesellschaft anfallen würden.[626] Während die beiden beteiligten Landkreise jährlich jeweils 10.000 DM zu zahlen haben, errechnet sich für die beteiligten Kommunen der jährliche Mitgliedsbeitrag nach dem Maßstab von 0,5 DM pro Einwohner.[627]

2. Fallbeispiel: Wirtschaftsregion Dreiländereck GmbH

Die „Wirtschaftsregion Dreiländereck GmbH" mit Sitz in Lörrach hat 1. November 1996 ihre Arbeit mit der Unterzeichnung des Gesellschaftsvertrages durch die Gründungsgesellschafter aufgenommen; am 9. Dezember wurde nach erfolgter Einzahlung der Stammeinlagen die Anmeldung zur Eintragung ins Handelsregister vorgenommen. Damit handelt es sich bei Abschluß der vorliegenden Arbeit um die jüngste der in die Untersuchung einbezogenen institutionalisierten „Wirtschaftsregionen" in Deutschland.[628] Diese kreisbezogene Einrichtung wurde auf Initiative des Landkreises Lörrach und der kommunalen Sparkassen als zeitlich unbefristet angelegte Wirtschaftsförderungsgesellschaft gegründet.

Gegenstand, Zweck und Aufgaben der Gesellschaft sind gemeinsame Aktivitäten zur Förderung eines innovations- und wirtschaftsfreundlichen Klimas, insbesondere durch die Existenzgründungsförderung sowie die Unterstützung von ansiedlungswilligen Unternehmen, die Erarbeitung einer Corporate Identity der Wirtschaftsregion, standortübergreifende Öffentlichkeitsarbeit und Akquisition im In- und Ausland, Entwicklung der regionalen Gesellschafter und gemeinsame Interessenvertretung.[629] Die „Wirtschaftsregion Dreiländereck GmbH" kann darüber hinaus alle Geschäfte betreiben, die zur Erfüllung des genannten Gesellschaftszwecks im weitesten Sinne dienlich sind und zur Verbesserung der Wirtschafts- und Sozialstruktur in der Region beitragen. Als vertraglich festgelegte Aufgaben zur Erreichtung der genannten Ziele sind insbesondere die Betreuung von Existenzgründern sowie von ansiedlungswilligen Unternehmen, die aktive Unterstützung von Transfer- und Gründerzentren wie zum Beispiel des Technologiezentrums Weil am Rhein, die Förderung von überbetrieblichen Innovationen und betrieblichen Kooperationen, die Koordinierung aller wirtschaftsfördernden Aktivitäten der Gesellschafter sowie die Erarbeitung und Realisation von regionalen Standortmarketing bzw. Regionalmarketingkonzepten zur Werbung und Akquisition. Aus diesen aufgeführten satzungsmäßigen Aufgaben bzw. den durchzuführenden Maßnahmen können die beiden folgenden Geschäftsfelder Existenzgründungs-

---

626 Vgl. *ag.* (1993), Gemeinsame Imagewerbung, in: Badische Zeitung vom 16. Dezember 1993, Nr. 290.

627 Vgl. o.V. (1993), Verein „Wirtschaftsregion Freiburg" gegründet, in: Stadtnachrichten vom 4. Februar 1993, Nr. 133.

628 Vgl. Wirtschaftsregion Dreiländereck GmbH (1996), S. 1.

629 Vgl. § 3 des Gesellschaftsvertrages.

beratung und Betriebsansiedlung einerseits sowie Standortentwicklung und Marketing ableitet werden.[630]

Die Gesellschaft setzt sich hinsichtlich ihrer Organe derzeit aus einem Geschäftsführer zusammen, einer Gesellschafterversammlung und einem Aufsichtsrat bestehend aus insgesamt 13 stimmberechtigten Mitgliedern plus je einem Vertreter der Kammern und des Gewerkschaftsbundes Lörrach, die jedoch über kein Stimmrecht im Aufsichtsrat verfügen, sondern lediglich beratend teilnehmen. Am Gesellschaftskapital in Höhe von 50.000 DM sind mehrheitlich der Landkreis Lörrach (51 %), 7 bzw. 4 kreisangehörige Gemeinden und Städte, Sparkassen, Banken und Wirtschaftsunternehmen (46 %) sowie Kammern und Verbände (3 %) beteiligt. Die Finanzierung wird durch eine jährliche Umlage der Gesellschafter mit Ausnahme der Kammern und Verbände anteilmäßig gewährleistet. Bei den Kommunen liegt bei der Berechnung der Umlage ein Maßstab von etwa 1,-- DM pro Einwohner zugrunde; der Landkreis Lörrach und die Stadt Lörrach übernehmen eine Umlage in der gleichen Höhe. Damit steht der „Wirtschaftsregion Dreiländereck GmbH" ein durchschnittliches Jahresbudget in Höhe von 365.000 DM zur Verfügung. Die Offenheit für eine Kooperation über die nahe deutsch-französisch-schweizerische Grenze hinweg der wird von der Wirtschaftsförderungsgesellschaft ausdrücklich angezeigt.[631] Nach eigener Aussage ist derzeit aber die Frage nach den Zuständigkeiten und der Aufgabenerfüllung in der Region gegenüber den Gesellschaftern mit eigener Wirtschaftsförderung, den Gesellschaftern ohne eigene Wirtschaftsförderung und den Nicht-Mitgliedern nur unzureichend geklärt.[632]

3. Fallbeispiel: Wirtschaftsregion Offenburg/Mittelbaden GbdR

Die „Wirtschaftsregion Offenburg/Mittelbaden GbdR" wurde im Jahr 1992 auf Initiative der Städte Offenburg und Oberkirch auf unbefristete Zeit aktiviert.[633] Als kreisbezogene Einrichtung verfügt sie über eine eigene Geschäftsstelle mit Sitz in Offenburg, die derzeit mit zwei vollzeitbeschäftigten Mitarbeitern - einem Geschäftsführer und einer Schreibkraft - personell besetzt ist und im gleichen Haus wie das Technologie- und Gründerzentrum der Region, der Technologiepark Offenburg angesiedelt ist.[634]

---

630 Vgl. *Wirtschaftsregion Dreiländereck GmbH Lörrach* (1997), S. 3 ff.

631 Vgl. *wg.* (1996), Wirtschaftsförderung, in: Dreilandzeitung vom 25. Oktober 1996, Nr. 43.

632 Vgl. *Wirtschaftsregion Dreiländereck GmbH Lörrach* (1997), S. 2.

633 Vgl. *hek.* (1993), Erste Bilanz der Wirtschaftsregion Offenburg (WRO), in: Wirtschaft im Südwesten, Heft 6 (1993), S. 12 f.

634 Der etwa Mitte des Jahres 1987 eröffnete Technologiepark Offenburg wird von der Stiftung „Technologie und Wirtschaft Mittelbaden/Offenburg" getragen und betrieben, an der neben der Stadt Offenburg auch der Ortenaukreis, die Région Alsace, die IHK Südlicher Oberrhein, die Kreishandwerkerschaft Ortenaukreis, die

Die vertraglich festgelegten Ziele dieser institutionalisierten „Wirtschaftsregion" sind die Erarbeitung einer Corporate Identity der Region, die standortübergreifende Öffentlichkeitsarbeit und Akquisition im In- uns Ausland sowie die Förderung der regionalen Entwicklung, insbesondere durch die gemeinsame Interessenvertretung der Gesellschafter, gemeinsame Aktivitäten zur Förderung eines innovations- und wirtschaftsfreundlichen Klimas sowie die Unterstützung ansiedlungswilliger Unternehmen.[635]

Als Organe verfügt die Gesellschaft über einen Geschäftsführer, eine Gesellschafterversammlung sowie einen Beirat. An der Finanzierung der „Wirtschaftsregion Offenburg/Mittelbaden GbdR" sind mehrheitlich Kommunen beteiligt, und zwar zu 15 % der Ortenaukreis und zu 40 % elf kreisangehörige Städte und Gemeinden. Die verbleibenden Finanzierungsanteile werden zu 25 % von vier kommunalen Sparkassen und zu 20 % von acht Volksbanken der Mitgliedsgemeinden übernommen. Das durchschnittliche Jahresbudget der Gesellschaft liegt bei 500.000 DM und wird zu 90 % aus den Beiträgen der Gesellschafter und zu 10 % aus den Einnahmen, die durch die eigene Geschäftstätigkeit erwirtschaftet werden, finanziert.

Bezirksssparkasse Ortenau, die Volksbank Offenburg, die Steinbeis-Stiftung sowie die IG Metall beteiligt sind, vgl. dazu *Baranowski, Guido/ Groß, Bernd* [Hrsg.] (1996), S. 581 ff.

635 Vgl. § 3 des Gesellschaftsvertrages.

I. Fazit

Kommunale Wirtschaftsförderung hat in Deutschland eine lange Tradition. Bereits im hohen Mittelalter förderten die weitgehend autonomen Stadtwirtschaften die wirtschaftliche Entwicklung innerhalb ihrer Mauern, indem sie die Ansiedlung von Gewerbetreibenden tatkräftig durch Realförderungen oder die Gewährung weitreichender Freiheiten unterstützten. Etwa zur gleichen Zeit mit der Herausbildung der ersten örtlichen Gemeinschaften entstand auch das zunehmende Bedürfnis nach überörtlicher Zusammenarbeit in den lebenswichtigen Bereichen der Ver- und Entsorgung. Im Rahmen der kommunalen Wirtschaftsförderung herrschte demgegenüber ein nicht mehr zeitgemäßes Konkurrenzdenken der Kommunen untereinander vor; gegenseitiges, aggressives abwerben von Unternehmen war lange Zeit durchaus keine Seltenheit. Erst angesichts des stark rückläufigen industriellen Neuansiedlungspotentials und der sich allgemein verschlechternden wirtschaftlichen Rahmenbedingungen gingen die Städte, Kreise und Gemeinden nach und nach dazu über, eine die eigenen Gemeindegrenzen überschreitende Zusammenarbeit mit dem Nachbarn zu wagen. Aus dieser Zeit stammen auch die ersten Ansätze interkommunaler Industrie- und Gewerbegebiete. Ein zweiter Ansatz regionaler Kooperation, der sich nicht nur in Deutschland in den letzten Jahren zu einem regelrechten Selbstläufer im Rahmen der kommunalen Wirtschaftsförderung entwickelt hat, sind die Technologie- und Gründerzentren. Trotz dieser erfolgversprechenden Ansätze setzte aber erst allmählich, angesichts der grundlegend veränderten Rahmenbedingungen Ende der 80er/Anfang der 90er Jahre, ein konsequentes Umdenken in den Kommunen ein: Die Region rückte mehr und mehr in den Vordergrund der Betrachtung.

Die konsequente Ausrichtung der kommunalen Wirtschaftsförderung auf die Region hin und die notwendige interkommunale Zusammenarbeit, insbesondere in Form von gemeinsam getragenen und institutionalisierten „Wirtschaftsregionen", ist relativ neu. Bei dieser Art regionaler Kooperation wird dem dynamischen Wirtschaftsprozeß Rechnung getragen durch die längst überfällige Überwindung der statischen Verwaltungsgrenzen, die heute oftmals nicht mehr die wirklichen sozioökonomischen Interdependenzen innerhalb des Raumes widerspiegeln. Das Konzept der Public-Private Partnership findet hierbei besonders großen Anklang, da gerade mit dessen Hilfe ein mehr oder weniger breiter Konsens in der Region wirksam nach außen transformiert und nach innen reflektiert werden kann. Noch zu Beginn der 90er Jahre wurde eine kreisgrenzenübergreifende Organisation der kommunalen Wirtschaftsförderung als „zukünftiges Modell" bezeichnet. Heute ist dies bereits Realität geworden wie mit der vorliegenden Untersuchung gezeigt werden konnte: Überall im Bundesgebiet formieren sich lokale bzw. regionale Akteure und institutionalisieren eigene „Wirtschaftsregionen".

Als modernes Instrument kommunaler Wirtschaftsförderung dienen sie insbesondere dem regionalen Standortmarketing und der Kooperationsförderung. Hiermit werden quasi unter einem Dach bzw. Namen die „Standort-Räume" nicht nur nach innen und außen erfolgreich vermarktet; darüber hinaus werden institutionalisierte „Wirtschaftsregionen" vielfach auch als kompetente Plattform für die Vertretung gemeinsamer Interessen gegenüber den übergeordneten Instanzen genutzt. Zum Gelingen einer derartigen regionalen Standortinitiative bedarf es dabei einer intensiven und vertrauensvollen Zusammenarbeit in der Region. Wie die bisherigen Ausführungen gezeigt haben, sind in der Praxis mittlerweile eine Vielzahl von öffentlich-rechtlichen und privatrechtlichen Kooperationsformen im Rahmen der kommunalen Wirtschaftsförderung und des regionalen Standort- bzw. Regionalmarketings im Sinne einer stadt- und kreisgrenzenüberschreitenden „Wirtschaftsregion" institutionalisiert worden.

Eine „Wirtschaftsförderung neuen Zuschnitts" muß, wenn sie in Zukunft effektiv und zeitgemäß betrieben werden will, nicht nur über die eigenen Verwaltungs-, sondern auch über die bisherigen Vorstellungsgrenzen der kommunalpolitisch verantwortlichen Akteure weit hinausgehen. Die intensive Koordination und Abstimmung in der Region, der reibungslose Austausch von Informationen und Erfahrungen sowie eine durch Offenheit und Vertrauen gekennzeichnete zwischenmenschliche Atmosphäre sind daher wesentliche Voraussetzungen, um im interregionalen Wettbewerb der Standorte als Wirtschaftsregion erfolgreich bestehen zu können. Wie groß jedoch auch heute trotz vieler Lippenbekenntnisse die Angst vor Wettbewerbsnachteilen gegenüber benachbarten Kommunen und Regionen sein kann, zeigt sich am Beispiel Baden-Württemberg. Dort hatte sich bereits im Jahr 1987 die Region Mittlerer Oberrhein um die Stadt Karlsruhe selbst das Prädikat einer „Technologieregion" verliehen und gleichzeitig eine gleichnamige Regionalmarketinginitiative in einer privatrechtlichen Organisationsform institutionalisiert. Seit dieser Zeit werden insbesondere entlang des Oberrheins ausnahmslos alle neu errichteten bzw. institutionalisierten regionalen Wirtschaftsförderungseinrichtungen ebenfalls mit dem Prädikat einer „Wirtschaftsregion" als offiziellem Namensbestandteil versehen. Dieser „Nachahmungswettbewerb" der regionalen Akteure kann aber nicht die Zukunft kommunaler Wirtschaftsförderung sein. Vielmehr sind von den politisch Verantwortlichen Eigeninitiative und Kreativität gefordert wenn es darum geht, die Region als dynamischer Wirtschaftsstandort nach außen und innen zu präsentieren. Für die Zukunft bleibt also zu wünschen, daß die Region stärker und bewußter noch als „Aktionsraum" der kommunalen Wirtschaftsförderung verstanden wird. Denn schließlich bilden die Kommunen doch in ihrer Gesamtheit erst die Region.

Anhang

ALBERT-LUDWIGS-UNIVERSITÄT
FREIBURG IM BREISGAU

INSTITUT FÜR ALLGEMEINE WIRTSCHAFTSFORSCHUNG
BELFORTSTR. 24 79085 FREIBURG T:0761/203-2338 F:203 - 2298

FELD(Adresse)

INSTITUT FÜR ALLGEMEINE
WIRTSCHAFTSFORSCHUNG
Prof. Dr. Siegfried Hauser
Belfortstr. 24, 79085 Freiburg
Tel.: 0761/203-2332
Fax: 0761/203-2298

26. Oktober 1996

Bundesweite Erhebung zur "Regionalisierung in der kommunalen Wirtschaftsförderung" im Rahmen eines wissenschaftlichen Forschungsprojektes

FELD(Anrede)

im Rahmen eines unter meiner Betreuung durchgeführten Dissertationsprojektes zum Thema: "Regionalisierung in der kommunalen Wirtschaftsförderung" untersucht Herr Dipl.-Volkswirt Michael Richter die Praxis kommunaler Wirtschaftsförderung in den Regionen Deutschlands.

Das Fehlen einer aktuellen Dokumentation und Darstellung von Einrichtungen zur Wirtschaftsförderung für das gesamte Gebiet der Bundesrepublik Deutschland unterstreicht die Wichtigkeit dieses wissenschaftlichen Vorhabens für Theorie und Praxis gleichermaßen. Aus diesem Grund wird derzeit eine bundesweite Erhebung bei den in Frage kommenden wirtschaftspolitischen Trägern durchgeführt, um deren aktive Unterstützung wir Sie hiermit bitten. Zu diesem Zweck ist diesem Schreiben ein kurz gehaltener Fragebogen in der Anlage beigefügt, der Aufschluß darüber geben soll, von wem und in welcher Form in der Bundesrepublik Deutschland Wirtschaftsförderung "regionalisiert" betrieben wird. Um Rücksendung des ausgefüllten Fragebogens **bis spätestens zum 25. November 1996** an die angegebene Adresse (siehe Rückumschlag) wird gebeten.

Um für Sie das Ausfüllen des Fragebogens interessant zu machen, senden wir Ihnen auf Wunsch eine Zusammenfassung der Ergebnisse der Untersuchung zu. Vielen Dank für Ihre Aufmerksamkeit.

Mit freundlichen Grüßen

Professor Dr. Siegfried Hauser Dipl.-Volkswirt Michael Richter

Albert-Ludwigs-Universität Freiburg im Breisgau

— Institut für Allgemeine Wirtschaftsforschung —

Professor Dr. Siegfried Hauser
Dipl.-Volksw. Michael Richter

Bundesweite Erhebung

im Rahmen des Dissertationsprojektes:

"Regionalisierung in der kommunalen Wirtschaftsförderung"

Stempel der Einrichtung

Name des Bearbeiters:

____

Telefondurchwahl:

____

Alle Angaben werden streng vertraulich behandelt und
in der Arbeit anonymisiert verwendet!

A. GRÜNDUNGSMOTIVE, ZIELE UND AUFGABEN

1. Wann wurde Ihre Einrichtung gegründet? Gründungsjahr: ____________

2. Ist Ihre Einrichtung zeitlich befristet angelegt? O ja O nein

Falls ja, bitte Angabe der Laufzeit des Projektes: ____________ Jahre

3. Was waren die Hauptmotive zur Gründung Ihrer Einrichtung?

Bitte gewichten Sie jeweils Ihre Antwort! (wobei ① = *unbedeutend*, ② = *bedeutend* und ③ = *maßgeblich*)

- Gemeinsame Betroffenheit von einem konkreten Problem (z.B. hohe Arbeitslosigkeit, Strukturschwäche) O ___
- Bündelung aller gesellschaftlich relevanten Kräfte in der Region (Schaffung bzw.Ausdruck des gemeinsamen Regionalbewußtseins) O ___
- Mangelnde Problemlösungsfähigkeit bestehender Institutionen O ___
- Nutzung finanzieller Vorteile durch regionale Kooperation (z.B. höhere Finanzkraft, Akquisition von Fördermitteln etc.) O ___
- Nutzung von Synergieeffekten im Rahmen eines Netzwerkes O ___
- Verbesserung der Koordination und Abstimmung in der Region (d.h. Abbau interkommunaler Konkurrenz) O ___
- sonstige Motive:

____

____

____

4. Welches ist der satzungsmäßig bzw. vertraglich festgelegte Zweck Ihrer Einrichtung?

(Ein Auszug des betreffenden Paragraphen des Vertrages bzw. der Satzung in kopierter Form genügt)

____

____

____

5. Welche langfristigen bzw. strategischen Ziele verfolgen Sie mit Ihrer Arbeit? (Soweit nicht identisch mit 4.) (Geben Sie bitte die Zielsetzungen entsprechend der Reihenfolge ihrer Priorität an)

____

____

____

6. Was waren die Hauptprobleme in der Gründungs– bzw. Anfangsphase der Einrichtung

Bitte gewichten Sie jeweils Ihre Antwort! (wobei ① = *unbedeutend*, ② = *bedeutend*, ③ = *maßgeblich)*

- Wahl des optimalen Einzugsbereiches ○ ____
- Abgrenzung des Aufgaben– bzw. Tätigkeitsbereiches ○ ____
- Suche nach geeigneten Kooperationspartnern ○ ____
- Wahl der geeigneten Rechtsform ○ ____
- Finanzierung der Gründung bzw. Tätigkeit ○ ____
- sonstige Probleme:

____

____

7. Welche der folgenden Aufgabenfelder gehören zu Ihren Tätigkeiten? Bitte gewichten Sie jeweils Ihre Antwort! (wobei ① = *unbedeutend*, ② = *bedeutend*, ③ = *maßgeblich*)	
Flächenmanagement	
Planung von Gewerbeflächen	O ____
Verkauf kommunaler Gewerbeflächen	O ____
Vermittlung privater Gewerbeflächen	O ____
Altflächenrecycling	O ____
Konversion militärischer Standorte	O ____
Betrieb und/ oder Trägerschaft von Standortgemeinschaften	
Gewerbe-/Gründer-/Innovations-/ Technologiezentrum bzw. -park o.ä.	O ____
Aus- und Weiterbildungseinrichtungen	O ____
Sonstige:	O ____
Bestandspflege und -entwicklung	
Technologietransfer/ Patent- und Lizenzberatung	O ____
Individuelle Betriebsberatung und -betreuung/ Betriebsbesuche vor Ort	O ____
Kooperationsvermittlung/ -börse für Wirtschaft und Wissenschaft	O ____
Bereitstellen von allgemeinen und speziellen Standortinformationen	O ____
Beteiligung an Messen/Präsentationen im In- und Ausland	O ____
Zielgruppenorientierte Akquisition	O ____
Marketingaktivitäten / Imagepflege	O ____
Standort- bzw. Regionalmarketing	O ____
Erarbeitung und Pflege des Images bzw. Leitbildes für die regionale Entwicklung	O ____
Sonstige Aufgabenfelder:	
________________________________	O ____
________________________________	O ____
________________________________	O ____
________________________________	O ____
________________________________	O ____

B. RECHTSFORM, GESELLSCHAFTERSTRUKTUR UND ORGANE

8. In welcher Rechtsform wird Ihre Einrichtung geführt?

(Zutreffendes bitte ankreuzen!)

GmbH	O
GbR	O
e.V.	O
Zweckverband	O
sonstige:	

____

9. Welche Aspekte spielten bei der Wahl der Rechtsform Ihrer Einrichtung eine entscheidende Rolle?

Gewichten Sie bitte Ihre Antworten (wobei ① = *unbedeutend*; ② = *bedeutend*; ③ = *maßgeblich*)

– steuerrechtliche Aspekte	O ____
– haftungsrechtliche Aspekte	O ____
– Gewährleistung einer möglichst umfassenden Beteiligung aller gesellschaftlich relevanten Gruppen	O ____
– Gewährleistung einer dauerhaften und finanziell langfristig abgesicherten Geschäftstätigkeit	O ____
– Gewährleistung einer verbesserten Finanzierung (erhöhte Kreditwürdigkeit)	O ____
– Gewährleistung erhöhter Glaubwürdigkeit in der Öffentlichkeit	O ____
– Aspekte der Publizitätspflicht	O ____

10. Von wem bzw. welcher Institution ging ursprünglich die Initiative zur Gründung Ihrer Einrichtung aus?

____

____

11. Wer ist konkret an Ihrer Einrichtung beteiligt?

Unterscheiden Sie bitte danach, ob die jeweilige Beteiligung
(1) *beratender*,
(2) *finanzieller* und/oder
(3) *personeller* Art ist sowie danach, ob eine
(4) *Stimmberechtigung* vorliegt!

Institution / Art der Beteiligung	Anzahl	**beratend**[1] *(A oder B)*	**finanziell**[2] *(Anteil in %)*	**personell**[3] *(Anzahl)*
Land		O ___	O ___	O ___
Kommunen				
Landkreise		O ___	O ___	O ___
kreisangehörige Gemeinden		O ___	O ___	O ___
kreisfreie Städte		O ___	O ___	O ___
Kammern und Verbände				
Industrie- und Handelskammern		O ___	O ___	O ___
Handwerkskammern		O ___	O ___	O ___
Arbeitgeberverbände		O ___	O ___	O ___
Gewerkschaften		O ___	O ___	O ___
Kreditinstitute				
Öffentliche Sparkassen		O ___	O ___	O ___
private Kreditinstitute und Banken		O ___	O ___	O ___
Wirtschaft der Region				
öffentliche Unternehmen		O ___	O ___	O ___
private Unternehmen		O ___	O ___	O ___
Einzelpersonen		O ___	O ___	O ___
Regionalplanung (z.B. Verbände)		O ___	O ___	O ___
Universität / wissenschaftl. Einrichtungen		O ___	O ___	O ___
Sonstige:				
______________________		O ___	O ___	O ___
______________________		O ___	O ___	O ___

[1] Unterscheiden Sie bitte danach, ob die Beratungstätigkeit im Aufsichtsrat (= A) oder im Beirat (= B) erfolgt
[2] Anteil bezogen auf das Stammkapital der Einrichtung
[3] Anzahl der Mitarbeiter

12. Über welche der folgenden Kontroll–, Steuerungs– oder Beratungsgremien verfügt Ihre Einrichtung?

	ja	nein	(Zutreffendes bitte ankreuzen!)
– Gesellschafter– bzw. Mitglieder-versammlung	O	O	
– Aufsichtsrat	O	O	
– Beirat	O	O	
– Kuratorium	O	O	
– sonstige:	O	O	
______________________			
______________________			

13. Aus welchen Vertretern bzw. Gruppen setzen sich Aufsichtsrat und Beirat mehrheitlich zusammen?

	Aufsichtsrat	Beirat	(Zutreffendes bitte ankreuzen!)
– Politik	O	O	
– Verwaltung	O	O	
– Wirtschaft	O	O	
– Kultur	O	O	
– Bürgerschaft	O	O	
– Wissenschaft	O	O	
– sonstige:	O	O	
______________________			

C. PERSONALSTRUKTUR, KAPITALSTRUKTUR UND FINANZIERUNG

14. Verfügt Ihre Einrichtung über eine eigene Geschäftsstelle? O **ja** O **nein**

Wenn ja, hat die Geschäftsstelle eigene Mitarbeiter? O ja O nein

15. Wie ist die Einrichtung derzeit personell besetzt?

Unterscheiden Sie danach, ob es sich bei den Mitarbeitern um
(1) *Vollzeitkräfte*,
(2) *Teizeitkräfte* oder
(3) *ehrenamtlich Tätige* handelt.

	Anzahl	**davon**		
		Vollzeit	**Teilzeit**	**ehrenamtlich**
Geschäftsführer				
Wissenschaftliche Mitarbeiter				
Sachbearbeiter				
Schreibkräfte				

16. Wie hoch ist das Gesellschaftskapital der Einrichtung?

	unter	50 TDM	O	(Zutreffendes bitte ankreuzen!)
50	bis unter	100 TDM	O	
100	bis unter	200 TDM	O	
200	bis unter	500 TDM	O	
500	bis unter	1.000 TDM	O	
1.000	bis unter	5.000 TDM	O	
5.000	bis unter	10.000 TDM	O	
10.000	und mehr		O	

17. Wie hoch ist das Jahresbudget im Durchschnitt? DM ______________

18. Aus welchen Mitteln finanzieren Sie Ihre laufende Geschäftstätigkeit?

Finanzierung durch		**Anteil in Prozent**
– Eigenkapital	O	%
– Kredite	O	%
– Zuschüsse	O	%
– Mitgliedsbeiträge	O	%
– Einnahmen aus der Geschäftstätigkeit (z.B. Vermittlungsprovisionen)	O	%
Sonstige Quellen:		
______________________		%
______________________		%

19. Haben Sie Interesse an der Zusendung der Ergebnisse der Arbeit? O **ja** O **nein**

Vielen Dank!

Für die **zusätzliche Übersendung** einer Kopie des **Gesellschaftsvertrages/Satzung** (auch auszugsweise die angesprochenen Fragen betreffend) und **weiterer Materialien** zur Arbeit und Organisation Ihrer Einrichtung (Selbstdarstellungsbroschüre, Jahresbericht etc.) wären wir Ihnen dankbar.

Literaturverzeichnis

A.D.A. (1996), Rapport d'Activités Intermédiaire Fév. 95 - Juin 96, Conseil d'Administration réuni en séance le mercredi 26 juin 1996, Colmar 1996.

Adenauer, Max (1959), Wirtschaftsförderung, in: *Peters, Hans* (Hrsg.), Handwörterbuch der kommunalen Wissenschaft und Praxis, Bd. 3, Berlin u.a.1959, S. 898-905.

A.D.I.R.A. (1995), Rapport d'Activité 1995, Straßbourg 1995.

ag. (1993), Gemeinsame Imagewerbung, in: Badische Zeitung vom 16. Dezember 1993, Nr. 290.

Akademie für Raumordnung und Landesplanung (Hrsg.) (1995), Handwörterbuch der Raumordnung, Hannover 1995.

Altenmüller, Reinhard (1981), Direkte kommunale Wirtschaftsförderung?, in: DVBl. (1981), S. 619-622.

Ameln, Ralf von (1990), Planung, Organisation und Instrumente kommunaler Wirtschaftsförderung, in: *Ehlers, Dirk* (Hrsg.), Kommunale Wirtschaftsförderung, Köln 1990, S. 19-38.

Asche, Michael/ Krieger, Fritz (1990), Interkommunale Zusammenarbeit. Gemeinschaftliche Industrie- und Gewerbegebiete, Dortmund 1990.

Back, Hans-Jürgen (1995), Regionalisierung, in: *Akademie für Raumordnung und Landesplanung* (Hrsg.), Handwörterbuch der Raumordnung, Hannover 1995, S. 821-823.

Ballestrem, Ferdinand von (1974), Standortwahl von Unternehmen und Industrieansiedlungspolitik. Ein empirischer Beitrag zur Beurteilung regionalpolitischer Instrumente, Berlin 1974.

Baranowski, Guido/ Groß, Bernd (Hrsg.) (1996), Innovationszentren in Deutschland 1996/ 97. Mit Firmenbeschreibungen, Berlin 1996.

Bartholomé, Ernst (1968), Die Zwischengemeindliche Zusammenarbeit in Frankreich, Bonn, Univ., Diss., 1968.

Bauer, Helfried et al. (1990), Aufgaben und Organisation zeitgemässer städtischer Wirtschaftsförderung, Linz 1990.

Becquart-Leclercq, Jeanne (1995), Frankreich, in: *Wehling, Hans-Georg* (Hrsg.), Kommunalpolitik in Europa, Stuttgart u.a.1995, S. 63-101.

Behrendt, Heiko (1996), Wirkungsanalyse von Technologie- und Gründerzentren in Westdeutschland, Heidelberg 1996.

Birnstiel, Detlef (1996), Public Private Partnership in der Wirtschaftsförderung, in: *Ridinger, Rudolf/ Steinröx, Manfred* (Hrsg.), Regionale Wirtschaftsförderung in der Praxis, Köln 1996, S. 225-243.

Bitter, Walter (1938), Städtische Wirtschaftsverwaltung und städtischer Wirtschaftsdezernent, in: Der Gemeindetag, Nr. 9 (1938), S. 218-284.

Blaich, Fritz (1970), Möglichkeiten und Grenzen kommunaler Wirtschaftspolitik während der Weltwirtschaftskrise 1929-1932, in: Archiv für Kommunalwissenschaften, Jg. 9 (1979), S. 92-107.

Blanke, Bernhard (Hrsg.) (1991), Stadt und Staat. Systematische, vergleichende und problemorientierte Analysen „dezentraler" Politik, Opladen 1991.

Blohm, Hans (1980), Kooperation, in: *Grochla, Erwin* (Hrsg.), Handwörterbuch der Organisation, 2., völlig neu gestaltete Auflage, Stuttgart 1980, Sp. 1112- 1118.

Boos, Margarete et al. (1988) Neue Anforderungen im öffentlichen Dienst. Fach- und Führungskräfte für die Wirtschaftsförderung, in: DÖV, Heft 3 (1988), S. 114-119.

Brandt, Karl (1992), Geschichte der deutschen Volkswirtschaftslehre, Bd. 1, Freiburg 1992.

Braun-Friderici (1986), Sparkassenwesen, in: *Verein für die Geschichte der Deutschen Landkreise e.V.* (Hrsg.) Der Kreis - Ein Handbuch, Köln/Berlin 1986, S. 439-451.

Bresky, Georg (1937), Die Gemeinden und Gemeindeverbände als Förderer der privaten Wirtschaft, in: Der Gemeindetag, Heft 6 (1937), S. 165-169.

Bretschneider, Michael (1997), Probleme aus Sicht der Stadtentwicklungsplanung, in: Der Städtetag, Heft 1 (1997), S. 3 ff.

Bundesamt für Statistik (Hrsg.) (1995), Statistisches Jahrbuch der Schweiz 1996, 103. Jg., Zürich 1996.

Bussmann, Werner (1986), Mythos und Wirklichkeit der Zusammenarbeit im Bundesstaat. Patentrezept oder Sackgasse?, Bern/Stuttgart 1986.

C.A.H.R. (o.J.), Das C.A.H.R. - Ihr Ansprechpartner für eine Ansiedlung im Oberelsaß, Colmar/Mulhouse.

C.A.H.R. (o.J.), Portrait der Region Oberelsaß, Colmar/Mulhouse.

C.A.H.R. (1995), Rapport d'Activité 1995, Colmar/Mulhouse 1995.

C.A.H.R. (1996), Overview of Alsace, Colmar/Mulhouse 1996.

Christ, Josef Sebastian (1983), Direkte kommunale Wirtschaftsförderung und ihr Verhältnis zur regionalen Wirtschaftsförderung von Bund und Länder, Augsburg, Univ., Diss., 1983.

Cuny, Reinhard H. (1987), Die Bestandspflege rückt in den Vordergrund, in: Wirtschaftsdienst, Heft 1 (1987), S. 34-39.

Cuny, Reinhard H./ Stauder, Jochen (1993), Lokale und regionale Netzwerke, in: Wirtschaftsdienst, Heft 3 (1993), S. 150-157.

Dallmann, Bernd (1988), Nutzen-Kosten-Untersuchung einer kommunalen Großveranstaltung - dargestellt am Beispiel der Landesgartenschau Freiburg 1986, Freiburg 1988.

Daumke, Michael/ Keßler, Jürgen (1990), Gesellschaftsrecht. Intensivkurs, München 1990.

Deutsches Institut für Urbanistik (Hrsg.), Aktuelle Informationen, Berlin, verschiedene Ausgaben.

Dieckmann, Jochen/ König, Eva Maria (Hrsg.) (1994), Kommunale Wirtschaftsförderung. Handbuch für Standortsicherung und -entwicklung in Stadt, Gemeinde und Kreis, Köln 1994.

Dill, Günter/ Kanitz, Horst (Hrsg.) (1994), Grundlagen praktischer Kommunalpolitik, Heft 6, Sankt Augustin 1994.

Eberstein, Hans Hermann/ Karl, Helmut (Hrsg.), Handbuch der regionalen Wirtschaftsförderung (HWF), Loseblattausgabe, Stand: Lfg. 39, April 1996.

Ehlers, Dirk (Hrsg.) (1990), Kommunale Wirtschaftsförderung, Köln 1990.

Eichert, Christof (1994), Rechtliche Zulässigkeit und Grenzen kommunaler Wirtschaftsförderung, in: *Dieckmann, Jochen/ König, Eva Maria* (Hrsg.), Kommunale Wirtschaftsförderung. Handbuch für Standortsicherung und -entwicklung in Stadt, Gemeinde und Kreis, Köln, S. 57-69.

Eichhorn, Peter/ Friedrich, Peter (1970), Untersuchung über den Nutzen kommunaler Wirtschaftsförderungsmaßnahmen, Berlin 1970.

Eisbach, Joachin (1985), Gründer- und Technologiezentren: Ein Aufbruch in kommunalpolitische Sackgassen?, in: Wirtschaftsdienst, Heft 2 (1985), S. 88-91.

Eisenhardt, Ulrich (1994), Gesellschaftsrecht, 6., überarbeitete Auflage, München 1994.

Eisenhardt, Ulrich (1996), Gesellschaftsrecht, 7., überarbeitete Auflage, München 1996.

Ettelbrück, Ursula (1984), Wirkungsanalyse kommunaler Wirtschaftsförderung, Speyer, Diss., 1984.

Faber, Angela (1992), Europarechtliche Grenzen kommunaler Wirtschaftsförderung. Die Bedeutung der Art. 92-94 EWGV für die kommunale Selbstverwaltung, Münster, Univ., Diss., 1992.

Flasnöcker, Jürgen (1974), Typische Rechtsformen der interkommunalen Zusammenarbeit nach BayKommZG und EstärkG, Mainz, Univ., Diss. 1974.

Fleckenstein, Kurt/ Ortmeyer, August (1989), Die Industrie- und Handelskammern in der Regionalpolitik, in: HWF, Lfg. 28, Februar 1989, S. 1-8.

Freiburg Wirtschaft und Touristik GmbH & Co. KG (1996), Wirtschaftsförderung in Freiburg. Ziele, Analysen, Maßnahmen, Freiburg 1996.

Friedrichs, Jürgen (1982), Methoden empirischer Sozialforschung, 10. Auflage, Opladen 1982.

Fromont, Michel (1983), Die französischen Dezentralisierungsgesetze, in: DÖV, Heft 10 (1983), S. 397-402.

Fueg, Reiner (1995), Warum eine Neuorientierung der Wirtschaftsförderung?, in: Basler Handelskammer (Hrsg.), Info 6/95, S. 1.

Gabler-Wirtschafts-Lexikon, 14., vollständig überarbeitete und erweiterte Auflage, Wiesbanden 1996.

Gaertner, Erich (1940), Der Wandel des kommunalen Aufgabenkreises von der Machtübernahme bis zur Jetztzeit, in: Kommunalwissenschaftliches Jahrbuch 1939/40, S. 1-64.

Ganser, Karl (1995), Public-Private Partnership, in: *Akademie für Raumordnung und Landesplanung* (Hrsg.), Handbuch der Raumordnung, Hannover 1995, S. 731-732.

ght. (1995), Aargau: Gegen eine aktive Förderung, in: Basler Zeitung vom 30.11.1995.

Gielow, Giesela (1993), Perspektiven und Probleme der kommunalen Gewerbepolitik in den neuen Bundesländern, in: *Pfeiffer, Wolfram* (Hrsg.), Regionen unter Anpassungsdruck. Zu den Schwerpunkten des regionalen Handlungsbedarfs, Marburg 1993, S. 195-211.

Gilbert, C. (1988), Aspects historiques, juridiques et économiques de la politique communale française et allemande, in: *Klein, Peter/ Depoorter, Charles* (Hrsg.), Die Stadt - La Commune, Bonn 1988, S. 31-47.

Gimpel, Klaus (1981), Über 250 Jahre Wirtschaftsförderung in Münster durch Kurfürsten, Kommune und Kommerzienräte, in: *Stadt Münster* (Hrsg.), Wirtschaftsreport 1981, S. 66-68.

Göb, Rüdiger (1987), Kommunale Wirtschaftspolitik, in: Archiv für Kommunalwissenschaft, 26. Jg. (1987), S. 66-87.

Grabow, Busso et al. (1990), Lokale Innovations- und Technologiepolitik. Ergebnisse einer bundesweiten Erhebung, Berlin 1990.

Grabow, Busso/ Henckel, Dietrich (1994), Kommunale Wirtschaftspolitik, in: *Roth, Roland/ Wollmann, Hellmut* (Hrsg.), Kommunalpolitik, Opladen 1994.

Grabow, Busso et al. (1995), Weiche Standortfaktoren, Stuttgart u.a. 1995.

Grätz, Christian (1983), Kommunale Wirtschaftsförderung. Kritische Bestandsaufnahme ihrer Funktionen und Organisation, Bochum 1983.

Große Siemer, Stefan (1992), Die kommunale Wirtschaftsförderung und die Regionalpolitik der Europäischen Gemeinschaften. Eine Untersuchung der Stellung der Kommunen in der Regionalpolitik der Europäischen Gemeinschaften und die Grenzen der kommunalen Wirtschaftsförderung, Osnabrück, Univ., Diss., 1992.

Haasis, Hans-Arthur (1987), Bodenpreise, Bodenmarkt und Stadtentwicklung. Eine Studie zur sozialräumlichen Differenzierung städtischer Gebiete am Beispiel von Freiburg/Breisgau, München 1987.

hal. (1996), Die Bio-Regionen und ihre Bewertung, in: Frankfurter Allgemeine Zeitung vom 18. Dezember 1996, Nr. 295.

Hartmann, Petra (1994), Beziehungen zwischen Staat und Wirtschaft. Unter besonderer Berücksichtigung neuartiger Kooperationsformen im Bereich der regionalen und kommunalen Wirtschaftspolitik, Baden-Baden 1994.

Hatzfeld, U./ Temmen, B. (1991), Interkommunale Zusammenarbeit - eine Zwischenbilanz, in: Stadt und Gemeinde, Heft 1 (1991), S. 21-25.

Hatzfeld, Ulrich/ Kahnert, Rainer (1993), Kooperation ist schwieriger als Konkurrenz, in: RaumPlanung, Jg. 63 (1993), S. 257-262.

Hauser, Siegfried (1981), Statistische Verfahren zur Datenbeschaffung und Datenanalyse, Freiburg 1981.

Hauser, Werner (1987), Die Wahl der Organisationsform kommunaler Einrichtungen. Kriterien für die Wahl privatrechtlicher und öffentlich-rechtlicher Organisationsformen, Köln 1987.

Heinz, Werner (1993), Public Private Partnership - ein neuer Weg zur Stadtentwicklung?, Stuttgart u.a. 1993.

Heinz, Werner (1993), Wesentliche Merkmale von Partnerschaftsansätzen bei der Stadtentwicklung und Stadterneuerung, in: *Heinz, Werner* (Hrsg.), Public Private Partnership - ein neuer Weg zur Stadtentwicklung?, Stuttgart u.a. 1993, S. 483-541.

hek. (1993), Erste Bilanz der Wirtschaftsregion Offenburg (WRO), in: Wirtschaft im Südwesten, Heft 6 (1993), S. 12 f.

Henning, Friedrich-Wilhelm (1991), Handbuch der Wirtschafts- und Sozialgeschichte Deutschlands, Bd. 1: Deutsche Wirtschafts- und Sozialgeschichte im Mittelalter und in der frühen Neuzeit, Paderborn u.a. 1991.

Hennings, Gerd (1995), Industrie- und Gewerbeparks, in: *Akademie für Raumforschung und Landesplanung* (Hrsg.), Handwörterbuch der Raumordnung, Hannover 1995, S. 479-484.

Herbel, Alfred (1959), Wirtschaftsförderung als kommunale Aufgabe, in: Kommunalpolitische Blätter, Heft 7 (1959), S. 211-216.

Hess, Hanspeter (1995), Wirtschaftsförderung in der Region Basel - ein Vergleich, in: Basler Handelskammer (Hrsg.), Info 6/95, Basel 1995, S. 6.

Heuer, Hans (1977), Aktuelle Probleme kommunaler Wirtschaftsförderung in der Bundesrepublik Deutschland, in: Der Städtetag, Heft 10 (1977), S. 548-552.

Heuer, Hans (1985), Gründer- und Technologiezentren - eine Fata Morgana der kommunalen Wirtschaftsförderung?, in: Der Städtetag, Heft 10 (1985), S. 638-641.

Heuer, Hans (1985), Instrumente lokaler Gewerbepolitik. Ergebnisse empirischer Erhebungen, Stuttgart 1985.

Hicklin, Martin (1996), Meeting Point Rhein Valley: Ilmac geht biowärts, in: Basler Zeitung vom 18. November 1996, Nr. 270.

Hoffmann-Becking, Michael (Hrsg.) (1988), Münchener Handbuch des Gesellschaftsrechts, Bd. 4, München 1988.

Hollbach-Grömig, Beate/ Beecken, Andreas (1995), Kommunale Wirtschaftsförderung in Städten der Bundesrepublik Deutschland. Ergebnisse einer Umfrage im Überblick, in: *Deutsches Institut für Urbanistik* (Hrsg.), Aktuelle Information, Oktober 1995, Berlin, S. 1-10.

Hollbach-Grömig, Beate (1996), Kommunale Wirtschaftsförderung in den 90er Jahren, Berlin 1996.

Holtmann, Everhard (1994), Parteien in der lokalen Politik, in: *Roth, Roland/ Wollmann, Hellmut* (Hrsg.), Kommunalpolitik. Politisches Handeln in den Gemeinden, Opladen 1994, S. 256-271.

Huebner, Michael (1994), Die Rolle der Kommunen im Regionalisierungsprozeß, in: Archiv für Kommunalwissenschaft, 33. Jg. (1994), S. 215-233.

Hue de Grais, Robert Graf (Hrsg.) (1892), Handbuch der Verfassung und Verwaltung in Preußen und dem Deutschen Reiche, 8. Auflage, Berlin 1892.

Hue de Grais, Robert Graf (Hrsg.) (1901), Handbuch der Verfassung und Verwaltung in Preussen und dem Deutschen Reiche, 14. Auflage, Berlin 1901.

Hueck, Götz (1996), Gesetz betreffend die Gesellschaft mit beschränkter Haftung vom 20.04. 1892 (RGBl. S. 477), in: *Baumbach, Adolf/ Hueck, Götz* (Hrsg.), GmbH-Gesetz, 16. Auflage, München 1996.

Hüffer, Uwe (1995), Aktiengesetz, 2., neubearbeitete Auflage, München 1995.

Hüttermann, Armin (1985), Industrieparks: Attraktive industrielle Standortgemeinschaften, Wiesbaden/Stuttgart 1985.

Imhoff-Daniel, Angela (1994), Organisation und Instrumente kommunaler Wirschaftsföderung in Niedersachsen. Empirische Untersuchung der Arbeitsteilung und Zusammenarbeit zwischen Landkreisen und kreisangehörigen Gemeinden, Münster/Hamburg 1994.

Institut für Siedlungs- und Wohnungswesen (Hrsg.) (1992), Strukturelle Entwicklung und Wirtschaftspolitik, Münster 1992.

Jeserich, Kurt (1934), Die kommunale Selbstverwaltung im nationalsozialistischen Staat, in: Der Gemeindetag, Nr. 1 (1934), S. 3-7.

Kahnert, Rainer (1993), Interkommunale Zusammenarbeit bei der Gewerbeentwicklung, in: Stadt und Gemeinde, Heft 7 (1993), S. 246-250.

Kaiser, Claudia (1996), Stadtmarketing - eine Bestandsaufnahme in deutschen Städten, in: *Deutsches Institut für Urbanistik* (Hrsg.), Aktuelle Information, Februar 1996, Berlin, S. 1-12.

Kastl, Hans (1975), Ökonomische Aspekte des Stadt-Umland-Problems. Institutionelle und organisatorische Formen der interkommunalen Zusammenarbeit und ihre Leistungsfähigkeit, Bochum, Univ., Diss., 1975.

Kellenbenz, Hermann (1977), Deutsche Wirtschaftsgeschichte, Bd. 1: Von den Anfängen bis zum Ende des 18. Jahrhunderts, 1. Auflage, München 1977.

Kelm, Werner (1972), Über Begriff, Grenzen und Bedeutung der kommunalen Wirtschaftsförderung, in: Kommunalwirtschaft, Heft 11 (1972), S. 440-444.

Kelm, Werner (1973); Voraussetzungen für eine erfolgreiche kommunale Wirtschaftsförderung (Teil I und II), in: Kommunalwirtschaft, Heft 2 (1973), S. 53-57 und Heft 3 (1973), S. 99-100.

Kelm, Werner (1973), Kosten- und Nutzenvergleich im Rahmen der kommunalen Wirtschaftsförderung, in: Kommunalwirtschaft, Heft 6 (1973), S. 205-207.

Kestermann, Rainer (1993), Public-Private Partnership. Anmerkungen zur Rezeption eines Modebegriffs, in: RaumPlanung, Jg. 62 (1993), S. 205-214.

Kiepe, Folkert (1996), Die Städte und ihre Regionen. Zur Notwendigkeit einer verbesserten kommunalen Zusammenarbeit auf regionaler Ebene, in: Der Städtetag, Heft 1 (1996), S. 2-8.

Kirchof, Paul/ Schmidt-Aßmann, Eberhard (1996), Staats- und Verwaltungsrecht Baden-Württemberg. Mit Stichwortverzeichnis und alphabetischem Schnellregister, 18., neubearbeitete Auflage, Heidelberg, Stand: 1. März 1996.

Kirchhoff, Ulrich/ Müller-Godeffroy, Heinrich (1991), Lokale Wirtschafts- und Innovationsförderung. Ansatzpunkte, Instrumente und Fallbeispiele aus Sicht der Sparkassen und Landesbanken, Stuttgart 1991.

Kistenmacher, Hans et al. (1994), Regionalisierung in der kommunalen Wirtschaftsförderung, Köln 1994.

Kistler, Petra (1996), Harter Wettbewerb gilt als „ganz normal", in: Badische Zeitung vom 30. Januar 1996, Nr. 24, S. 11.

Klein, Peter/ Depoorter, Charles (Hrsg.) (1988), Die Stadt - La Commune. Deutsch-französische Kommunalpolitik im Vergleich, Bonn 1988.

Kleinschneider, Heiner (1992), Kommunale Wirtschaftsförderung: Kernaufgabe kommunaler Entwicklungspolitik, in: *Institut für Siedlungs- und Wohnungswesen* (Hrsg.), Strukturelle Entwicklung und Wirtschaftspolitik, Münster 1992, S. 219-229.

Klotz, Franziska (1995), Fabriken anlocken - darf man das nicht?, in: Dreilandzeitung vom 24. November 1995, Nr. 47, S. 1 f.

Klüber, Hans (1971), Kommunale Wachstumspolitik, in: Kommunale Wirtschaft, Heft 8 (1971), S. 292 - 294.

Kluge, Friedrich (1995), Etymologisches Wörterbuch der deutschen Sprache, 23. erweiterte Auflage, Berlin u.a. 1995.

Klunzinger, Eugen (1996), Grundzüge des Gesellschaftsrechts, 9., völlig überarbeitete Auflage, München 1996.

Knemeyer, Franz-Ludwig/ Rost-Haigis, Barbara (1981), Kommunale Wirtschaftsförderung, in: DVBl., Heft 6 (1981), S. 241-247.

Knemeyer, Franz-Ludwig (1994), Europa der Regionen - Europa der Kommunen, Wissenschaftliche und politische Bestandsaufnahme, Baden-Baden 1994

Koch, Horst Heinrich (1983), Die Rolle der privaten Wirtschaftsförderungsgesellschaften, in: Der Gemeindehaushalt, Heft 9 (1983), S. 200-203.

René König (Hrsg.) (1973), Grundlegende Methoden und Techniken der empirischen Sozialforschung, 3., umgearbeitete und erweiterte Auflage, Stuttgart 1973.

Köttgen, Arnold (1963), Der heutige Spielraum kommunaler Wirtschaftsförderung, Göttingen 1963.

Kolb, G. F. (1861), Fabrikwesen, in: *Welcker, Karl* (Hrsg.), Staats-Lexikon, Bd. 5, 3. umgearbeitete, verbesserte und vermehrte Auflage, Leipzig 1861, S. 216 ff.

Koolwijk, Jürgen van/ Wieken-Mayser, Maria (Hrsg.) (1974), Techniken der empirischen Sozialforschung, Bd. 4, München 1974.

Kopsch, Johannes (1924), Zweckverbände, in: *Brix, Josef* et al. (Hrsg.), Handbuch der Kommunalwissenschaften, Bd. 4, Jena 1924, S. 621-626.

Kraemer, Dieter/ Muhle, Heinz-Martin (1994), City-Management Hamm - Den Spielraum nutzen, in: Stadt und Gemeinde, Heft 3 (1994), S. 101-105.

Kreutz, Henrik/ Titscher, Stefan (1974), Die Konstruktion von Fragebögen, in: *Koolwijk, Jürgen van/ Wieken-Mayser, Maria* (Hrsg.), Techniken der empirischen Sozialforschung, Bd. 4, München 1974, S. 24-73.

Krieger, Fritz (1994), Interkommunale Kooperation. Gemeinsame Industrie- und Gewerbegebiete, Dortmund 1994.

Krieger, Fritz (1996), Auszug aus der noch nicht redigierten und unveröffentlichten Erhebung aus dem Jahr 1996.

Kruse, Heinz (1990), Reform durch Regionalisierung. Eine politische Anwort auf die Umstrukturierung der Wirtschaft, Frankfurt/New York 1990.

Kühn, Gerd/ Floeting, Holger (1995), Kommunale Wirtschaftsförderung in Ostdeutschland, Berlin 1995.

Külp, Bernhard/ Berthold, Norbert (1992), Grundlagen der Wirtschaftspolitik, München 1992.

Kunisch, Johannes (1986), Absolutismus. Europäische Geschichte vom Westfälischen Frieden bis zur Ancien Régime, Göttingen 1986.

Kunze, Richard/ Hekking, Klaus (1981), Kommentar zum Gesetz über kommunale Zusammenarbeit für Baden-Württemberg, Stuttgart u.a. 1981.

Ladner, Andreas (1991), Politische Gemeinden, kommunale Parteien und lokale Politik. Eine empirische Untersuchung in den Gemeinden der Schweiz, Zürich 1991.

Lange, Klaus (1970), Regionen, in: *Akademie für Raumordnung und Landesplanung* (Hrsg.), Handwörterbuch der Raumforschung und Raumordnung, Hannover 1970, Sp. 2705-2719.

Lange, Klaus (1981), Möglichkeiten und Grenzen gemeindlicher Wirtschaftsförderung. Rechtsgutachten, Köln u.a. 1981.

Lauschmann, Elisabeth (1970), Grundlagen einer Theorie der Regionalpolitik, Hannover 1970.

Linden, Edmund (1972), Theorie und Praxis der kommunalen Wirtschaftsförderung. Darstellung einer unorthodoxen Aufgabe im Bereich kommunalpolitischer Aktivitäten, Düsseldorf 1972.

Mäding, Heinrich (1992), Verwaltung im Wettbewerb der Regionen, in: Archiv für Kommunalwissenschaften (1992), S. 205-219.

Maibaum, Thomas/ König, Eva M. (1993), Die Wettbewerbskontrolle der Europäischen Gemeinschaften. Rechtliche Grenzen der kommunalen Wirtschaftsförderung, in: Der Städtetag, Heft 3 (1993), S. 239-246.

Malibeau, Albert (1996), Kommunalpolitik und -verwaltung in Frankreich. Das "lokale System" Frankreichs, Basel u.a. 1996.

Manschwetus, Uwe (1995), Regionalmarketing. Marketing als Instrument der Wirtschaftsentwicklung, Wiesbaden 1995.

Mayer, Margit (1994), Public-Private Partnership - eine neue Option und Chance für kommunale Wirtschaftspolitik?, in: *Roth, R./ Wollmann, H.* (Hrsg.), Kommunalpolitik, Opladen 1994, S. 440-449.

Mayntz, Renate (Hrsg.) (1981), Kommunale Wirtschaftsförderung. Ein Vergleich Bundesrepublik Deutschland - Großbritannien, Berlin 1981.

Mecking, Christoph (1995), Die Regionalebene in Deutschland. Begriff - Institutioneller Bestand - Perspektiven, Stuttgart u.a. 1995.

Mendelson, M. (1919), Die deutsche Stadt als Träger selbständiger Wirtschaftspolitik, in: Zeitschrift für Kommunalwissenschaft, Nr. 3 (1919), S. 101-107.

Meyer (1922), Industrieförderung durch die Gemeinden, in: *Brix, Josef* et al. (Hrsg.), Handwörterbuch der Kommunalwissenschaften, Bd. 2, Jena 1922, S. 554-557.

Milbradt, Georg (1990), Ziele und Effizienz kommunaler Wirtschaftsförderung, in: *Ehlers, Dirk* (Hrsg.), Kommunale Wirtschaftsförderung, Köln, S. 3-17.

Möller, Ferdinand (1963), Kommunale Wirtschaftsförderung, Stuttgart/Köln 1963.

Most, Otto (1922), Gewerbliche Ausschüsse und Wirtschaftsämter, in: *Brix, Josef* et al. (Hrsg.), Handwörterbuch der Kommunalwissenschaften, Bd. 2, Jena 1922, S. 388-391.

Most, Otto (1931), Wirtschaftsämter, in: Kommunales Jahrbuch, Jena 1931, S. 324-325.

Müller, Wolfgang-Hans (1977), Kommunale Wirtschaftsförderung in Deutschland, in: Local Finance (1977), S. 3-14.

Müller, Wolfgang-Hans (1982), Wirtschaftsförderung, in: *Püttner, Günter* (Hrsg.), Handwörterbuch der kommunalen Wissenschaft und Praxis, Bd. 4, 2., völlig neu bearbeitete Auflage, Berlin 1982, S. 625-641.

Müller, Thomas (1988), Ökonomische und rechtliche Probleme kommunaler Bestandspflegepolitik unter Berücksichtigung der flächenorientierten kommunalen Wirtschaftsförderung, Hannover, Univ., Diss., 1988.

Münzer, Christoph (1992), Standortfaktoren am Oberrhein, in: Wirtschaft im Südwesten, Heft 8 (1992), S. 18-21.

Naßmacher, Hiltrud (1987), Wirtschaftspolitik „von unten". Ansätze aus der Praxis der kommunalen Gewerbebestandspflege und Wirtschaftsförderung, Basel u.a. 1987.

Naßmacher, Karl-Heinz (1991), Kommunale Wirtschaftspolitik, in: *Blanke, Bernhard* (Hrsg.), Stadt und Staat. Systematische, vergleichende und problemorientierte Analysen „dezentraler" Politik, Opladen 1991, S. 440-459.

Neidhart, Leonhard (1975), Föderalismus in der Schweiz, Zürich/Köln 1975.

Nellessen (1927), Wirtschaftsförderung, in: *Brix, Josef* et al. (Hrsg.), Handwörterbuch der Kommunalwissenschaften, 2. Ergänzungsband, Jena 1927, S. 1427-1432.

o.V. (1972), Hart am Rande der Legalität, Report über Industrieansiedlung in Westdeutschland, in: Der Spiegel, Nr. 10 (1972), S. 44-52.

o.V. (1976), Die Städte in der Wirtschaftspolitik. Grundsätze kommunaler Wirschaftsförderung, in: Der Städtetag, Heft 4 (1976), S. 195-198.

o.V. (1985), Technologieparks - Risse im Brutkasten, Wirtschaftswoche, Nr. 23 (1985), S. 36-52.

o.V. (1993), Neue Wege in der kommunalen Wirtschaftspolitik. Anregungen des Wirtschaftsausschusses des DStGB, in: Stadt und Gemeinde, Heft 1 (1993), S. 3-8.

o.V. (1993), Verein „Wirtschaftsregion Freiburg" gegründet, in: Stadtnachrichten vom 4. Februar 1993, Nr. 133.

o.V. (1995), A.D.I.R.A. - Im Dienst des Unternehmens und der Region, in: Wirtschaft am Oberrhein, Magazin für grenzüberschreitende Zusammenarbeit, 1995, S. 49-50.

o.V. (1997), Petri Heil am Bodensee. Österreich und Schweiz angeln erfolgreich nach deutschen Unternehmen, in: Wirtschaftsstandort, Nr. 2 (1997), S. 32-38.

Oebbecke, Janbernd (1983), Zweckverbände und kommunale Gebietsreform in Nordrhein-Westfalen, in: DÖV, Heft 3 (1983), S. 99-105.

Oebbecke, Janbernd (1984), Gemeindeverbandsrecht Nordrhein-Westfalen. Eine systematische Darstellung, Köln 1984.

Olfen, H. (1969), Wirtschaftsförderung als Marketing-Aufgabe, in: DIVO-Informationen, Reihe 3, Beiträge zur Stadt- und Regionalforschung 1969.

Peschak, Franz (1995), Technologiezentren in den neuen Bundesländern. Wissenschaftliche Analyse und Begleitung des Modellversuchs „Auf- und Ausbau von Technologie- und Gründerzentren in den neuen Bundesländern" des Bundesforschungsministeriums, Heidelberg 1995.

Peters, Hans (Hrsg.), Handwörterbuch der kommunalen Wissenschaft und Praxis, Bd. 3, Berlin u.a. 1959.

Pett, Alexander (1993), Technologie- und Gründerzentren. Empirische Analyse eines Instruments zur Schaffung hochwertiger Arbeitsplätze, Mainz, Univ., Diss., 1993.

Pfeiffer, Wolfram (Hrsg.) (1993), Regionen unter Anpassungsdruck. Zu den Schwerpunkten des regionalen Handlungsbedarfs, Marburg 1993.

Piper, Markus (1994), Das interregionale Standortwahlverhalten der Industrie in Deutschland. Konsequenzen für das kommunale Standortmarketing, Göttingen 1994.

Planitz, Hans (1954), Die Deutsche Stadt im Mittelalter. Von der Römerzeit bis zu den Zunftkämpfen, Graz/Köln 1954.

Pohl, Martha (1988), Wirtschaftsförderung in Großstädten. Ein Struktur- und Standortvergleich der 16 größten Städte im Bundesgebiet, Bremer Ausschuß für Wirtschaftsforschung, Nr. 8, Bremen 1988.

Preuschoff, Beate (1992), Die Stellung der Kommunen im politischen System Frankreichs der V. Republik. Strukturen - Handlungsspielräume - Entscheidungsprozesse, Engelsbach u.a. 1992.

Püttner, Günter (Hrsg.) (1982), Handwörterbuch der kommunalen Wissenschaft und Praxis, Bd. 4, 2., völlig neu bearbeitete Auflage, Berlin 1982.

Püttner, Günter (1993), Die Kreisreform in den neuen Ländern, insbesondere in Sachsen, in: SächsVBl., Heft 9 (1993), S. 193-197.

Raiser, Thomas (1992), Recht der Kapitalgesellschaften. Ein Handbuch für Praxis und Wissenschaft, 2., neuüberarbeitete und wesentlich erweiterte Auflage, München 1992.

Reich, Silvia (1995), Grenzüberschreitende und interregionale Zusammenarbeit in einem „Europa der Regionen", Baden-Baden 1995.

Reinelt, Iris (1990), Der Beitrag der Sparkassen zum kommunalen Gemeinwohl, Mannheim, Univ., Diss., 1990.

Rengeling, Hans-Werner (1982), Formen interkommunaler Zusammenarbeit, in: *Püttner, Günter* (Hrsg.), Handbuch der kommunalen Wissenschaft und Praxis, Bd.2, Berlin, S. 385-412.

Renninger, Carl (1938), Wirtschaft und Gemeinde, in: Jahrbuch für Kommunalwissenschaft, 5. Jg. (1938), S. 239-262.

Rhein, Kay-Uwe (1994), Interkommunale Zusammenarbeit. Rechtsformen, Beweggründe und Auswirkungen dargestellt am interkommunalen Gewerbegebiet Möchengladbach/Jüchen, in: Der Städtetag, Heft 11 (1994), S. 725-732.

Richter, Michael (1994), Kommunale Wirtschaftsförderung - dargestellt am Beispiel der Stadt Freiburg, Freiburg, Univ., unveröffentl. Diplomarbeit.

Ridinger, Rudolf/ Steinröx, Manfred (Hrsg.) (1996), Regionale Wirtschaftsförderung in der Praxis, Köln 1996.

Riegger, Bodo/ Weipert, Lutz (Hrsg.) (1995), Münchener Handbuch des Gesellschaftsrechts, Bd. 1, München 1995.

Rolfes, Karl-Heinrich (1991), Regionale Wirtschaftsförderung und EWG-Vertrag. Die Aktionsräume von Bund, Ländern und Kommunen, Köln u.a. 1991.

Rossi, Angelo (1995), Der wirtschaftliche Strukturwandel und die Regionen. Am Beispiel der Schweiz und der angrenzenden Länder, Zürich 1995.

Roth, Roland/ Wollmann, Hellmut (Hrsg.) (1994), Kommunalpolitik. Politisches Handeln in den Gemeinden, Opladen 1994.

Rothe, Karl-Heinz (1965), Das Recht der interkommunalen Zusammenarbeit in der Bundesrepublik Deutschland, Göttingen 1965.

Rothe, Karl-Heinz (1991), Selbsthilfe der Gemeinden durch interkommunale Zusammenarbeit, in: Stadt und Gemeinde, Heft 11 (1991), S. 420-429.

Ruegg, Erwin (1995), Die Schweiz, in: *Wehling, Hans-Georg* (Hrsg.), Kommunalpolitik in Europa, Stuttgart u.a. 1995, S. 44-62.

Ruter, Rudolf X. (1994), Die Herren der GmbH sind nicht die Geschäftsführer, in: BWGZ, Heft 24 (1994), S. 808-809.

Saldern, Adelheid von (1994), Geschichte der kommunalen Selbstverwaltung in Deutschland, in: *Roth, Roland/ Wollmann, Hellmut* (Hrsg.), Kommunalpolitik. Politisches Handeln in den Gemeinden, Opladen 1994, S. 2-19.

Sartowski, Roman (1989), Praxis kommunaler Wirtschaftsförderung in Schleswig-Holstein und ihr Beitrag zur Entwicklung des Landes und seiner Teilräume, Hamburg 1989.

Schauwecker, Heinz (1982), Kooperation und Gemeinschaftsunternehmen, *Püttner, Günter* (Hrsg.), Handbuch der kommunalen Wissenschaft und Praxis, Bd.2, Berlin, S. 317-338.

Scheuch, Erwin K. (1973), Das Interview in der Sozialforschung, in: *René König* (Hrsg.), Grundlegende Methoden und Techniken der empirischen Sozialforschung, 3., umgearbeitete und erweiterte Auflage, Stuttgart 1973, S. 66-190.

Schiefer, Bernd (1989), Kommunale Wirtschaftsförderungsgesellschaften. Entwicklung, Praxis und rechtliche Problematik, Köln u.a. 1989.

*Schiefer, Bernd (*1990), Wirtschaftsförderung, in: Ergänzbares Lexikon des Rechts (Luchterhand), Juni 1990.

Schiefer, Bernd (1991), Kommunale Wirtschaftsförderungsgesellschaften - Bindeglied zwischen Wirtschaft und Verwaltung, WUR, Heft 4 (1991), S. 194-197.

Schiefer, Bernd (1992), Organisation der kommunalen Wirtschaftsförderung, in: Der Betriebs-Berater, Heft 6 (1992), S. 375-384.

Schiefer, Bernd (1993), Die Organisation der kommunalen Wirtschaftsförderung unter Berücksichtigung der neuen Bundesländer, in: SächsVBl., Heft 8 (1993), S. 169-178.

Schink, Alexander (1982), Formen und Grenzen interkommunaler Zusammenarbeit durch öffentlich-rechtliche Vereinbarungen, in: DVBl. (1982), S. 769-777.

Schmider, Franz (1997), Eine Megafusion und zwei neue Unternehmen, in: Badische Zeitung vom 21. Februar 1997.

Schmidt-Eichstaedt, Gerd (1989), Zukunftsaufgaben: Bewältigung des Strukturwandels, Umweltschutz, Verkehr, in: Der Städtetag, Heft 9 (1989), S. 564-568.

Schmidt-Ott, Rainer (1982), Regionale Wirtschaftsförderung in den Mitgliedstaaten der EG, in: HWF, Lfg. 18, Dezember 1982, S. 1-58.

Schmitz-Herscheidt, Friedhelm (1979), Möglichkeiten und Grenzen kommunaler Wirtschaftsförderung, in: Der Städtetag, Heft 4 (1979), S. 197-202.

Schnaudigel, Christoph (1995), Der Betrieb nichtwirtschaftlicher kommunaler Unternehmen in Rechtsformen des Privatrechts, Stuttgart u.a. 1995.

Schuster, Franz/ Dill, Günter (Hrsg.) (1994), Aufgaben der Kommunalpolitik in den 90er Jahren. Stellungnahme des Sachverständigenrates zur Neubestimmung der kommunalen Selbstverwaltung beim Institut für Kommunalwissenschaften der Konrad-Adenauer-Stiftung e.V., Köln 1994.

Schwarz, Silvia R. (1993), Kooperation: ja - aber wie?, in: Der Städtetag, Heft 8 (1993), S. 522-525.

Schwarz-Jung, Silvia R. (1993), Überkommunale bzw. öffentlich-private Kooperation in der Wirtschaftsförderung. Eine Fragebogen-/ Interviewaktion im Rahmen des Forschungsprojektes „Regionalisierung in der kommunalen Wirtschaftsförderung“, Interne Studien der Konrad-Adenauer-Stiftung Nr. 58/1993, Sankt Augustin 1993.

Schwitalla, Thomas (1996), Das „Biovalley“ nimmt Gestalt an, in: Badische Zeitung vom 10. Oktober 1996, Nr. 235.

Schwitalla, Thomas (1996), Die Vision vom „Biovalley" am Oberrhein, in: Badische Zeitung vom 2. Juli 1996, Nr. 150.

Schwitalla, Thomas (1996), EU-Kommission segnet Subventionspraxis ab, in: Badische Zeitung vom 25. April 1996, Nr. 96, S. 9.

Siedentopf, Heinrich (1967), Interkommunale Zusammenarbeit in Frankreich, in: Der Städtetag, Heft 6 (1967), S. 308-312.

Sinz, Manfred (1995), Region, in: *Akademie für Raumforschung und Landesplanung* (Hrsg.), Handwörterbuch der Raumordnung, Hannover 1995, S. 805-808.

Speiser, Béatrice (1993), Europa am Oberrhein. Der grenzüberschreitende Regionalismus am Beispiel der oberrheinischen Kooperation, Basel/Frankfurt 1993.

Statistisches Bundesamt (1996), Amtliche Schlüsselzahlen der kreisfreien Städte und Landkreise am 01.01.1996, Wiesbaden 1996.

Staatsministerium und Wirtschaftsministerium Baden-Württemberg (Hrsg.) (1993), Den Wirtschaftsstandort Baden-Württemberg stärken, Stuttgart 1993.

Stark, Klaus-Dieter (1978), Kommunale Wirtschaftsförderung und Standortwahl von Industrie und Gewerbe, Berlin 1978.

Stein, Lorenz von (1870), Handbuch der Verwaltungslehre und des Verwaltungsrechts.

Steinmetz, Hans-Peter (1983), Wirtschaftsförderungsgesellschaften in der Bundesrepublik, in: HWF, Lfg. 19, August 1983, S. 1-16.

Steinröx, Manfred (1992), Veränderte Rahmenbedingungen für die Unternehmensansiedlung. Neue Herausforderungen für die Wirtschaftsförderung, in: Stadt und Gemeinde, Heft 9 (1992), S. 315-320.

Steinröx, Manfred (1994), Wirtschaftsförderung und Anzeigenwerbung, in: BWGZ, Heft 9 (1994), S. 279.

Sternberg, Rolf (1987), Technologie- und Gründerzentren als Instrument kommunaler Wirtschaftsförderung, Hannover, Univ., Diss., 1987.

Stober, Rolf (1992), Die Industrie- und Handelskammer als Mittler zwischen Staat und Wirtschaft. Zum IHK-Auftrag vor den Herausforderungen in Gegenwart und Zukunft, Köln u.a. 1992.

Streit, Manfred E. (1991), Theorie der Wirtschaftspolitik, 4., neubearbeitete und erweiterte Auflage, Düsseldorf 1991.

Thedieck, Franz (1992), Verwaltungskultur in Frankreich und Deutschland - dargestellt am Beispiel von französischen und deutschen Gemeindeverwaltungen und unteren staatlichen Verwaltungsbehörden, Baden-Baden 1992.

Thürer, Daniel (1986), Bund und Gemeinden. Eine rechtsvergleichende Untersuchung zu den unmittelbaren Beziehungen zwischen Bund und Gemeinden in der Bundesrepublik Deutschland, den Vereinigten Staaten von Amerika und der Schweiz, Berlin u.a. 1986.

Tietz, Bruno et al. (Hrsg.) (1994), Handwörterbuch des Marketing, 2., völlig neu gestaltete Auflage, Stuttgart 1994.

Töpfer, Armin/ Mann, Andreas (1996), Kommunale Kommunikationspolitik. Befunde einer empirischen Analyse, in: Der Städtetag, Heft 1 (1996), S. 9-16.

Töpfer, Armin (Hrsg.) (1993), Stadtmarketing - Herausforderung und Chance für Kommunen, Baden-Baden 1993.

Töpfer, Armin (1993), Marketing in der kommunalen Praxis. Eine Bestandsaufnahme in 151 Städten, in: *Töpfer, Armin* (Hrsg.), Stadtmarketing - Herausforderung und Chance für Kommunen, Baden-Baden 1993, S. 81 ff.

Töpfer, Armin/ Mann, Andreas (1995), Kommunikation als Erfolgsfaktor im Marketing für Städte und Regionen, Hamburg 1995.

Turowski, Gerd (1994), Formen und Felder übergemeindlicher Zusammenarbeit im Hinblick auf die Situation in den neuen Ländern, in: Raumforschung und Raumordnung, Heft 6 (1994), S. 392-396.

ums. (1995), Solothurn: Anlaufstelle und Drehscheibe, in: Basler Zeitung vom 30.11.1995.

Vahlens großes Wirtschaftslexikon, Bd. 1, 2., überarbeitete und erweiterte Auflage, München 1993, S. 1211-1212.

Verein für die Geschichte der Deutschen Landkreise e.V. (Hrsg.) (1986), Der Kreis - Ein Handbuch, Köln/Berlin 1986.

Weber, M. (1921), Das Stadtwirtschaftsamt, in: Deutscher Kommunalkalender 1921, Terminkalender und Handbuch für Verwaltungsbehörden, Berlin-Friedenau 1921, S. 175-178.

Weber, M. (1925), Kommunale Industrieförderung, in: Deutscher Kommunalkalender 1924/25, Terminkalender und Handbuch für Verwaltungsbehörden, Berlin-Friedenau 1925, S. 291-294.

Welcker, Karl (Hrsg.) (1861), Staats-Lexikon, Bd. 5, 3. umgearbeitete, verbesserte und vermehrte Auflage, Leipzig 1861.

Wehling, Hans-Georg (Hrsg.) (1995), Kommunalpolitik in Europa, Stuttgart u.a. 1995.

Welge, Martin K. (1994), Strategische Allianzen, in: *Tietz, Bruno* et al. (Hrsg.), Handwörterbuch des Marketing, 2., völlig neu gestaltete Auflage, Stuttgart 1994, Sp. 2397-2410.

wg. (1996), Wirtschaftsförderung, in: Dreilandzeitung vom 25. Oktober 1996, Nr. 43.

Wilden, Josef (1919), Mittelstandsfürsorge, in: Kommunales Jahrbuch, Jena 1919, S. 148-154.

Wilden, Josef (1922), Gewerbeförderung, in: *Brix, Josef* et al. (Hrsg.), Handbuch der Kommunalwissenschaften, Bd. 2, Jena 1922, S. 376-381.

Wilden, Josef (1923), Wirtschaftspflege in der Gemeinde, in: Deutscher Kommunalkalender 1923, Terminkalender und Handbuch für Verwaltungsbehörden, Berlin-Friedenau 1923, S. 126-128.

Wilden, Josef (1924), Mittelstandspolitik, in: *Brix, Josef* et al. (Hrsg.), Handbuch der Kommunalwissenschaft, Bd. 3, Jena 1924, S. 399-401.

Wilden, Josef (1925), Wirtschaftsförderung durch Messen und Märkte, in: Deutscher Kommunalkalender 1924/25, Terminkalender und Handbuch für Verwaltungsbehörden, Berlin-Friedenau 1924, S. 311-313.

Winkel, Rainer (1992), Interkommunale Kooperation in der Gewerbeflächenversorgung, in: Der Landkreis, Heft 2 (1992), S. 57-59.

Wirtschaftsförderung BS und BL (1996), Selbstdarstellung, Basel 1996.

Wirtschaftsförderung BS und BL (1996), Organisation, Basel 1996.

Wirtschaftsförderung BS und BL (1996), Neuorganisation und neuer Standort der Wirtschaftsförderung Basel-Stadt und Basel-Land, Mitteilung an die Medien, Basel 1996.

Wirtschaftsministerium Baden-Württemberg (1996), Strukturentwicklungsbericht 1995. Bericht über strukturpolitische Maßnahmen 1990-1994 in den regionalen Fördergebieten von Baden-Württemberg, Stuttgart 1996.

Wirtschaftsregion Dreiländereck GmbH (1997), Arbeitsschwerpunkte 1997. Ziele und Maßnahmen sowie Gesellschaftsvertrag, Lörrach 1997.

Wirtschaftsregion Freiburg e.V. (1994), Die Wirtschaftsregion Freiburg, Freiburg 1994.

Witte, Gertrud (1994), Privatisierung städtischer Aufgaben, Der Städtetag, Heft 8 (1994), S. 524-528.

Wrobel, Bernd (1979), Organisation und Aufgaben kommunaler Wirtschaftsförderungsdienststellen und -gesellschaften. Ergebnisse zweier Umfragen, Berlin 1979.

Zabel, Gerhard (1979), Probleme der Wirkungskontrolle kommunaler Wirtschaftsförderung, in: Der Gemeindehaushalt, Heft 11 (1979), S. 241-246.

Zeeden, Ernst Walter (1981), Europa vom ausgehenden Mittelalter bis zum westfälischen Frieden 1648, Stuttgart 1981.

Zielke, Beate (1993), Zwischengemeindliche Zusammenarbeit. Rechtliche, organisatorische und finanzielle Gestaltungsmöglichkeiten, Berlin 1993.

Zill, Gerda (1981), Kommunale Wirtschaftsförderung in Großbritannien und in der Bundesrepublik Deutschland, in: *Mayntz, Renate* (Hrsg.), Kommunale Wirtschaftsförderung. Ein Vergleich Bundesrepublik Deutschland - Großbritannien, Berlin 1981, S. 57-128.

Zimmermann, Horst (1987), Der Mitnahmeeffekt, in: Das Wirtschaftsstudium, Heft 7 (1987), S. 339- 343.

Zimmermann, Klaus (1976), Wirtschaftsförderung als Aufgabe kommunalen Marketings, in: Kommunalwirtschaft, Heft 11 (1976), S. 341-345.

Zimmermann, Klaus (1975), Zur Imageplanung von Städten. Untersuchungen zu einem Teilgebiet kommunaler Entwicklungsplanung, Köln 1975.